Le bébé est un combat

Bernard MARTINO

Le bébé est un combat

TF1
EDITIONS

Le bébé est un combat, c'est aussi une série de trois émissions télévisées, réalisées par Bernard Martino et produites par Quentin Raspail et Jean-Louis de Rauglaudre pour Raspail & Associés avec Pascale Breugnot pour TF1, Wajnbrosse Production pour la Belgique et le soutien du Fonds Eurimages du Conseil de l'Europe, du ministère de l'Enseignement supérieur et de la Recherche, de la PROCIREP, du Centre national de la cinématographie et de la Fondation de France.

En ce qui concerne ce livre, les remerciements de l'auteur vont à Geneviève Bruno, Emmanuel Sorin, et François Pédron.

Pourquoi un combat?

« *Le bébé est un combat.* » Ce titre, certains ne l'aimaient guère, d'autres ne le comprenaient pas. « Pourquoi un combat? » disaient-ils, répugnant visiblement à associer, comme ils se sentaient invités à le faire, l'image toute de paix, de douceur et de réconciliation qu'ils avaient du bébé – le bébé « normal », le leur – à celle négative, triste et morbide qu'ils avaient du combat.

Cette interrogation m'a poursuivi tout au long de mon enquête. A chaque fois elle me laissait sans voix. Je ne pouvais que constater l'ampleur de ce qui m'apparaissait comme un insurmontable malentendu. On n'avait pas la même idée du bébé, on ne parlait pas du même combat.

Souvent j'ai cherché un titre plus fédérateur, plus consensuel, sans jamais en trouver un qui vraiment me convienne. Revenant sans cesse à ces cinq mots, « le bébé est un combat », comme s'il ne m'en restait plus aucun autre dans la tête. Me désolant de voir que ce titre qui me collait à la peau, qui exprimait si parfaitement ce qu'il me semblait essentiel de dire au sujet du bébé en 1995, suscitait d'aussi fortes résistances.

Alors, « pourquoi un combat » ? et « quelle sorte de combat » ?

La réponse, parce qu'elle comporte de multiples facettes, ne peut se résumer à quelques formules. L'ambition même de ce livre, comme d'ailleurs celle de la série d'émissions qu'il prolonge, est de constituer une réponse relativement exhaustive et, je l'espère, en fin de compte, évidente à ces questions essentielles. Au travers des problèmes qu'il aborde, des rencontres qu'il relate, des situations vécues qu'il décrit.

Mais d'emblée, une chose est sûre. Cette idée que *Le bébé est un combat* ne peut se comprendre sans faire référence au *Bébé est une personne* – cette autre série d'émissions, cet autre livre – qui datent de 1984 mais qui sont encore, semble-t-il, très présents dans les mémoires.

En tout premier lieu parce que si, par extraordinaire, le bébé n'était pas ce que l'on sait aujourd'hui qu'il est : une personne justement, un être de communication qui est dans le langage bien avant l'apparition du langage, un « sujet désirant » pour parler comme Françoise Dolto qui n'aimait pas beaucoup ce terme de « personne » qu'elle trouvait trop vague, parler de quel que combat que ce soit n'aurait pas lieu d'être.

Pour moi ces deux concepts sont indissociables. Rappeler l'état d'esprit qui présida à la réalisation du *Bébé est une personne,* c'est éclairer la genèse du *Bébé est un combat.*

Du « *Bébé est une personne* » au « *Bébé est un combat* »

Au départ, *Le bébé est une personne* fut l'œuvre de trois hommes : Tony Lainé, pédopsychiatre, Gilbert Lauzun, journaliste et moi-même, qui suis réalisateur de formation. Dès sa sortie, *Le bébé est une personne* eut un impact considérable. Il fut diffusé et rediffusé plusieurs fois. Vu et revu par des générations successives de jeunes mères, de jeunes pères et de futurs parents. Avant qu'une cassette soit disponible dans le commerce, il fut magnétoscopé tant et plus par toutes sortes de professionnels de la Santé, de travailleurs sociaux et de responsables d'associations, de parents aussi pour qui il devint très vite ce qu'il est encore aujourd'hui : un outil de travail pour les uns, un point de repère ou un guide pour les autres.

Depuis, les mois et les années passant, *Le bébé est une personne* est pour ainsi dire tombé dans le domaine public et ce qui n'était au départ que le titre d'une émission de télévision est devenu un mot d'ordre, un signe de ralliement presque un slogan. Un peu l'équivalent, dans le champ de la petite enfance, du « touche pas à mon pote » de S.O.S Racisme dans le domaine socio-politique.

Ce succès, quand même assez exceptionnel pour un documentaire, dépasse évidemment nos petites personnes, ce pourquoi d'ailleurs je peux en parler librement. Aujourd'hui, ce bébé là ne nous appartient plus, si tant est qu'une œuvre appartient jamais à ses auteurs. *Le bébé est une personne* appartient à ces millions de gens à qui il était destiné et qui, chacun à leur manière en fonction de leur histoire et de leur vécu se le sont appropriés au terme d'un cheminement très intime. Qu'en ont-ils fait? Qu'y ont-ils trouvé? Qu'en ont-ils retenu? En quoi les a-t-il aidés? Mystère! Ils sont seuls à le savoir, ces questions ne leur ayant jamais été posées scientifiquement.

Reste les milliers de lettres reçues, les rencontres innombrables à l'occasion de conférences ou de débats, les réactions individuelles glanées çà et là qui vont toutes dans le même sens et qui permettent *a priori* d'affirmer que cette série d'émissions a contribué à faire évoluer les mentalités; qu'elle a, pour reprendre le mot d'un sociologue qui définissait ainsi le rôle de la sociologie, « produit de l'intelligence sociale ».

D'un autre côté, cette unanimité un peu trop parfaite à mon goût, le fait qu'il continue à se vendre entre six et neuf cents cassettes du *Bébé est une personne* chaque mois alors que dans le même temps la société s'oriente, c'est le moins qu'on puisse dire, dans une direction qui est quasiment à l'opposé de celle qui nous aurait convenu, me rendrait plutôt méfiant. Et j'avoue qu'il m'arrive parfois de me demander si *Le bébé est une personne* ne se serait pas en définitive contenté de prendre bien gentiment sa place dans un éventail d'objets séduisants mis à la disposition de ceux qui ont envie de consommer du bébé comme ils consomment tout le reste.

Personnellement, même si la sensation que notre message a été en grande partie tronqué, perdu ou dévoyé, n'est pas étrangère à mon intention d'entreprendre *Le bébé est un combat*, je ne crois pas que cette dernière hypothèse soit majoritairement la bonne. Mais, si tel était le cas, ce serait en terme de communication un échec absolu, un contresens radical. Car, la consommation, ce n'était vraiment ni notre but ni notre propos.

Le bébé est une personne, c'était tout le contraire d'une entreprise destinée à alimenter une quelconque bébolâtrie. Nous ne voulions surtout pas, sous prétexte qu'il était question de bébés, sombrer dans la mièvrerie traditionnelle, faire une émission gnan-gnan, dégoulinante de bons sentiments bleu pâle et rose bonbon. L'image du bébé que nous jugions pernicieuse et pour tout dire aliénante, celle que nous voulions combattre (tout en sachant que nous ne pourrions vraisemblablement pas la défaire) c'était, régnant sans partage à une époque où le bébé ne faisait l'objet d'aucun discours dans les médias, celle pasteurisée et lisse du « bébé Cadum ». Le beau bébé souriant et bien propre des publicitaires. Le bébé « mignon à croquer » dont on dit volontiers « qu'on en mangerait ».

Un bébé qui ne bave pas, qui ne hurle pas sans qu'on comprenne pourquoi, un bébé qui ne tombe pas subitement malade. Un bébé « bien tempéré », de bonne compagnie, qui ne bouleverse pas notre vie de fond en comble, qui ne réveille pas en nous des angoisses incontrôlables, qui ne suscite pas des émotions aussi intenses qu'étranges, des pulsions violentes aussi, parfois. Le « bébé objet » en somme pas très différent de la « femme objet ». Un bébé de papier glacé, image sur laquelle, encore aujourd'hui, la plupart des revues spécialisées bâtissent leur fond de commerce et qui risque tout aussi sûrement de nous détourner du bébé réel que les femmes mirages de *Lui* ou de *Playboy* nous détournent des femmes telles qu'elles sont.

Le bébé est une personne ce n'était pas non plus une émission « médicale ». C'est-à-dire ce type d'émissions animées et réalisées par des gens que l'on sent plus proches des médecins qu'ils interviewent que des usagers de la Santé que nous sommes. Des émissions dont le malade est plus l'objet que le sujet. Des émissions toujours respectueuses, jamais critiques vis-à-vis du discours médical et qui, sous couvert de nous présenter de grands spécialistes et de nous tenir informés des dernières avancées thérapeutiques, ce dont nous sommes friands, se font le porte-voix d'une idéologie dont elles confortent l'emprise sur nos vies.

Nous, notre point de vue c'était que les pratiques médicales doivent être questionnées sans cesse ; au même titre que d'autres. Pourquoi par exemple se montrer extrêmement sévère avec les journalistes que l'on sent complaisants envers le pouvoir politique si c'est pour trouver naturel que d'autres journalistes fassent tranquillement allégeance au pouvoir médical ? Dans ce contexte, *Le bébé est une personne* fit un peu l'effet d'un pavé dans la mare. Il fut ressenti par beaucoup de futurs parents et de parents, par nombre de professionnels aussi, comme une arme que nous avions forgée à leur intention pour qu'ils s'en emparent et qu'ils reconquièrent certaines de leurs prérogatives. Tout de suite après la première diffusion des femmes empêchées dans leurs émotions par des années et des années d'un discours médical péremptoire à la fois péjoratif et protecteur, inhibant et confiscatoire, nous dirent, visiblement très émues : « Vous m'avez rendu mon bébé ! » Nous n'avions pas forcément conscience en commençant notre enquête qu'elles en avaient été dépossédées à ce point.

On l'aura compris, la notion d'un combat à entreprendre ou à poursuivre, autour du bébé ou à partir du bébé, était déjà présente en filigrane dans *Le bébé est une personne*. Force est de reconnaître qu'il ne s'agissait nullement d'une émission pacifique et consensuelle, même si cela doit heurter les sentiments de ceux, nombreux, qui n'ont voulu y voir qu'une émission un peu « féerique » presque « planante ». Une émission qui les initiait à la « magie » de la relation possible avec un être humain de quelques jours, de quelques heures, voire même pas encore né (avec l'*haptonomie* et la rencontre tactile et affective avec le fœtus). Un fœtus, un nouveau-né ou même un bébé qu'on leur disait la veille encore n'être qu'un tube digestif, une larve, au mieux un gentil tétard incapable de voir ou d'entendre et encore moins de communiquer.

En fait, le corollaire de cette rencontre magique placée sous le triple signe du merveilleux de l'émotion et du plaisir, corollaire qu'il était tentant d'ignorer, c'était la découverte, vis-à-vis de ce petit être, de responsabilités nouvelles qui s'imposaient à nous, qui nous engageaient tout entier ; qui impliquaient sinon des révisions déchirantes de nos comportements et de notre mode de vie, du moins un minimum de remises en question. On ne pouvait plus continuer comme avant : on savait !

Faire que le bébé soit reconnu comme une personne fut en soi un rude combat. La liste est longue de ceux qui s'y illustrèrent. Il est en passe d'être gagné et « le bébé est une personne » n'est sans doute pas étranger au fait qu'on puisse commencer à en parler au passé. Même si certains tenants d'un pouvoir médical fort s'accrochent encore à leurs privilèges et persistent à vouloir ne voir dans le bébé qu'un *objet* d'examen relevant exclusivement de leur compétence et non un *sujet* de relation prioritairement dépendant de celle de ses parents.

Mais il y a un autre combat, très actuel celui-là, beaucoup plus difficile à mener parce que moins évident, plus subtil : le combat pour que chacun d'entre nous, et cela suppose une vigilance de tous les instants, traite *effectivement* le bébé comme une personne. Ce qui signifie *s'évertue à lui épargner toutes sortes de souffrances jadis ignorées ou niées* dans la diversité des situations qu'il vit.

En 1991, en conclusion d'un article pour une encyclopédie Hachette, j'écrivais : « " Le bébé est une personne " ? Mais qui dirait aujourd'hui le contraire ? Pourtant, on l'aura compris, cela n'a vraiment rien d'un slogan un peu mou, consensuel et facile. Ce n'est pas un badge qu'il suffit de s'accrocher à la boutonnière pour que le rêve devienne réalité. Pour qui a vu, une fois dans sa vie, travailler Franz Veldman, Maurice Titran ou les nurses de Loczy, il est évident que cela demande une vigilance de tous les instants, une exigence extrême par rapport à soi-même, une attention constante portée à chaque geste que l'on fait, à chaque mot que l'on dit. Affirmer que le bébé est une personne quand il ne s'agit pas simplement de s'abriter derrière l'énoncé d'un vœu pieux, c'est un peu prendre à rebrousse-poil nos sociétés totalement orientées vers la technologie ; c'est prendre le risque de se retrouver, plus souvent qu'à son tour, à contre-courant des discours. Cela exige, des parents surtout, beaucoup de courage et d'opiniâtreté. Il y a le choc de toutes ces images de bébés entourés inévitablement d'hommes en blanc par lesquels il ne faut pas se laisser écraser ; il y a le poids de toutes ces affirmations de gens qui " savent ", de tous ces pronostics qui sonnent parfois comme des verdicts et qu'il faut trouver la force de repousser. Mais, au bout de ce difficile parcours, il y a un bébé qui nous rend au centuple cette confiance que, contre vents et marées, on a réussi à lui témoigner. »

C'est palpable dans ce texte, l'envie d'en découdre, de participer à cet autre combat, commençait à me démanger. La Télévision étant ce qu'elle est, il me fallut patienter trois ans. En 1992, Tony Lainé nous quitta, un triste jour d'août. A cette époque et depuis plusieurs années déjà, Gilbert Lauzun, en compagnie de mon ami René-jean Bouyer, se consacrait au traitement de grands dossiers historiques. C'est donc seul, après un détour par l'accompagnement des mourants et une incursion dans l'univers des phénomènes paranormaux, que je me résolus à concevoir *Le bébé est un combat*, comme, à plus de dix ans d'intervalle, une sorte de suite au *Bébé est une personne*.

Une suite très personnelle, ma suite devrais-je dire, même si j'ose espérer qu'elle n'est ni trop différente ni surtout trop indigne de ce qu'elle eût été si Tony Lainé notamment, qui à la différence de Gilbert Lauzun ou de moi n'a jamais cessé de s'intéresser et de réfléchir à la question des bébés, avait été là pour éclairer ma route.

Chapitre 1

Les avocats du bébé

CHICAGO – SEPTEMBRE 1992 – HOTEL HYATT REGENCY-Ve CONGRES DE L'ASSOCIATION MONDIALE DE PSYCHIATRIE DU NOURRISSON ET DES DISCIPLINES ALLIEES

Depuis que j'ai pris la décision de donner une suite au *Bébé est une personne*, je n'ai pas fait grand-chose, sinon prévenir de mon intention les participants de l'époque pour tester leurs réactions et lire quelques livres pour tenter de reprendre pied dans un sujet dont il me semble avoir tout oublié. Pour moi, cela n'a rien d'un hasard, l'enquête commence véritablement ici. Dans ce grand hôtel, typiquement américain, où tout est clinquant, pompeux et démesuré.

Ma carte d'accréditation sagement épinglée à la boutonnière, j'erre comme une âme en peine dans les immenses sous-sols. Marchant vite, des congressistes affairés me doublent ou me croisent en grand nombre, l'air de savoir parfaitement où ils vont. Moi pas. Il faut dire que c'est la première fois que j'assiste à ce genre de manifestation qui tient le milieu entre la foire et la messe et que, n'étant pas un professionnel de la petite enfance et pas vraiment un journaliste non plus, j'ai la sensation de m'être un peu égaré, cigale au milieu des fourmis.

Le plan, que je tourne et retourne dans tous les sens pour m'orienter, mentionne des noms de lieux aussi excitants que « concourse level », « exhibit level » ou « skyway level ». « Level » signifiant, pour ceux qui seraient encore plus cancres que moi : niveau. Je cherche au « ballroom level » une salle dite « grand ballroom » où doit se dérouler la première conférence plénière donnée par une certaine Elizabeth Tuters qui doit nous parler de la technique consistant à observer des bébés dans leur milieu familial. La seule chose dont le programme m'informe à propos de cette Elizabeth Tuters dont je ne sais rien c'est qu'elle vient de Toronto. Toronto : la ville où Tony Lainé est mort quelques semaines plus tôt... Tony, je l'avais vu chez lui à Paris, en juillet, quelques jours avant son départ pour le Canada. Je lui avais fait part de mon projet. Il m'avait donné son accord pour y participer. On s'était même revu pour une première séance de travail (j'y reviendrai) mais je le sentais moins présent, moins chaleureux, moins enthousiaste que d'habitude. Je me souviens avoir noté, sans prétendre à la moindre prémonition, que son regard était absent, comme tourné vers l'intérieur.

A Chicago, je me sens orphelin. Tout me ramène à Tony. J'ai dit que je n'assiste pas à ce congrès par hasard. La vérité c'est qu'en apprenant qu'il allait avoir lieu, au moment même où mon enquête commençait, j'y ai vu comme un signe et j'ai décidé brusquement d'y venir. La raison en est fort simple. Je me suis souvenu que l'aventure du *Bébé est une personne* avait commencé en mars 1983, à Cannes, lors du 2e congrès de cette même association. Un congrès auquel Tony assistait.

A l'époque, le bébé n'existe pas pour les médias. Tony lui-même s'intéresse à l'enfant, comme nous tous, mais pas vraiment au bébé. Certes il connaît les travaux fondamentaux du GRENN, le Groupe de recherche et d'études du nouveau-né qui publie les *Cahiers du nouveau-né*, mais c'est à Cannes qu'il découvre véritablement le bébé. Fasciné, en compagnie de quelque quinze cents participants, il assiste aux conférences que proposent une nuée de chercheurs et de praticiens éminents qui viennent des Etats-Unis, du Canada, de Suisse, de Grande-Bretagne, de France. Ils ont nom, Daniel Stern, Serge Lebovici, Robert Emde, René Diatkine, Karl Minde, Bertrand Kramer, Maurice Titran, Albert Grenier. Mais celui qui subjugue littéralement Tony, qui réjouit son âme d'enfant, c'est un pédiatre texan qui exerce à Boston : Thos Berry Brazelton. (Ah ! le rire et la jubilation de Tony décrivant Brazelton en train d'imiter les bébés !)

Tous approchent les nouveau-nés même prématurés d'une manière radicalement nouvelle, en mobilisant ce qu'ils appellent ses « compétences » précoces ; notamment pour communiquer. Le fœtus n'est pas oublié : il entend ; une fois sorti du ventre de sa mère, devenu bébé, il reconnaîtra sa voix parmi d'autres, se souviendra d'une musique entendue régulièrement.

Ce qui sidère Tony, à juste titre, c'est que ces chercheurs et ces médecins sont inconnus du grand public et qu'ils échangent en très petit comité des informations qui nous concernent tous. Faut-il croire que ceux qui s'occupent de nos bébés ne disposent pas de ces informations, puisqu'ils continuent à soutenir qu'ils ne voient pas, qu'ils n'entendent pas, qu'ils n'ont besoin que de dormir et de manger. Tony rentre à Paris bien décidé à ne pas garder pour lui ce qu'il vient d'apprendre. Il en parle à Claude Otzenberger qui dirige à TF1 une unité de programme documentaire. *Le bébé est une personne* est sur ses rails.

A Chicago, espérant sans doute inconsciemment me retrouver dans une situation analogue, je viens glaner la matière d'une suite. L'intérêt de Chicago, pour moi, ce sera de me replonger dans l'univers des spécialistes du bébé. Dans cet univers dit de « la psychiatrie du nourrisson » qui tourne en fait principalement autour de la clinique de l'interaction mère-enfant ; ce que les spécialistes appellent « la clinique du lien ». Parce que le bébé est très rarement « fou » tout seul et que les carences ou les difficultés relationnelles sont à l'origine de l'essentiel de ses souffrances tant psychiques que physiques.

Chicago, ce sera aussi l'occasion de renouer avec certains de ceux avec qui j'avais sympathisé ou qui nous avaient aidés à l'époque du *Bébé est une personne* et qui se déclarent prêts à me soutenir à nouveau. Mais pour le reste, j'attendrai en vain un choc, un déclic, une illumination. La plupart des chercheurs qui sont les vedettes de ce congrès étaient déjà à Cannes dix ans auparavant. Et ils n'ont, me semble-t-il, aucune révélation fracassante à nous faire.

Mais après tout, quoi de plus logique ? Pourquoi faudrait-il s'en étonner ? De quelles découvertes stupéfiantes seraient-ils censés nous gratifier ? Qu'est-ce que le bébé pourrait bien être de plus qu'une personne ? Un mutant ? Un extraterrestre ? La vie intra-utérine très probablement nous réserve encore des surprises mais à Chicago on n'en parle guère. Pas plus d'ailleurs qu'on ne parle tellement de naissance et d'accouchement.

La liste est longue de ceux qui brillent par leur absence. Frédérick Leboyer et Michel Odent ne sont pas là pour défendre une approche démédicalisée de la naissance. La quasi-totalité des membres éminents du GRENN, Bernard This, Danielle Rapoport et Catherine Dolto-Tolitch en tête, ne sont pas là non plus. Je suis entouré par des milliers de congressistes, en majorité américains, qui n'ont jamais entendu parler de Franz Veldman et de l'*haptonomie*, qui ne savent rien de Françoise Dolto et de la Maison verte. C'est-à-dire qui ignorent un pan immense de ce qui fait l'originalité et la vitalité d'une certaine manière française de penser le bébé.

Ce que je découvre, avec un peu de tristesse, c'est qu'une école de pensée française, parfaitement estimable par ailleurs, mais fondamentalement hostile à une approche du type Dolto, a réalisé une sorte d'O.P.A. sur l'association organisatrice du congrès (d'obédience américaine). Dominés par la figure du psychanalyste Serge Lebovici, qui prend un peu des allures de parrain dans cette histoire, les personnes proches de cette école se retrouvent en situation d'être les seuls à venir exposer les conclusions de leurs travaux devant leurs pairs du monde entier. Est-ce une simple coïncidence ou bien le résultat d'une volonté délibérée d'écarter les « autres » ? Est-ce qu'au contraire ce sont les « autres » qui boudent ce congrès ? S'agit-il d'un problème de moyens financiers, ceux qui sont proches des conceptions de Lebovici se recrutant plutôt parmi les « universitaires » qui disposent de temps et de crédits pour se rendre dans ces congrès, alors que les « cliniciens » proches des idées de Dolto doivent y aller à leurs frais ? Probablement un mélange de ces diverses raisons, mais toujours est-il que seuls les Français « bien-pensants » se retrouvent à Chicago.

Personnellement, dans la mesure où je suis parfaitement étranger à ces luttes d'influence, je trouve cela dommage pour la science qui se nourrit de la circulation des idées et de leur confrontation; dommage aussi pour les bébés de Californie, de Bombay ou de São Paulo. Parce que ceux qui seront amenés demain à les prendre en charge ignoreront tout d'une autre manière de le faire.

C'est ainsi que la grande question de savoir ce que les bébés perçoivent exactement de notre langage ne sera pas posée. Les quelques cliniciens français, seuls de leur espèce, qui osent penser à la suite de Françoise Dolto que le bébé comprend véritablement quelque chose du sens des mots et qui disent avoir eu l'occasion de le vérifier concrètement des centaines et des centaines de fois lors de leurs consultations ne pourront pas en témoigner. PAS ASSEZ SCIENTIFIQUE ! Ne s'exprimeront à Chicago que ceux qui estiment qu'au mieux le bébé est sensible à l'intonation, au climat émotionnel dans lequel baignent les mots qu'il entend. A la manière d'un petit chien en somme ? Et même si c'est plus vraisemblable, depuis quand le vrai est-il nécessairement vraisemblable ? Pourquoi ne pas en débattre ? N'est-ce pas une question fondamentale ?

A Chicago, l'imagination n'est pas au pouvoir. Ce n'est pas un lieu où l'on flirte avec la poésie ou l'irrationnel. Chicago ce n'est pas un congrès de rêveurs, c'est un congrès de gens sérieux, soucieux d'être considérés comme des scientifiques de stature internationale. On y donne sa conférence en anglais même quand on est français et que les seuls qui ont jugé utile de se déplacer pour vous écouter sont à 95 % francophones ! Pour éviter aux quelques anglophones égarés dans la salle l'ennui du port d'un casque et les inconvénients d'une traduction simultanée.

C'est un congrès d'arpenteurs pas d'explorateurs. On n'en est plus à s'extasier (si tant est qu'on l'ait jamais fait) devant les merveilleuses compétences du nouveau-né telles qu'un Brazelton, un Titran ou un Grenier pouvaient nous les présenter. On en est à approfondir les connaissances acquises ; à voir quoi en faire, comment les mettre au service de stratégies thérapeutiques complexes. Ce qui est, toutes réserves mises à part, prodigieusement intéressant.

Ce qui me frappe à Chicago, c'est l'émergence d'une race de thérapeutes qui, un peu partout dans le monde, en s'appuyant sur ce que l'on sait aujourd'hui des bébés, se font missionnaires ; s'installent, vis-à-vis des familles en difficulté, des autres professionnels ou des représentants d'institutions, dans un rôle d'*avocat des bébés*.

Je me souviens d'une rencontre étonnante. Celle d'un pédopsychiatre chilien, Ricardo Campana-Navarro, parlant un français de rêve, citant Françoise Dolto et fin connaisseur du *Bébé est une personne* de surcroît. Il s'était exilé en Grèce au fin fond des montagnes de la Thrace, une région au passé antique prestigieux mais très misérable aujourd'hui. Le taux de mortalité « périnatale », c'est-à-dire autour de la naissance, y était, selon ses dires l'un des plus élevés au monde ; dû à la rudesse des conditions de vie, au manque d'éducation. L'essentiel du travail de Ricardo consistait à sillonner le pays à la rencontre de femmes enceintes ou venant d'accoucher qui, pour la plupart étaient des paysannes ne parlant même pas grec. Il leur racontait leur bébé quand celui-ci n'était pas encore né, faisait découvrir à celles qui avaient accouché les compétences de leurs nouveau-nés. Comme l'auraient fait Maurice Titran avec les femmes de Roubaix ou Brazelton avec celles de Boston. Il voyait alors ces femmes s'ouvrir à une perception nouvelle de leur bébé et de leur rôle de mère et la mortalité reculer comme par enchantement.

« Le bébé est *leur* combat », c'est l'idée qui me vint, au contact de Ricardo et de quelques autres. Idée aussitôt contredite par mon refus d'accepter que le bébé soit avant tout une affaire de spécialistes. Pour moi, il s'agit là d'un postulat à la fois moderne et incontournable, le bébé c'est prioritairement l'affaire de ceux qui s'en occupent dans la durée (les parents dans la plupart des cas) et non de ceux qui interviennent ponctuellement.

Je trouve qu'une intervention qui crée ou qui entretient, chez celui qui s'occupe du bébé dans la durée, un sentiment d'inaptitude et d'incompétence, au point qu'il puisse se sentir jugé et disqualifié est non seulement ratée mais condamnable. D'ailleurs, si d'aventure, en tant que parent, vous vous trouvez en présence de quelqu'un qui vous fasse ressentir quelque chose de cet ordre, si vous voulez mon avis, n'hésitez pas, fuyez !

Cela concerne les parents mais pas seulement. Un autre temps fort de ce congrès me revient en mémoire. Une psychiatre travaillant pour le compte d'une grande organisation humanitaire nous parlait de la Roumanie et de ces terribles orphelinats roumains dont la télévision nous a montré les images. Elle y intervenait ponctuellement pour mener un projet « d'éveil psychomoteur » des enfants de zéro à trois ans. Je ne sais si elle s'adressait à nous sous l'empire de l'émotion ou si son discours était dicté par une volonté impérieuse de susciter notre indignation, de nous alerter sur la dramatique condition des bébés de ces pouponnières, mais la manière dont elle parlait des nurses roumaines était extrêmement péjorative. En l'écoutant, on imaginait des femmes totalement incultes, définitivement inaptes qui traitaient les bébés comme les sauvages qu'elles étaient. La seule solution, celle découlant de ses propos, paraissant être de se débarrasser au plus vite de ces femmes nuisibles, pour que des gens rompus à la pratique d'une pédiatrie moderne, des « gens du métier » prennent en main ces bébés.

Comme les responsables des pouponnières ne valaient apparemment guère mieux que les nurses ; que les responsables administratifs et politiques étaient non seulement incompétents mais corrompus, c'était bientôt la Roumanie dans son entier qui semblait un pays de sauvages. Un pays irrécupérable dans lequel la vie de ces bébés abandonnés ne tenait plus qu'au fil ténu de l'aide humanitaire.

J'étais indigné par ce discours et j'allais me lever pour le dire quand une femme se dressa bouleversée. Aux premiers mots qu'elle prononça le silence se fit : elle était roumaine. « Je m'appelle Carmen Anguelescu. Je dirige à Bucarest l'institut de l'enfant et de la famille. De quel droit parlez-vous ainsi ? Mais qu'est-ce que vous croyez ? Nous ne sommes pas des barbares ! Nous aussi nous aimons les enfants ! On est des gens cultivés, pas des sauvages ! Malgré le communisme, malgré Ceausescu qui voulait qu'on vive coupés du monde, on a continué à se procurer des livres et à lire. Nous aussi, on connaît *Winnicott, Bowlby, Dolto, Brazelton, Spitz,* on sait ce qu'est *l'hospitalisme.* On sait ce qu'il faudrait faire pour soulager nos bébés. Mais on ne peut pas le faire parce que l'on n'en a pas les moyens. Aidez-nous au lieu de nous juger. »

En l'entendant, je pris la décision de venir en Roumanie tourner une séquence du *Bébé est un combat.* Pour réfléchir sur le terrain à la question de l'aide humanitaire. La nécessité d'aider, la légitimité qu'il y avait à le faire, l'urgence des situations, semblant occulter une interrogation sur la pertinence des différentes manières d'aider.

Dans le cas des pouponnières roumaines, il me paraissait impensable de prétendre y travailler utilement sans partir du principe, d'une part que les nurses avaient des compétences qui ne demandaient qu'à s'exprimer et d'autre part que les bébés avaient plus besoin de leurs nurses, si inaptes soient-elles, que d'une psychiatre même très instruite. Pour la simple et bonne raison que les nurses, et elles seules, seraient encore là quand la psychiatre serait rentrée chez elle avec toute sa science.

A partir de là, sous peine de se retrouver dans une impasse, il me semblait indispensable d' écouter ces femmes au lieu de les juger; de trouver une façon de travailler avec elles plutôt que de se retrouver en situation de les évincer, de les disqualifier en faisant à leur place. Je pensais au proverbe chinois : « Si tu veux empêcher quelqu'un de mourir de faim, ne lui donne pas un poisson mais apprends-lui à pêcher ! »

Ce qu'il y avait de plus effarant dans le discours de cette jeune psychiatre, ce qui conduisait vraiment à se poser des questions sur cette aide humanitaire dont nous étions supposés être les champions, c'est que sa pratique avait une bonne cinquantaine d'années de retard sur l'évolution des connaissances en matière de travail social ! Elle parlait des mauvaises nurses, comme on parlait avant des mauvais parents !

En l'écoutant, on se croyait revenu à l'époque de « l'*hygiénisme* » triomphant. Dans ces structures médicales et paramédicales de la France de l'immédiat après-guerre où au nom d'un savoir tout neuf (et dans l'intention parfaitement louable de faire reculer la mortalité infantile liée à l'insalubrité) on n'hésitait pas, dans les maternités, les crèches, les pouponnières et ailleurs, à séparer autoritairement et brutalement bébés et parents. Avec les conséquences mortifères de toutes ces violences commises « dans l'intérêt supérieur de l'enfant » dont on prend seulement aujourd'hui la mesure.

Alors c'était quoi, l'aide humanitaire ? Refaire à l'échelle de ces populations, à l'échelle de ces continents que nous nous proposions de secourir les erreurs commises chez nous dans le passé ? Exporter nos modèles ? Oui, mais lesquels ? Ceux des années 50 quand la hantise de la survie des bébés primait sur toute autre considération ou ceux des années 90 avec l'accent mis sur l'importance primordiale du maintien de la relation mère-enfant (ou nurse-enfant) ?

Le bébé n'est pas seulement *leur* combat (celui des spécialistes) ni exclusivement le *nôtre* (celui des parents ou par défaut des nurses). « Le bébé est *UN* combat. » De Chicago, je repartais avec quelques pistes à explorer, des questions à poser et surtout un titre qui n'était encore qu'une coquille vide.

Chapitre 2

La douleur du nourrisson

Après mon retour de Chicago, je dus patienter encore un an avant de pouvoir véritablement commencer mon enquête. Le moins que l'on puisse dire c'est que cela me laissa des loisirs pour réfléchir à ce que cette suite du *Bébé est une personne* devait être et surtout, pour commencer, je découvris peu à peu ce qu'elle ne pouvait pas être.

Je repris contact avec ceux qui avaient été les « héros » de cette première série, Denis Querleu, Franz Veldman, Thos Berry Brazelton, Olivier et Varenka Marc, Maurice Titran, Geneviève Appell et les responsables de la pouponnière hongroise de Loczy. Pour savoir où en étaient leurs recherches sur les bébés, comment ils avaient évolué personnellement et vers quoi tendait aujourd'hui leur pratique. Pour intéressantes qu'elles furent, ces rencontres, dont certaines débouchèrent sur un tournage, me persuadèrent néanmoins que cette suite ne pouvait pas être fondée sur le thème des retrouvailles. *Le bébé est un combat,* ce n'était pas *Le bébé est une personne,* dix ans après. Pourtant cette idée d'une suite dix ans plus tard me hantait. C'était d'abord un défi personnel. Il n'y a pas que les sportifs pour tenter des « come back » ! Pouvais-je refaire *Le bébé est une personne*? J'avais vieilli, le monde autour de moi avait changé, des générations nouvelles avec des préoccupations autres nous bousculaient, indifférentes aux questions que nous nous posions à l'époque. Pouvais-je encore, à propos du bébé, m'adresser à elles utilement ?

Si je devais, me disais-je, répondre à la question : « Le bébé est-il une personne » ? non plus en 1983 mais en 1993, dans un monde où les idéologies s'effondrent où les points de repère sautent, où la survie tient lieu de code de conduite, comment ferais-je pour que la démonstration soit aussi lumineuse et en prise directe sur son époque que semble-t-il elle le fut ? A partir du travail de qui ? Avec quels arguments ?

Petit à petit, tout au long du tournage en fait, je découvris l'inanité de cette démarche-là. *Le bébé est un combat,* ce ne pouvait pas être une tentative de redémontrer à dix ans d'intervalle, au travers d'autres exemples cliniques que le bébé était *bien* une personne. Chaque fois que dans mes rencontres, dans la conduite de mes interviews, j'ai frôlé cet écueil de refaire le « bébé », j'en ai perçu la totale vanité, j'ai senti que je m'enfonçais dans une impasse.

En 1983, l'idée que le bébé était une personne, tout le monde pour ainsi dire l'avait sur le bout de la langue, l'énoncer clairement était sans doute un service à rendre à la communauté. Mais, il fallait se rendre à l'évidence et s'en féliciter, en 1993 l'idée que le bébé et même le fœtus étaient des personnes douées de « compétences » s'était tellement répandue et imprégnait à ce point les mentalités qu'elle frisait le lieu commun.

Enfin, je l'ai dit, la dernière manière de se fourvoyer consistait selon moi à rêver qu'il était possible de démontrer que le bébé était encore *plus* une personne qu'il y a dix ans ! Outre, comme l'aurait dit Coluche que « plus blanc que blanc c'est quoi comme couleur ? », mon petit séjour à Chicago m'avait convaincu qu'aucun nouveau pas décisif sur la voie de l'absolue connaissance de ce qu'est le début de la vie n'avait été accompli durant ces dix dernières années.

Restait à explorer de nouvelles pistes, mais lesquelles ? L'une d'entre elles, qui m'intéressait modérément je l'avoue, consistait à rendre compte des innombrables expériences scientifiques dont le bébé est le centre. Des expériences menées par ce que l'on appelle les psychologues « cognitivistes » et qui révélaient, jour après jour, de quoi un bébé est vraiment capable et à quel âge. Ce qu'il comprend à ce que nous identifions comme la Réalité.

J'ai assisté aux Etats-Unis à des expériences où l'on voit des bébés de deux mois réagir très violemment au spectacle de situations impossibles, « magiques », qui défient les lois de la physique ; comme un objet qui tient en l'air tout seul, sans être posé sur rien. Alors qu'on aurait pu imaginer que les bébés ignoraient tout de Newton et des lois de la pesanteur. Avec ces expériences la question n'est plus de savoir comment le bébé vient au monde mais plutôt *comment le monde vient aux bébés*. Je laisse à d'autres le soin de rendre compte en détail de ces expériences, ils le feront mieux que moi.

Une autre piste, qu'il me parut autrement fondamentale de suivre en urgence, surtout après avoir rencontré Annie Gauvain-Picquart, pionnière de cette recherche et auteur avec Michel Meignier d'un livre sur la question, fut celle de la douleur. Cela peut paraître inimaginable, absurde, cauchemardesque, affligeant ou à la limite presque risible mais, en matière de bébé, la seule chose fondamentale qu'on ait découverte ces dix dernières années, c'est qu'un bébé a mal ! Il semblerait qu'on l'ignorait totalement ; qu'on prétendait même le contraire ; qu'on le laissait souffrir dans un cas comme dans l'autre.

Et vous, me direz-vous, où étiez-vous il y a dix ans ? Pourquoi n'avez-vous pas parlé de la douleur du nourrisson quand vous tourniez *Le bébé est une personne* ? Bonne question ! Je pourrais botter en touche, répondre que ce n'était pas mon sujet mais la vérité est que je n'en ai pas parlé parce qu'en plus d'un an d'enquête, je ne me suis pas une seconde interrogé sur ce sujet. Je n'ai pas eu la moindre intuition qu'il y avait là un gigantesque problème. Je n'ai jamais pensé à faire le lien entre le fait que le bébé n'était pas considéré et donc traité comme une personne par la plupart de ceux entre les mains de qui il passait et le fait qu'il y ait de grandes chances pour que ses souffrances soient méprisées ou même carrément niées.

Et puis surtout, aucun de ceux que j'ai croisés durant mon enquête (et j'ai vraiment croisé les plus grands) n'ont abordé la question devant moi. Pas même Françoise Dolto ! J'en suis sûr parce qu'à l'époque j'étais vraiment à l'affût du moindre signe. L'un d'entre eux en aurait parlé, à commencer par Tony Lainé que je voyais régulièrement, j'aurais rebondi. La souffrance psychique, ça oui, nous en avons parlé. Ceux qui ont vu les émissions se souviennent certainement de John, le petit Anglais livré à lui-même, *9 jours en pouponnière*, que l'on voyait dépérir sous nos yeux. Mais la douleur physique, rien ! Il semblerait bien qu'il y avait encore, à l'époque, une sorte d'inconscience collective du problème.

« Qu'un malade souffre plus ou moins, est-ce là une chose qui offre de l'intérêt pour l'Académie des sciences ? »

Magendie, *Gazette médicale de Paris*. 1847. Cité par Annie Gauvain-Picquart dans son livre : *La Douleur de l'enfant*.

HOPITAL GUSTAVE-ROUSSY. VILLEJUIF. REGION PARISIENNE. JANVIER 1994.

C'est dans cet immense hôpital surmonté d'une forêt d'antennes qui lui confère l'apparence d'un vaisseau spatial du futur que travaille Annie Gauvain-Picquart, « la discrète ». Une petite femme jeune à la voix douce dont les mandarins du corps médical qui ne redoutent rien tant que le progrès, auraient été bien inspirés de se méfier. Maintenant, c'est trop tard ! Plus rien ni personne ne pourra l'arrêter dans sa croisade contre la douleur et l'incroyable déni dont elle fait l'objet.

Elle anime dans cet hôpital, bien connu des cancéreux, l'une des très rares consultations spécialisées dans la douleur du tout-petit dont notre pays puisse s'enorgueillir. Une consultation placée sous l'autorité d'un médecin anesthésiste, le docteur Evelyne Pichard-Léandri, une femme encore plus discrète qu'Annie Gauvain-Picquart ce qui confine au prodige. Une femme remarquable et courageuse qui ne mâche pas ses mots. Auteur de la préface du livre d'Annie Gauvain-Picquart et de Michel Meignier, elle écrit en effet : « L'enfant souffre, certitude indiscutable. Au moins autant, sinon plus, que l'adulte, certitude également indiscutable. On le soulage moins bien, voire pas du tout, c'est une affligeante constatation. » Et plus loin : « Presque tous, nous avons vécu ce paradoxe terrible de faire, en tant que médecins, ce qu'en tant qu'hommes nous ne pouvons que réprouver ; infliger la douleur sans chercher à la soulager. »

La première fois que je vins lui rendre visite, Annie (ainsi qu'elle me permit de l'appeler par la suite) ne m'invita pas à assister à sa consultation. Je compris qu'il me faudrait m'armer de patience ; non pas tant la convaincre (plus ça va, plus la télévision fait peur) que l'apprivoiser. lui consacrer du temps. Elle commença par me montrer, filmées en vidéo, des consultations, des observations cliniques d'enfants envahis par la douleur, dont beaucoup remontaient à plusieurs années.

Certains de ces enfants, parmi lesquels des bébés, souffraient visiblement ; d'autres étaient prostrés, se contentant de gémir quand on s'approchait d'eux, ne hurlant franchement que si on les touchait pour les examiner. Les images étaient extrêmement pénibles à regarder. Je demandais : « Qui filme ? » Elle me répondit qu'un cinéaste, Pierre François, la suivait depuis près de dix ans. Il l'avait accompagnée pas à pas dans sa découverte, on pourrait presque dire son initiation à la douleur, filmant chacune de ses rencontres avec un enfant, s'initiant lui-même. A certains moments, on les entendait échanger des impressions sur les symptômes qu'elle diagnostiquait. Elle, regardant ou palpant, lui filmant. Un cas rare de complicité dans la durée entre un médecin et un cinéaste. Je commençais à mieux comprendre pourquoi Annie prenait son temps avec moi : elle avait été mal éduquée !

Une scène la présentait en compagnie d'une petite fille au crâne chauve dont j'appris qu'elle se prénommait Charlotte. Annie, vêtue d'une blouse d'hôpital de couleur vert sombre, était assise à côté d'un lit à barreaux, Charlotte sur ses genoux, immobile. Les yeux clos, Charlotte geignait un peu. Sa douleur était presque palpable. Elle devait souffrir du sommet de son crâne sous la peau duquel on voyait le renflement de l'aiguille qui la reliait à une perfusion jusqu'au bout de son petit pied tordu et crispé.

Un observateur pas très attentif aurait pu trouver inutilement cruel le comportement d'Annie : pourquoi ne pas remettre la petite fille dans son lit ? Pourquoi ne pas la laisser tranquille ? Mais, en fait, quelque chose dans l'attitude de Charlotte laissait entrevoir que malgré sa souffrance continuelle, elle était très attentive à la présence d'Annie ; qu'une communication s'était établie entre elles. Alors que quelques minutes plus tôt, dans la bande vidéo, il semblait ressortir d'une conversation entre médecins que la petite fille n'entendait pas ; que c'était plus ou moins un « légume » ! Toujours le déni. Tant qu'Annie ne faisait rien, restait silencieuse, Charlotte geignait doucement, semblant jouir de ce moment suspendu, de ce répit insolite dans un monde hospitalier synonyme pour elle de soins douloureux et d'examens agressifs. Mais dès qu'Annie lui parlait, dès qu'elle l'effleurait du bout du doigt, elle gémissait plus fort. Pourtant, on sentait qu'elle se contrôlait, qu'elle ne rompait pas le contact.

« Où as-tu mal » ? disait Annie, en continuant à effleurer le crâne de la petite fille. Et soudain, étonné, on voyait qu'au prix d'un gros effort, Charlotte dirigeait vaguement sa main vers son cou. « Oui », l'encourageait Annie, « montre-moi mieux, montre-moi où tu as mal ». En réponse, Charlotte se contentait de geindre un peu plus fort, incapable visiblement de rééditer son exploit. Elle portait une petite robe avec une collerette à volant. Le volant remontait, touchant son cou. Saisie d'une soudaine intuition, Annie rabaissait le volant sur la robe, dégageant le cou, « Ah mais c'est peut-être ça qui te fait mal. C'est possible que le volant de la robe vienne frotter sur ton cou et te fasse mal ! » Et, miracle, un très court instant, la petite fille s'arrêtait de pleurer. On avait la sensation qu'une victoire venait d'être remportée sous nos yeux; qu'un premier pas avait été accompli ce jour-là dans un long processus de lutte contre la douleur.

En contemplant ces images, on prenait conscience que c'est ainsi, à l'occasion de multiples rencontres éprouvantes semblables à celle-ci, qu'Annie Gauvain-Picquart était devenue peu à peu une experte, à force d'observer et de reconnaître les multiples apparences que revêt la douleur de l'enfant. L'un des inventeurs de par le monde d'une spécialité nouvelle qui ne s'enseignait alors dans aucune faculté de médecine. En attendant, c'était en 1986, sans que personne s'en soucie, une enfant, dans un grand hôpital parisien pouvait souffrir au point de ne pas supporter un effleurement de la peau! Par la suite d'ailleurs, Annie devait prendre l'habitude de ne plus toucher certains enfants autrement qu'avec un petit plumeau de soie à tête de clown. Elle entrait dans le troisième millénaire pendant qu'autour d'elle c'était encore le Moyen Age! J'étais stupéfait.

Bernard Martino : – Est-ce que c'est difficile à voir la douleur des bébés, ou bien est-ce que l'on ne veut pas la voir et qu'on la nie?

Annie Gauvain-Picquart : – Non, il est certain que ce n'est pas très facile de voir qu'un bébé a mal. Ça peut paraître paradoxal de dire cela, puisqu'au fond si vous prenez un bébé dans vos bras de façon un petit peu maladroite, ou si vous portez un bijou qui lui fait un peu mal, aussitôt on va voir le bébé qui va avoir un mouvement de retrait, qui va se mettre à pleurer, s'agiter, donc on pourrait se dire que c'est facile. Sauf que si jamais, avec le même bébé, vous faites un petit peu attendre le biberon, vous avez pratiquement les mêmes signes qui apparaissent. Donc les pleurs et l'agitation, ce n'est rien d'autre qu'une manière légèrement stéréotypée de la part des bébés, de dire « ça ne va pas ».

Mais reste pour nous à savoir si cela ne va pas parce qu'il a faim, parce qu'il a mal, ou bien parce qu'il voudrait bien qu'on s'occupe de lui davantage, parce qu'il a des vêtements qui serrent. Enfin on a dix mille interprétations possibles.

Et puis, il y a autre chose. Si vous avez affaire à une douleur qui dure, une douleur profonde, les premières minutes l'enfant pleure, d'accord; au bout d'une demi-heure il pleure encore mais déjà plus tout à fait pareil; et au bout d'une heure, il ne pleure plus. Il ne pleure plus et surtout, si la douleur dépasse ses capacités à la surmonter ou psychiquement parlant à la circonvenir, à ce moment-là on a affaire à un bébé qui tombe dans un état d'apathie, d'absence de réponse et d'intérêt à tout ce qui l'entoure, qui fait que ça devient un bébé étrangement calme; et penser, en présence d'un bébé étrangement calme, que l'on est peut-être en face d'un bébé complètement envahi par la douleur, eh bien ça, c'est un réflexe qui n'est pas encore acquis. A la fois par les soignants qui peuvent très bien ne pas se rendre compte, et puis par les parents aussi. On a énormément de parents qui nous disent : « Je ne me suis pas rendu compte que mon bébé avait mal », alors c'est troublant cela aussi.

Tandis que nous regardions ensemble les images, Annie commentait. Elle me faisait remarquer une manière de cambrer le corps en arc de cercle, d'éviter de s'appuyer sur telle partie du corps, de replier un pied vers l'intérieur chez un bébé par ailleurs silencieux, ce qu'elle appelait des positions « antalgiques » qui étaient autant de signes subtils d'une douleur intense subitement évidente.

Tous ces enfants souffraient atrocement, en plus du fait qu'ils étaient gravement malades; cancéreux pour la plupart. Je me souviens d'un petit garçon prénommé Stéphane dont j'appris qu'il n'avait pas survécu. Il devait avoir dix-huit mois, peut-être même moins. Une énorme masse tendait la peau de son ventre comme un tambour. Il avait une large cicatrice en travers de l'abdomen, preuve qu'il avait été déjà opéré, et des tuyaux partout.

Comme tous les enfants qu'Annie et Pierre voyaient à l'époque, comme la petite Charlotte, Stéphane n'était absolument pas soulagé. Dans sa perfusion, il n'y avait aucun médicament même léger contre la douleur. L'utilisation de la morphine et de ses dérivés était pourtant possible en toute sécurité. C'était bien connu des anesthésistes et maintes fois démontré. Mais concrètement personne n'en prescrivait, surtout pas aux enfants, sinon dans les phases terminales. Et encore!

Alors, on voyait Stéphane souffrir, indifférent à tout ce qui n'était pas l'effort surhumain qu'il faisait pour respirer sans bouger, son énorme ventre calé par une serviette roulée. On voyait un médecin venir pour essayer de l'ausculter, lui palper le ventre et Stéphane hurler sans même le regarder. Le médecin essayait de lui parler gentiment mais l'enfant continuait à hurler longtemps après que le médecin eut renoncé et fut parti.

Après, beaucoup plus tard, on voyait Annie, qui s'était mise en tête d'essayer de distraire Stéphane, s' approcher du petit lit à barreaux et lui parler sans le toucher, une jolie girafe en caoutchouc à la main. Stéphane, au contraire de Charlotte, ne manifestant à aucun moment un quelconque désir d'entrer en relation avec elle. Elle devait avoir l'impression déprimante qu'elle n'existait pas pour lui. Passant outre, elle tentait alors, maladroitement, de le prendre dans ses bras et là, on souffrait pour lui qui recommençait à hurler sans la regarder, mais pour elle aussi dont on se demandait comment elle allait se dépêtrer de cette situation. Et, de fait, très vite malgré tout son courage, son envie de bien faire et sa persévérance, voyant que Stéphane était inconsolable, Annie capitulait à son tour.

A aucun moment, il n'avait manifesté le moindre intérêt pour ses manœuvres d'approche, le moindre désir d'entrer en relation avec elle. Tout dans son attitude indiquait qu'il n'attendait rien, ni d'elle ni de personne. La vérité c'est qu'il désespérait des adultes. Qu'est-ce que cela avait l'air désolant mais aussi décourageant un enfant qui a mal !

B. M. : – Est-ce que les enfants qui souffrent ne sont pas plus difficiles à aimer que les autres ?

A. G.-P. : – Un enfant qui souffre, surtout si son interlocuteur n'a pas compris qu'il souffrait, c'est un enfant qui repousse, c'est un enfant auquel on a l'impression qu'on ne peut rien donner de bon. Alors à terme, c'est un enfant décourageant, déprimant. Un enfant, c'est presque viscéral, qu'on ressent le besoin de fuir. Pour moi, maintenant, ça me sert presque d'indicateur cette envie : quand je suis auprès d'un enfant et que j'ai envie de m'en aller, je sais que probablement la douleur physique est là.

L'enfant qui souffre à la fois éprouve le besoin que l'on respecte un périmètre de sécurité autour de lui, que l'on ne le touche pas, qu'on le laisse tranquille, et en même temps nous montre vraiment de toutes ses forces, que c'est sûrement de notre faute s'il a mal. Et nous, de notre côté, on n'attend qu'une seule chose, c'est d'avoir l'impression d'être bénéfique, pour l'enfant que l'on approche ; on voudrait pouvoir lui montrer qu'on lui apporte de bonnes choses et on voudrait qu'il nous en gratifie à sa manière c'est-à-dire en nous faisant un sourire : s'il nous fait un sourire on se sent doué, on persévère. Mais face à ce type d'enfants-là... il n'y a pas de sourire à attendre. Il n'y a même pas de regard à attendre. Alors ça crée un malaise très profond, très subtil et cet enfant-là, si on n'a pas fait le diagnostic de douleur, il va être désinvesti. C'est-à-dire qu'on va se détourner de lui, c'est un enfant qui va être considéré comme pas marrant, grognon, hostile et puis finalement, à l'arrivée, il aura peut-être beaucoup moins de présence et d'attention qu'un autre, alors qu'au contraire il aurait tellement plus besoin d'être entouré, mais dans le respect de sa douleur.

A la fin de cette première rencontre, Annie me confia deux films qu'elle avait réalisés en collaboration avec Pierre François, ainsi que de nombreux documents. Il fut convenu que je pourrais assister à sa consultation la fois suivante. Avant de la quitter, je voulus savoir quand et pourquoi elle avait entrepris cette lente immersion dans l'univers de la douleur.

A. G.-P. : – Ma prise de conscience du problème de la douleur s'est produite quand j'étais dans ce service-ci, donc en oncologie pédiatrique, un service qui s'occupe de cancer de l'enfant. J'étais une jeune interne tout à fait banale et j'avais choisi ce service parce que je voulais savoir comment s'occuper d'enfants gravement atteints. Régulièrement des infirmières venaient me voir pour me dire : « Tu sais le petit untel il a mal », et moi je leur répondais : « Ecoute je ne sais pas moi, donne-lui un comprimé. » Puis, au bout de deux ou trois fois, en m'entendant répondre ça, j'ai fini par me dire : « C'est quand même bizarre cette affaire-là. D'habitude, si je prescris un antibiotique, je ne dis pas un comprimé d'antibiotique, je dis le nom du médicament, et la dose exacte. Qu'est-ce qui se passe là ? » Et donc, je me suis dit qu'il me fallait admettre une chose : c'est que je n'avais pas assez appris mes cours sur les traitements contre la douleur, et que j'étais ignorante.

Alors je me suis dit, bon, puisque je suis ignorante, il faut accepter ça. D'ailleurs quand on est interne, on accepte l'idée qu'on est ignorante. Je me suis dit, je vais demander au médecin senior ; et je leur ai demandé : « Qu'est-ce qu'il faut faire quand les enfants ont mal » ? et ils m'ont répondu : « On ne sait pas bien ! » Alors, à ce moment-là, j'ai eu un peu de temps libre et je me suis précipitée en bibliothèque ; et je me suis dit, quitte à être ignorante je vais aller voir ce qui est écrit dans les revues et dans les livres. J'ai donc fait une recherche en bibliothèque et il n'y avait rien ! Et je me suis rendu compte alors, c'était en 1979, qu'en 1979, on ne savait pas comment répondre à la douleur d'un enfant ; si ce n'est par des prescriptions qu'on donne comme ça, vous voyez ce que je veux dire, pour avoir bonne conscience ; des médicaments qui sont, en fait, sans efficacité sur ce type de douleur. Voilà, en ce qui me concerne, comment l'aventure a commencé.

L'aventure en question allait consister, toujours suivie comme son ombre par Pierre François, à arpenter pendant quinze ans les couloirs de son service. Puis, quand son projet commença à être connu, à l'invitation de personnes sensibilisées à la question de la douleur, ceux d'autres services. Quinze ans, à voir souffrir des enfants sans pouvoir, la plupart du temps intervenir. Parce qu'elle avait, face à elle, des internes, des professeurs, des infirmières qui toléraient sa présence mais qui n'auraient pas supporté le moindre commentaire concernant leur attitude. C'était *leur* service et c'étaient *leurs* patients !

Pour Annie Gauvain-Picquart, j'y repensais en rentrant chez moi, cela avait dû être très dur. Cela avait certainement laissé des traces. On le sentait dans cette façon qu'avait sa voix de se casser à certains moments, dans des crispations fugitives de son visage qui évoquaient des émotions enfouies, des souffrances encore vivaces. On le sentait surtout, quand elle en arrivait au chapitre des responsabilités, au pourquoi de cet invraisemblable déni de la douleur, à ce souci manifeste de n'épargner personne ; par fidélité aux enfants. Tout le monde en prenait pour son grade, les médecins bien sûr, les infirmières et même les psychanalystes dont le discours équivoque sur la douleur la révulsait.

La douleur pour elle ce n'était pas du « matériel » à analyser, c'était un anachronisme à faire disparaître. Annie Gauvain-Picquart c'était le glaive. Elle perçait l'abcès avec amour donc sans faiblesse. C'était la colère du Juste. Avec elle, je tenais la première pièce de mon puzzle. J'allais faire mien son combat.

La première chose que je fis, en arrivant chez moi fut de visionner ses films pour mieux comprendre sa démarche. C'étaient des films à visée pédagogique destinés aux soignants. Le premier, intitulé *Ces enfants trop calmes*, les contraignait à reconnaître la réalité de la souffrance des bébés et des très jeunes enfants. Il insistait sur le malentendu consistant à confondre la prostration et le retrait avec un calme synonyme d'absence de douleurs. Il les mettait face à leurs responsabilités, les obligeait à prendre la mesure de leur aveuglement et de leur déni.

Le second, intitulé *Tamalou*, allait plus loin. Il montrait, une fois reconnue l'évidence de certaines douleurs de l'enfant, qu'il existait d'autres douleurs cachées dont l'enfant souffrait en silence, parce qu'il n'avait pas les mots pour s'en plaindre. Une douleur dont seuls des signes imperceptibles permettaient à un observateur extrêmement attentif de suspecter la présence. Le film nous apprenait, grâce à des exemples pris dans les consultations d'Annie, comment débusquer cette douleur-là, la douleur non plus niée mais ignorée même des mères, au prix d'une véritable enquête patiente et d'un lent apprivoisement de l'enfant. Là, on retrouvait l'experte qu'Annie était devenue en payant le prix fort, la femme très en avance sur son temps ; la pionnière d'une médecine qui ne s'imposerait pas comme la norme avant trente ans. Je brûlais d'impatience à l'idée d'assister très prochainement à sa consultation.

Mais, dans l'immédiat, la vision d'une séquence m'avait bouleversé comme rarement je l'avais été. Une séquence à ce point insupportable qu'à ma grande surprise, je crus que je ne pourrais pas la regarder jusqu'au bout. Pourtant regarder c'est mon métier, et je crois pouvoir dire que j'en ai vu pas mal. Certainement moins que la plupart des médecins, des policiers ou des correspondants de guerre, mais beaucoup quand même. Là je bloquais : je n'arrivais pas à contrôler mes émotions, à être professionnel.

La scène se passait dans un service de grands brûlés ; un service pour enfants. Une petite fille atrocement brûlée aux jambes et aux fesses, entourée de trois ou quatre infirmières gantées et masquées, était immergée dans une immense baignoire qui occupait le centre d'une pièce par ailleurs nue. On ne voyait que cette baignoire dans laquelle la petite fille, sur laquelle ces femmes se penchaient, hurlait à la mort.

Je le confesse, même si la comparaison n'est pas raisonnable voire choquante, la première image qui me vint fut celle d'une salle de torture de la Gestapo ! Le pire justement c'est qu'on n'était pas rue Lauriston en 1943 mais dans un grand hôpital moderne en 1986. La petite fille qui s'appelait Laetitia n'était pas entourée de tortionnaires qui voulaient lui extorquer des aveux mais de soignants qui s'efforçaient de la guérir (la guérir ou l'aguerrir ?).

Mais là s'arrêtaient les différences. J'avais sous les yeux, une petite fille brûlée à certains endroits à 80 % dont on épluchait les pansements qui collaient à la chair, dont on frottait les plaies, le tout à vif sans le moindre calmant ! Une petite fille à qui, brutalement, on finissait par intimer l'ordre de se taire parce que l'on ne supportait plus de l'entendre hurler. Et ce « soin » en forme de supplice dont on ne voyait que quelques minutes durait en fait plus d'une demi-heure et se répétait tous les jours pendant toute la durée de l'hospitalisation. Dans le cas de Laetitia depuis cinquante-six jours. Cauchemardesque !

Je n'en croyais pas mes yeux et mes oreilles. Toute cette

boucherie, toute cette barbarie me paraissaient irréelles, d'un autre âge. En 1986, je le savais pour avoir fait précisément cette année-là une longue enquête sur les soins palliatifs, on savait depuis une bonne vingtaine d'années contrôler à 90 % les pires douleurs à l'aide de la morphine et de ses dérivés. Alors comment pouvait-on laisser ainsi souffrir des enfants ? Comment osait-on ? Pauvres enfants et pauvres parents qui ne pouvaient que subir ! Ah, tous ces gens qui disent nous vouloir du bien !

La lecture des documents qu'Annie m'avait fournis amplifiait ces questions. Lors d'une journée placée sous l'égide de la direction de la Santé, le 12 décembre 1991, journée intitulée « La douleur de l'enfant. Quelles réponses ? », un historien Jean-Pierre Peter évoquait une sorte de réserve vis-à-vis du soulagement de la douleur qui s'empare du corps médical à partir du début de l'ère chrétienne. Réserve qui se double d'une valorisation de la souffrance : « Plus étonnante encore, déclarait-il, est la ténacité avec laquelle le gros du corps médical et l'ensemble des instances officielles de la profession, tant en Europe qu'aux Etats-Unis, ont résisté un demi-siècle, entre 1800 et 1850, à toute idée d'anesthésie dans les opérations chirurgicales, alors même que des produits nouveaux propres à cet usage avaient été découverts et expérimentés avec succès. (Protoxyde d'azote 1776 ; éther 1792 ; morphine 1806 ; chloroforme 1831-1834.) Nous pourrions être conduits à penser que la présence effective de la douleur était en quelque manière nécessaire à une sorte de *sacralité* de l'acte chirurgical. Il y a là de toute façon une énigme que renforce la façon dont cet épisode de refus (ou de latence ?) est classiquement occulté dans les histoires de la Médecine. »

La même histoire continuant aujourd'hui avec le déni de la douleur du très jeune enfant, du bébé et du fœtus. Toujours lors de cette journée, le professeur Claude Saint-

Maurice citait l'un de ses aînés, un ponte de la chirurgie, qui préconisait, au début des années 50,« d'opérer un nouveau-né sans anesthésie pour des interventions telles que fentes palatines ou autres malformations car le nouveau-né était insensible du fait d'une *obscurité des sensations* dont il fallait savoir profiter ».

Quand je revis Annie Gauvain-Picquart, la première chose dont je voulus qu'elle me parle fut l'énigme que constituait ce déni. Elle notait dans son livre que le plus récent et le plus gros manuel de pédiatrie en langue française (4624 pages) ne mentionnait pas le mot « douleur » dans son sommaire. Mais ce que j'étais loin de soupçonner c'était l'étendue effarante du problème. Un problème avec lequel Annie se débattait depuis déjà quinze ans.

A. G.-P. : – On n'a pas fait du tout le tour, de comprendre ce qui s'est passé durant ces dizaines d'années, où des experts et des gens qui connaissaient très bien les bébés, n'étaient pas capables de voir qu'ils souffraient et n'en parlaient pas et que ce soit le silence comme ça et le déni sur cette question. A mon avis, on aura vraiment une compréhension de ce phénomène-là, quand les sociologues et les historiens auront travaillé sur ce sujet. Nous, on ne peut présenter que des éléments de réponses subjectifs.

La première constatation que je ferai, c'est que véritablement dans les milieux médicaux, il y avait des pseudo-rationalisations autour de la douleur de l'enfant, c'est-à-dire moi quand j'ai fait mes études de médecine, et ensuite quand j'ai fréquenté les services hospitaliers, on nous disait comme une certitude : « Les bébés ça n'a pas mal » ; ou bien si ça a mal, ça se remet vite et ça oublie tout. Et, de toute façon, la question de fond c'était pas les bébés, c'était nous. C'est-à-dire que la vraie question c'était d'être ou pas capable de le supporter. On nous disait toujours : « Si vous ne pouvez pas le supporter, il ne vous reste plus qu'à changer de métier ! » Quand on s'intéressait à la douleur de l'enfant, on passait pour une « âme sensible » et l'on était discrédité.

L'interview que je retranscris ici fut filmée. Le texte seul ne peut rendre compte de l'intensité de cet échange ; de la gravité, presque la solennité du moment. En prenant à travers moi, la télévision et les téléspectateurs à témoin, Annie donnait à son douloureux parcours, une dimension nouvelle.

B. M. : – On parle d'une époque où les bébés étaient opérés sans anesthésie ! On parle d'une époque où les bébés souffraient des souffrances quasiment inimaginables ! Mais ces images atroces de la petite fille brûlée que j'ai vues ne datent que de 1986 ! Alors est-ce que c'est une époque révolue ou est-ce que ça continue ?

A. G.-P. : – Alors, il est vrai que depuis à peu près 1940 et la Seconde Guerre mondiale, il y a eu une école d'anesthésie internationale très réputée (celle de Liverpool) qui a préconisé d'opérer les bébés jusqu'à l'âge de neuf mois sans anesthésie, en les paralysant simplement avec du curare, vous savez, le fameux poison des Indiens. Pour certains, on leur faisait aspirer un gaz, le protoxyde d'azote, qui a des pouvoirs analgésiques, de contrôle de la douleur, très limité, et puis c'était tout. Et là, une confusion bien pratique s'installait : Puisque le bébé ne bougeait plus et il ne bougeait plus puisqu'il était paralysé par le curare, c'était la preuve qu'il n'avait pas mal !

Dire que cette période est révolue, on souhaiterait pouvoir le dire. Cela fait à peu près maintenant cinq-six ans, que ces pratiques sont véritablement critiquées par notre profession et par les anesthésistes. Avant, il y avait bien eu des voix isolées qui s'étaient élevées, à partir des années 70, pour dire que c'était peut-être pas normal ce que l'on faisait aux bébés, mais ces voix étaient très minoritaires dans notre milieu. Donc on peut considérer que ça fait maintenant cinq ans qu'il y a eu des prises de position officielles pour dire, ça, c'est pas bien ! Est-ce que l'on fait changer les pratiques d'une profession en cinq ans? Moi j'ai eu des échos, pas si anciens que ça, qui me font penser que non. C'est-à-dire que probablement on donne plus de produits pour lutter contre la douleur pendant les opérations chirurgicales chez les bébés aujourd'hui qu'il y a cinq ans, mais je ne pense pas que quiconque puisse garantir aujourd'hui que son bébé sera opéré avec une anesthésie générale. Je pense que c'est une garantie que véritablement je ne peux pas donner aujourd'hui.

Ce jour-là, la consultation fut un fiasco. Annie n'avait rien préparé à mon intention, c'est le moins qu'on puisse dire. Elle ne m'avait pas mis de côté, sachant que je venais, quelques beaux « cas » de bébés bien douloureux. J'aurais dû m'en douter, ce n'était pas son genre. Patience, patience! Résultat, je me retrouvais avec Evelyne Pichard-Léandri et elle (elles consultaient toujours ensemble) à attendre le client. Deux ou trois enfants vinrent pour ainsi dire en voisins accompagnés d'une infirmière ou de leurs parents. Le service de cancérologie dans lequel ils étaient hospitalisés était au même étage que la consultation de la douleur. Ces enfants-là avaient beaucoup de chance dans leur malheur, Annie les avait sous les yeux; leur douleur était parfaitement contrôlée. Ils ne venaient que pour de petits ajustements de dosage.

Une adolescente de seize ans se présenta avec sa mère. Normalement, pour moi, elle était hors sujet, mais comme je voulais voir travailler Annie, j'acceptai sa proposition d'assister à l'entretien. On me prévint qu'il s'agissait là encore d'une consultation de routine. La jeune fille avait déjà été vue plusieurs fois. Médicalement, son cas était désespéré. Elle n'avait plus que quelques jours, au mieux une semaine ou deux à vivre. Elle souffrait parce que ses douleurs n'étaient pas assez soulagées. L'objectif d'Annie était de faire accepter une augmentation de la dose de morphine.

Elles entrèrent. La jeune fille était fraîche et jolie. Une adolescente comme on en voit à la sortie des lycées. Je la regardai, cherchant sur son visage un signe de cette mort annoncée qui ne s'y trouvait pas. Elle était très intelligente aussi, cela se sentait à la manière dont elle répondait aux questions des deux médecins. Mais ce qui me frappa, c'est qu'elle répondait plus par politesse que par conviction. Elle avait compris que l'on ne pouvait plus rien pour elle ; le rideau était tombé, à quoi bon jouer la comédie médicale ; la comédie de la toute-puissance. Par son attitude, elle signifiait que tout cela ne la concernait plus. « Voyez maman, semblait-elle dire, c'est elle qui décide pour nous. »

On la sentait très « fusionnelle » avec sa mère, la seule personne dont elle avait encore besoin. Celle qui l'avait mise au monde et qui allait l'aider à le quitter. Or la mère justement ne voulait plus coopérer, elle voulait qu'on les laisse tranquilles, sa fille et elle. Elle ne cherchait même pas à dissimuler son agacement. Ces médecins qui s'étaient révélés incapables de guérir sa fille, ces médecins en qui elle avait cru, qu'elle avait peut-être mis sur un piédestal, elle avait visiblement très envie maintenant de les envoyer promener ! Leurs belles paroles, elle en avait soupé, et leur morphine, ils pouvaient se la garder ! Sa froide colère était compréhensible mais c'était surtout sa fille qui allait en faire les frais. Elle allait inutilement continuer à souffrir. Ce qu'elle avait d'ores et déjà accepté puisque c'était le choix de sa mère. Apparemment les soignants n'étaient pas les seuls à ne pas être clairs vis-à-vis de la douleur.

Personne d'autre ne se présentant, les deux médecins restèrent seules. Je pensais à tous les bébés, à tous les enfants qui étaient peut-être en train de souffrir, en ce moment même, à d'autres étages, dans d'autres services de ce grand hôpital. Sans parler des autres hôpitaux qui ne disposaient pas d'une telle consultation et de toutes les institutions paramédicales qui accueillaient des bébés et de très jeunes enfants. Tous ces petits qui auraient eu grand besoin de l'extrême compétence de ces deux femmes, pourquoi ne se pressaient-ils pas dans la salle d'attente ? Pourquoi le carnet de rendez-vous de ces deux praticiens hors pair n'était-il pas archiplein ? L'existence de leur consultation n'était-elle pas connue ou, toujours le déni, estimait-on inutile de faire appel à elles ? « Désolé, il n'y a pas d'enfants qui ont mal dans mon service ! » Plus vraisemblablement, le traitement de la douleur n'était pas encore entré dans les mœurs ; ce n'était toujours pas une spécialité reconnue.

B. M. : – Soyons clair. Est-ce qu'il y a des bébés qui souffrent actuellement en France dans les hôpitaux ou ailleurs ?

A. G.-P. : – Votre question me submerge... Je veux dire oui, oui, oui, il faut que je vous le dise. Oui, oui, oui, il y a des bébés qui souffrent dans les hôpitaux...

B. M. : – Gravement ?

A. G.-P. : – Gravement ! Et que l'on pourrait soulager ! Alors, là, oui c'est sûr... Et on va mettre encore beaucoup d'années pour arranger cette situation. Mais, je suis claire, il y a aujourd'hui des bébés qui souffrent gravement dans les hôpitaux de douleur qu'on saurait soulager.

B. M. : – Des douleurs de quelle intensité ?

A. G.-P. : – Des douleurs qui peuvent atteindre le stade de la douleur torturante... dans des pathologies graves, oui. Je pense que ce serait de ma part vous mentir que de ne pas répondre à cette question-là, c'est sûr !

En attendant de revoir Annie Gauvain-Picquart avec qui je pris un nouveau rendez-vous, je rencontrai un autre grand spécialiste de la douleur, Daniel Annequin, qui animait aussi une consultation sur la douleur à l'hôpital des enfants malades Armand-Trousseau de Paris. C'est lui qui m'apprit que la séquence qui m'avait tellement bouleversé, celle des soins de la petite Laetitia, avait été tournée dans le service des grands brûlés de son hôpital. C'est une psychologue, Nathalie Lécuyer, qui travaillait dans ce service et qui ne supportait plus le spectacle qu'elle avait quotidiennement sous les yeux qui avait introduit le loup, en l'occurrence Pierre François, dans la bergerie ; pour que ses images portent témoignage.

Daniel Annequin m'apprit aussi que la diffusion de cette séquence avait provoqué un véritable traumatisme dans le service ; un sentiment de honte et de culpabilité collectives dont les effets se faisaient encore sentir aujourd'hui. En découvrant les images, les infirmières qui se considéraient jusque-là comme de bonnes professionnelles s'étaient réveillées dans la peau de tortionnaires ! Mais aussi, cette diffusion avait eu pour effet de révolutionner la vie du service : aujourd'hui la règle absolue c'était, paraît-il, de ne jamais laisser souffrir un enfant.

Quand je compris que les infirmières que l'on voyait sur les images étaient encore là, il me parut évident qu'il fallait que je revienne sur les lieux du « crime ». Pour filmer dans le même endroit non plus ce qu'il ne fallait pas faire mais ce qu'il fallait faire. Immédiatement Daniel Annequin se proposa de m'aider à obtenir les autorisations. Il estimait que le fait que nous filmions aujourd'hui aurait un effet réparateur.

Quand, pour la première fois, je fus admis à visiter le service, j'eus un choc. La baignoire était toujours là, trônant dans le même décor nu. La lumière était la même, rien n'avait changé. Dès que la surveillante du service vint à ma rencontre, je la reconnus pour l'avoir vue sur les images. Une femme charmante, une femme de cœur, on sympathisa très vite. Elle me présenta l'un des anesthésistes le docteur Pierre Marsol qui m'expliqua la philosophie du service tout en me faisant visiter les lieux.

La règle n° 1 c'était effectivement de ne jamais laisser souffrir un enfant. Leurs douleurs étaient contrôlées 24 heures sur 24 à l'aide des morphiniques. Quant aux soins dans la fameuse baignoire, le moment générateur des pires douleurs, il n'était pas question que les enfants l'appréhendent. On n'hésitait pas à recourir au besoin à l'anesthésie générale si l'enfant manifestait son inconfort ou son déplaisir.

De fait, dans les couloirs de ce petit service, on n'entendait ni pleurs ni cris. Je vis dans les chambres des enfants calmes, mais éveillés et actifs, qui jouaient ou regardaient des dessins animés à la télévision. On me laissa assister à des soins dont certains furent filmés. Les enfants jouaient dans l'eau en silence, tandis que les infirmières enlevaient leurs pansements et nettoyaient leurs plaies. La baignoire devenait presque un moment de détente et de plaisir pour ces enfants qui ne vivraient jamais le calvaire de Laetitia.

Une des petites filles dont nous filmâmes le bain s'appelait Océane. Une ravissante petite brune qui se montra grincheuse dès qu'on la mit dans l'eau. Quand les infirmières commencèrent à l'éplucher (elle était brûlée sévèrement aux fesses et aux cuisses à la suite d'un accident domestique), elle protesta en disant qu'on lui faisait mal. L'une des infirmières, qui la connaissait bien, s'étonna : la veille encore, le même soin s'était remarquablement passé. Alors que se passait-il aujourd'hui ? Océane avait-elle été dérangée dans ses jeux ? Etait-ce un caprice ? Fallait-il passer outre ? Pas question !

A deux reprises le docteur Marsol augmenta les doses de calmants en les injectant directement dans la perfusion d'Océane. Mais comme elle continuait à geindre, plutôt que de courir le risque d'ignorer une douleur réelle, il prit très vite la décision d'endormir l'enfant. Doucement il lui plaqua un masque sur le visage dans lequel l'enfant commença à respirer sans même lâcher le jouet qu'elle manipulait. Environ deux heures plus tard, elle se réveillait sans histoire pour reprendre ses jeux là où elle les avait laissés. Quant au lendemain, on verrait.

Bien et ailleurs ? L'ambiance était-elle la même dans tous les services d'enfants brûlés de France et de Navarre ? J'eus vite la preuve indirecte que non. J'assistai sans filmer (les images n'auraient jamais pu passer) aux soins d'une jeune fille de treize ans prénommée Constance que le docteur Marsol endormit directement. La pauvre gamine était entièrement brûlée, couverte de pansements des pieds à la tête. Son corps n'était qu'une plaie. Les rares zones indemnes de son corps étaient bizarrement très roses, je demandais pourquoi. On m'expliqua que ces zones étaient utilisées pour prélever de la peau qu'on greffait là où la chair était à vif. On attendait que ces zones de prélèvement se cicatrisent et l'on recommençait à prélever cette peau neuve pour la greffer ailleurs, d'où la couleur rose. Le cauchemar absolu.

Outre la profonde tristesse que l'on ressentait en voyant l'état dans lequel était Constance – il était clair qu'elle ne retrouverait jamais son corps d'avant –, il me paraissait totalement inimaginable que l'on puisse faire des soins du type de ceux auxquels j'assistais à un enfant non anesthésié. J'avais tort : Constance venait juste d'être transférée à Armand-Trousseau. Sortie *in extremis* d'une voiture en flammes, elle avait été conduite en urgence dans le service le plus proche du lieu de l'accident dans le Sud de la France. Là, pendant plus d'un mois, elle avait dû subir ces mêmes soins à vif !

Combien y avait-il en France de services spécialisés pour les enfants brûlés ? Une vingtaine dont quatre à Paris. Dans combien d'entre eux avait-on une chance, en 1995, de voir éviter à son enfant un pareil supplice ? Combien avaient une politique de prise en charge de la douleur ? Peut-être moins de la moitié ! Combien de temps encore cette horreur allait-elle durer ? Personne ne semblait pouvoir le dire. Au ministère de la Santé, on commençait tout juste à prendre conscience du problème.

Je parvins finalement à filmer quelques consultations conduites par Annie Gauvain-Picquart. Après avoir passé un certain temps à la suivre dans les couloirs de son étage qu'elle arpentait l'œil toujours aux aguets, observant le comportement des enfants, leur manière de se tenir ou de bouger. A l'affût d'une douleur qui serait passée inaperçue de tous, y compris de la mère. A l'inverse de la plupart de ses confrères qui partent volontiers du postulat commode que l'enfant ne souffre pas, Annie préférait suspecter la présence d'une douleur chez tous. Quitte à découvrir après un examen minutieux qu'elle n'existait pas.

La petite Alice, huit mois, était hospitalisée en cancérologie. Elle avait bel et bien mal en dépit du fait qu'elle n'était nullement prostrée. Sa propre mère ne l'avait pas vu. Peut-être aussi que ne pas le voir était sa manière à elle de se défendre contre la maladie, d'en relativiser la gravité. Cela doit être dur pour une mère d'accepter l'idée d'associer la morphine à l'image de son bébé. Par contre, la jeune aide-soignante qui s'occupait de Alice régulièrement avait remarqué qu'à certains moments la petite fille devenait toute raide et arquait son corps mais sans gémir ni se plaindre. Elle avait l'impression qu'Alice avait mal.

Annie examina Alice une première fois en présence de la mère. Pour celle-ci tout allait mieux. Les coliques qui l'inquiétaient avaient disparu, sa fille réagissait bien au traitement, elle n'avait rien d'autre à signaler. Tandis qu'elle parlait, nous l'écoutions tous attentivement sans prêter beaucoup d'attention au bébé, Annie, elle, observait Alice assise, bien calée, sur les genoux de sa maman.

– Elle a du mal à tourner la tête vers sa gauche?

– Non, je ne crois pas, c'est parce que tout le monde est à droite!

– Vous croyez? Je n'en suis pas sûre.

Mais déjà Annie vérifiait. Elle sortait d'une poche de sa blouse un petit jouet musical en se plaçant à droite d'Alice. Pour suivre le jouet des yeux, la petite fille tournait franchement la tête. Annie répétait alors la même expérience à gauche et l'on remarquait qu'Alice après avoir tenté de suivre le jouet du regard, y renonçait très vite. Annie avait vu juste; la mère semblait désolée. Mais qu'est-ce qui était le mieux, lui laisser ses illusions ou soulager les douleurs de son bébé?

La mère étant obligée de partir, Annie, rejointe par Evelyne Pichard-Léandri qui prit Alice dans ses bras, put examiner l'enfant plus attentivement. La petite fille ne semblait absolument pas inquiète. Très détendue, elle dévisageait avec curiosité cette femme qui, l'air de rien, la palpait sous tous les angles, déclenchant ici ou là un retrait réflexe du corps, signe d'une douleur profondément enfouie. Dans la pièce l'atmosphère était paisible. A un moment, pour distraire Alice, Evelyne Pichard-Léandri remonta une boîte à musique qui joua « il était un petit navire ». Sans cesser d'examiner Alice, Annie se mit à chanter ne s'interrompant que pour énoncer la localisation d'une nouvelle douleur dont en définitive le bébé était perclus.

Toutes les consultations auxquelles j'assistai me laissèrent cette sensation d'un mélange impressionnant d'extrême technicité et d'apparente simplicité. Sous nos yeux, la médecine redevenait ce qu'elle n'aurait jamais dû cesser d'être : un art.

A. G.-P. : – Reconnaître la douleur d'un tout-petit, cela demande un équipement excessivement sophistiqué... des yeux.

Cela suppose de cultiver un certain regard qui consiste à rechercher tout ce qui dans le comportement de l'enfant suggère qu'il puisse avoir mal. Il faut avoir en permanence ce soupçon : Est-ce que cet enfant pourrait avoir mal et ne pas être capable de m'en parler, ou bien ne pas avoir été capable d'alerter son entourage ? Partant de là, on observe. On observe si les enfants sont en retrait, sont amorphes, ont cette forme d'apathie révélatrice d'une douleur de grande intensité. On observe sa manière de se tenir, de jouer, de saisir un objet, de poser ses pieds par terre. On cherche à voir s'il utilise son corps d'une façon bizarre, malhabile comme s'il cherchait à faire l'économie de certains mouvements, comme s'il cherchait à ne pas utiliser ou à ne pas bouger une partie de son corps. Mais c'est un examen qui prend du temps ; qui demande que l'on entre en relation avec l'enfant ; qu'on l'apprivoise pour obtenir son consentement.

Au moment de quitter Annie Gauvain-Picquart pour aller à la rencontre d'autres situations, d'autres « avocats du bébé », je ne pus faire autrement que de mesurer le chemin restant à parcourir. Ce combat dans lequel cette femme s'était investie tout entière, dans lequel à l'évidence elle avait laissé des plumes, quand se terminerait-il ? Il y avait loin de la coupe aux lèvres. Du premier service de grands brûlés où Constance avait été hospitalisée en urgence à cette consultation en avance sur son temps. Tellement en avance qu'elle ne fonctionnait pas à plein rendement.

Tout ce que j'espérais, c'est que le film que j'étais en train de réaliser déclencherait une prise de conscience, un mouvement d'opinion qui accélérerait l'évolution amorcée à grand-peine par Annie Gauvain-Picquart, Evelyne Pichard-Léandri, Daniel Annequin et quelques autres. Je trouvais particulièrement insupportable l'idée qu'au moment même où j'écrivais ces mots des enfants soient littéralement suppliciés au nom de l'obscurantisme, des préjugés, des peurs sans fondement scientifique. La peur que la disparition de la douleur ne masque les symptômes et signifie la perte des repères. La peur du silence avec l'attachement au vieil adage : « Un enfant qui crie est un enfant qui vit. » La peur en définitive de devoir changer ses habitudes.

B. M. : – Vous en avez vu beaucoup, des bébés souffrir sans pouvoir intervenir ?

A. G.-P. : – Oui. Et, pour moi, cela reste une chose difficile à admettre, d'avoir été témoin de tant de souffrances et de douleurs et de n'avoir rien pu faire. Mais enfin, c'est quand même un temps qui s'éloigne. Par contre, je le redis, afin qu'on ne puisse plus recouvrir cela de silence, je le redis clairement, il y a de nombreux nourrissons encore dans nos hôpitaux ultramodernes qui souffrent de douleurs extrêmement intenses qu'on pourrait soulager. Mais on ne le fait pas.

B. M. : – Comme ces enfants brûlés par exemple ?

A. G.-P. : – Il n'y a pas que les enfants brûlés, il y a aussi les enfants opérés, les enfants traumatisés, les enfants en réanimation, les enfants atteints de maladies chroniques. On n'a même pas commencé à travailler sur les problèmes des enfants atteints de maladies chroniques. Actuellement les recherches portent beaucoup sur les douleurs dans les pathologies aiguës, c'est-à-dire les enfants que l'on a sous les yeux à l'hôpital. Mais il y a tous les autres. Les enfants qui sont à la maison, qui vivent toute leur enfance confrontés avec un problème de rhumatisme, un problème sanguin, un problème de maladie génétique, les enfants polyhandicapés qui sont dans un centre de rééducation, qui sont dans des établissements spécialisés, alors là on pourrait dire qu'on en est, quasiment au tout début de l'évaluation.

On s'est rendu compte par exemple pour la drépanocytose, *une maladie qui consiste en une anomalie de l'hémoglobine, qu'il y a, on le sait depuis toujours, des épisodes de crises. Les globules rouges s'agglutinent, des petits vaisseaux se bouchent et cela pro-*

voque des douleurs très vives. On sait maintenant qu'un enfant atteint de drépanocytose souffre de façon sévère un jour sur deux pendant son enfance. Or il n'est pas un jour sur deux à l'hôpital, il n'est à l'hôpital que quand c'est trop. Et de toute façon, hôpital ou pas, on ne fait rien. C'est-à-dire qu'on n'a absolument pas idée de ce qu'il faudrait faire pour soulager ce type de douleurs.

B. M. : – Et les enfants qui ont le sida?

A. G.-P. : – Les enfants qui ont été contaminés soit à l'occasion de soins, soit de façon congénitale, lorsqu'ils sont dans une phase de sida avérée, peuvent présenter toute une série d'atteintes neurologiques responsables de douleurs qui sont parfois véritablement effroyables. Or on ne compte actuellement même pas trois communications sur ce sujet dans les milieux scientifiques. Il n'y a actuellement aucune étude en cours, faisant progresser la question. Les premiers cas de sida d'enfants et de bébés ont été décrits en 1984. Dix ans plus tard, il n'y a toujours pas d'étude réelle propre à faire progresser la prise en charge de cette douleur spécifique.

S'agissant de la douleur du nourrisson, on lit dans les journaux, on entend dire régulièrement qu'au ministère on s'agiterait beaucoup. Soit, mais en attendant, au moment même où vous lisez ces lignes, quelque part en France, un enfant hurle de douleur.

Chapitre 3

Les « petits poids »

Reconnaître qu'un bébé a mal, comme reconnaître que le bébé est une personne, conduit inévitablement à se poser une question vertigineuse : « A partir de quand ? » Et les barrières que l'on tente de dresser entre la vie et la non-vie, entre la conscience et la non-conscience, entre la perception et l'aperception s'effondrent les unes après les autres sous les coups de boutoir des découvertes scientifiques précédées le plus souvent par des intuitions cliniques.

Pendant très longtemps, la naissance a fait figure de frontière naturelle jusqu'au moment où les recherches sur la vie fœtale et les progrès de la réanimation néonatale nous ont contraints à admettre que ce qui était vrai pour un nouveau-né de quelques heures (le fait qu'il voit, qu'il entend, qu'il est apte à communiquer) était vrai aussi pour un grand prématuré et donc pour un fœtus. Le bébé ne se transformant pas subitement en sortant du ventre de sa mère.

Mais quand donc acquiert-il ces compétences ? A partir de combien de semaines de gestation ? Là les avis divergent. Certains prétendent que le fœtus dort quasiment vingt-quatre heures sur vingt-quatre et que donc l'idée d'une communication fœtale, par la voix ou le toucher entre la mère et le fœtus par exemple, relève du fantasme. Mais ce sommeil supposé, quasi permanent, s'il est avéré, rien ne prouve qu'il soit de même nature que le sommeil profond qui est le nôtre. Peut-être s'agit-il d'un état intermédiaire entre veille et sommeil qui n'exclut pas la vigilance, la possibilité d'apprentissage et la communication.

Dans l'approche haptonomique décrite par Franz Veldman, des femmes enceintes, des couples qui attendent un enfant, découvrent qu'ils peuvent, dès la dixième ou douzième semaine de grossesse, inviter le fœtus à entrer en relation avec eux et que celui-ci leur répond. Par le toucher et par la voix, ils créent des situations de jeux, de déplacement, de bercement, auxquels le fœtus participe activement. Il semblerait même qu'il ne se contente pas d'y participer mais qu'il prenne l'initiative de les faire durer ou de les répéter une fois qu'il en a compris les règles. Comme si, de tout temps le fœtus avait été là à attendre notre bon vouloir.

S'agissant de l'audition fœtale, on pouvait imaginer que la physiologie constituait une barrière infranchissable. Qu'il ne pouvait pas y avoir audition, cela paraissait une évidence, avant que le système auditif soit en place, vers le cinquième ou sixième mois de grossesse. Or des observations récentes, faites il est vrai sur la souris, démontreraient que le fœtus obéit à ce que l'on appelle un phénomène d'*habituation sonore* avant même que l'oreille soit formée. C'est-à-dire, on a pu le vérifier en enregistrant son rythme cardiaque, qu'un fœtus de souris se calme, cesse de réagir à l'émission d'un son inconnu au bout d'un certain temps. Signe qu'il l'a non seulement entendu mais qu'il s'est habitué à l'entendre.

Rendant compte de ces observations lors d'une journée d'études Marie-Claire Busnel qui est chercheur et qui travaille depuis plus de vingt ans sur l'audition fœtale conclut : « Cela pose des questions théoriques de base absolument fondamentales que nous n'avons pas encore résolues parce que pour l'instant c'est impensable qu'un système soit habitué avant qu'il ne soit réellement fonctionnel. »

En matière de vie fœtale, on flirte vite, mais après tout pourquoi pas, avec l'irrationnel. Rien ne nous permet en effet, en l'état actuel des connaissances, d'affirmer que notre sacro-sainte idée de la réalité, de ce qui est possible ou impossible, idée forgée par des adultes (et qui plus est en général des hommes) recouvre, recoupe exactement la réalité et le vécu fœtal. Question : Le fœtus ne saurait-il pas des choses que nous avons oubliées ? N'aurait-il pas une perception de son environnement différente de celle que nous avons du nôtre ? N'aurait-il pas des capacités que nous avons perdues en grandissant ? Des capacités que certains retrouveraient dans l'ascèse ou la méditation ?

Lors de cette même journée d'étude, à laquelle participaient des psychanalystes, le thème de la communication fœtale donna lieu à un échange surréaliste entre un psychanalyste et toujours Marie-Claire Busnel. Le psychanalyste déclara : *« Comment sait-on que toutes les réactions du fœtus viennent de ce qu'il entend ? Est-ce qu'il ne serait pas impressionné d'une autre manière, ce fœtus, par les vibrations émotionnelles de la mère, par des messages subliminaux ?* Parce que je connais des mères qui adressent à leur fœtus une parole intérieure sans qu'aucun son ne sorte et qui se font très bien entendre. »

Et Marie-Claire Busnel de répondre du tac au tac : *« Alors si vous connaissez des mères comme ça, cela m'intéresserait beaucoup de les étudier, car je ne l'ai pas dit – je n'ose toujours pas le dire – mais quand je fais cette expérience qui consiste à demander aux mères de parler à leur fœtus,* je leur demande aussi de lui parler d'une voix intérieure et effectivement il y a aussi des réactions. Mais toutes les mères n'en sont pas capables. *Si je n'ose pas encore en parler c'est que je n'ai malheureusement pas encore assez de cas étudiés et bien documentés pour pouvoir en tirer des conclusions scientifiquement fondées.* »

La télépathie serait-elle une compétence fœtale qui se maintiendrait quelque temps chez le nouveau-né et qui se résorberait par la suite ? L'imaginer n'est pas faire insulte à l'intelligence, le démontrer c'est autre chose.

S'agissant de la douleur, le cheminement est identique. De la même façon qu'on a reconnu l'enfant comme une personne avant qu'il n'accède à la parole, on commence par reconnaître la douleur de l'enfant avant qu'il ait les mots pour la dire. Puis on remet en cause les préceptes de l'école de Liverpool qui préconisait d'opérer les bébés, jusqu'à l'âge de neuf mois, sans anesthésie. On reconnaît donc la douleur du nouveau-né. Mais on ne s'arrête pas en si bon chemin et, là encore, la barrière de la naissance est remise en cause. Inévitablement la question de la douleur fœtale se pose. Une question que l'on commence tout juste à prendre en considération dans les services de néonatalogie.

Annie Gauvain-Picquart m'avait conseillé d'aller me rendre compte par moi-même. Elle m'avait recommandé le service de réanimation néonatale de l'hôpital Antoine-Béclère à Clamart. On y prêtait, m'expliqua-t-elle, une attention toute particulière à la douleur et à l'inconfort des petits prématurés.

Ce service dirigé par le professeur Michel Dehan était intéressant pour plusieurs autres raisons. D'une part c'est un des plus gros services de la région parisienne, extrêmement médicalisé, et d'autre part il accueille des bébés « prématurissimes » dont certains ont tout juste 24 semaines de gestation et pèsent moins de 500 grammes. Des bébés qui sont en réalité des fœtus. Des bébés qu'on ne pouvait voir autrement que par le truchement d'un écran d'échographie il y a encore ne serait-ce que sept ou huit ans.

Peu avant de me rendre pour la première fois dans ce service, j'appris par le journal *Le Monde* en date du 26 août 1994 que la frontière de la douleur avait encore reculé. Jean-Yves Nau y rendait compte d'une étude publiée dans le célèbre journal médical : *The Lancet* et portant sur des fœtus qui devaient subir des prélèvements sanguins sous échographie. Certains de ces fœtus avaient tout juste vingt semaines de gestation.

Deux cents de ces prélèvements furent analysés et comparés et l'on s'aperçut que le taux de cortisol et de bêta-endorphine, qui sont des substances chimiques émises en réponse au stress et à la douleur, était plus élevé chez les fœtus qui avaient subi des prélèvements douloureux dans des zones innervées que chez les autres. Des résultats « sans équivoque » pour *Le Monde* qui relate encore que : « Les auteurs de l'étude expliquent d'autre part avoir observé que les fœtus réagissaient plus vivement (mouvements corporels et respiratoires) à l'occasion des prélèvements sanguins via la veine intrahépatique qu'à ceux effectués via le cordon ombilical ». Cette deuxième voie de prélèvement étant, au contraire de la première, réputée indolore.

Une dernière frontière bien fragile, légale donc vraisemblablement fictive, est constituée par le délai des douze semaines de gestation au-delà duquel une interruption de grossesse sans indication médicale n'est plus possible. Tenter de prétendre, sous prétexte de ne pas apporter d'eau au moulin de ceux qui s'opposent avec acharnement à l'avortement, que par l'opération du Saint-Esprit, la douleur et l'ébauche de conscience reconnues au-delà de douze semaines de gestation seraient absentes à onze me paraît relever de l'hypocrisie, voire même de la malhonnêteté intellectuelle.

A l'heure actuelle on ne sait pas où se situe l'apparition de la douleur ni où se situe l'apparition d'une forme embryonnaire de conscience. Tout ce que l'on sait, comme me le faisait remarquer Caroline Eliacheff, psychanalyste et auteur d'un livre intitulé *A corps et à cris*, c'est que ceux qui disent qu'un bébé n'a pas mal sont souvent les mêmes que ceux qui disent que ça ne sert à rien de parler à un bébé parce qu'il ne comprend pas le sens des mots que nous utilisons. Ce que de nombreux cliniciens, à la suite de Françoise Dolto, contestent.

Se poser ce genre de questions ne fait pas de vous obligatoirement un militant de la vie à tout prix. Personnellement, je le dis pour que les choses soient claires, je ne me sens rien de commun avec ces gens qui s'enchaînent aux grilles des cliniques où l'on pratique des avortements. Sans parler de ceux qui assassinent les médecins qui y travaillent. Sous ses dehors prétendument chaleureux et plein d'humanité, je trouve le discours de ces gens d'une totale froideur et d'une parfaite inhumanité.

Je suis pour le droit imprescriptible de la mère, et de la mère seule, à décider si elle peut ou non accueillir l'enfant qu'elle porte. Je trouve carrément répugnante l'idée qu'une femme violée en Bosnie doive apprendre à aimer le fœtus qu'elle porte, comme je l'ai entendu dire par une militante « pro-life », sous le prétexte que le pauvre chérubin n'a commis aucun crime. Le fait qu'un fœtus soit biologiquement viable ne peut pas, ne doit pas constituer une raison suffisante pour qu'automatiquement, mécaniquement, il vive.

Cela étant dit, est-ce que l'avortement est un geste banal ? Je ne le crois pas non plus. Je crois que rebaptiser I.V.G. l'avortement relève aussi d'une volonté sournoise d'en gommer le contenu réel. L'avortement est-il un meurtre ? Dans une certaine mesure, sans doute, un meurtre nécessaire et donc inévitable ; ce pour quoi il n'a rien d'un geste neutre et sans conséquence. Les femmes le savent qui continuent parfois à en payer le prix vingt ou trente ans plus tard. Des avortements qui tels des cadavres resurgissent des placards à l'occasion d'une analyse ou d'une dépression. Sans parler du retentissement de ces « petits meurtres » sur les hommes qui en sont les complices ou les instigateurs. De cela on oublie toujours de parler. Les hommes gardant sur ce sujet, comme sur beaucoup d'autres, un silence immémorial.

Même si elle est parfaitement légitime, la décision d'avorter est une décision grave, traumatisante qui de mon point de vue devrait être considérée comme telle par tous ceux qui ont la charge de l'accompagner. La légaliser oui, la banaliser non.

HOPITAL ANTOINE-BECLERE – CLAMART

On a beau avoir une certaine habitude de fréquenter ce genre de lieu, à chaque fois c'est un choc. D'abord on croit que la couveuse est vide, on ne voit pas le bébé. On ne le découvre qu'ensuite en cherchant le point où convergent les tuyaux ; minuscule être avec souvent un visage chiffonné semblable à celui d'un grand vieillard. Un être néanmoins capable déjà d'exprimer du plaisir ou du déplaisir ; capable de faire la distinction quand elle s'approche de lui entre une infirmière dont la voix est douce et les gestes tendres et une autre plus sèche, plus « technicienne ».

S'agissant du confort de ces « petits poids », comme on les surnomme, je notais les draps de couleur pour que la couveuse ressemble à un vrai lit de bébé ; les moufles enfilées sur les petites mains qui permettaient de ne pas attacher les bras des bébés tout en évitant qu'ils se griffent ou qu'ils arrachent leurs tuyaux. Je remarquais l'habitude prise par les infirmières de prévenir le bébé quand elles allaient lui faire un soin douloureux. Pour le reste je devais m'avouer incapable d'évaluer correctement, dans un tel service, les changements suscités par la prise en compte de la douleur tant les impératifs médicaux restaient visiblement prioritaires.

Alors, fasciné, je regardais ces bébés pas vraiment « finis » qui auraient dû passer encore de longs mois dans le ventre de leur mère. J'observais la dextérité tranquille avec laquelle les infirmières les prenaient, les retournaient, exactement comme elles l'auraient fait avec un bébé à terme. Et une fois de plus je me demandais où cela commençait un bébé. Qu'est-ce d'ailleurs, à l'inverse, qu'un bébé vraiment « fini »? Françoise Dolto ne disait-elle pas qu'il fallait dix-huit mois pour faire un bébé : neuf mois dans le ventre de sa mère et les neuf mois suivants dans ses bras.

Devant moi, Eva Laborde, une jeune infirmière, se préparait à faire un soin légèrement douloureux au petit Michaël, vingt-huit semaines de gestation et 1160 grammes. Une piqûre au talon qu'elle appelait un « dextro ». Elle l'en prévenait : « Je vais te faire un petit dextro, tu vas pas aimer! Je sais que tu n'aimes pas ça... » Et le bébé jusque-là très calme se mettait à pleurer en silence (les bébés intubés n'émettent pas de sons), avant même que la jeune fille le touche, son menton agité de tremblements. « Eh bien, pourquoi tu pleures? Je t'ai encore rien fait! Tu exagères! »

En la regardant travailler, coller un sparadrap sur le talon de Michaël, le consoler en lui caressant le front, je ne pus m'empêcher de lui poser, de façon provocante, la question que je me posais :

B. M. : – Pour vous c'est encore un fœtus ou c'est déjà un bébé?

Eva Laborde : – Ah non, lui c'est déjà un bébé! Grand sourire : *« un vrai bébé » !*

B. M. : – Comment vous voyez la différence ? Je veux dire où est la frontière ?

Air contrarié. Ma question l'agaçait un peu. Ah, ces journalistes !

E. L. : – Il réagit à ce qu'on lui fait. On lui parle, on a l'impression qu'il comprend. Il a des réactions de bébés. Il ressent les agressions qu'on peut lui faire. Non, c'est un vrai bébé !

B. M. : – Fœtus c'est quoi alors ?

E. L. : – Fœtus c'est non viable pour moi... Ce sont des bébés que l'on ne peut pas réanimer. A nouveau un grand sourire : *« Ici on n'a que des bébés ! »*

La réaction très spontanée d'Eva me fit bien entendu réfléchir et sur les images la représentant en compagnie de Michaël, je fis le commentaire suivant : « Aujourd'hui, un bébé viable, un bébé réanimable comme dit Eva, c'est un bébé qui a passé un minimum de vingt-quatre semaines dans le ventre de sa mère. Avant c'est encore un fœtus. *Mais dans dix ans ? Où s'arrêtera la vie fœtale, où commencera la réanimation ?* Quel poids, quel âge auront ces petits êtres qu'on appellera alors des bébés ? »

Après ma visite très brève dans le service du professeur Dehan, j'étais curieux de voir sur un écran d'échographie l'image de ce fœtus qui, pour Eva, du simple fait qu'il était réanimable, qu'il apparaissait bien vivant à l'air libre, changeait de statut, devenait un bébé à part entière. Ce même bébé, quel statut avait-il aux yeux des échographistes et à ceux des parents ?

Prise en tenaille entre les progrès de la réanimation et les progrès de l'échographie, entre aussi les progrès de la biologie et de la génétique, la vie fœtale, sorte de sanctuaire, de zone tampon, entre la vie embryonnaire et la naissance, me semblait voir son territoire se réduire comme peau de chagrin. Je me demandais si elle n'était pas devenue, au fil des années, le lieu de tous les dangers.

Je gardais de l'échographie, au travers d'une scène émouvante que j'avais filmée pour *Le bébé est une personne*, le souvenir d'un moment un peu féerique. A l'heure de la chirurgie *in utero* et de la sophistication du diagnostic prénatal, je me demandais ce que cette technique était devenue. Il me fallait en avoir le cœur net.

Chapitre 4

Les bébés « virtuels »

MATERNITE DES BLUETS – PARIS

Pour tous ceux qui s'intéressent aux bébés et à la naissance, la maternité des Bluets est un endroit mythique. C'est la maternité des métallurgistes de la C.G.T. dont la façade évoque le front populaire. Une maternité où, dès la fin des années 40, par l'enseignement dispensé et l'apprentissage rationnel du fonctionnement du corps, on se proposait de rendre aux femmes enceintes, militantes pour la plupart, la maîtrise de leur grossesse et de leur accouchement. C'est là que Fernand Lamaze et son équipe pratiquèrent les premiers accouchements sans douleur selon une méthode importée d'Union soviétique. J'en avais parlé dans *Le bébé est une personne* mais je n'y avais jamais été.

L'endroit avait évolué, rien ne le distinguait plus d'une maternité normale. Les couples y venaient avant tout pour la qualité de l'accueil et des soins en ignorant pour beaucoup l'histoire très particulière de ce lieu. Pourtant quelque chose de l'esprit initial s'était maintenu et ceux qui y travaillaient se considéraient comme les héritiers et les continuateurs de Lamaze. C'était le cas du Dr Evelyne Petroff qui consacrait une grande énergie à la préparation des femmes enceintes, c'était également le cas du Dr Luc Gourand, un obstétricien que je venais rencontrer. Il me reçut un peu comme un membre de la famille ce qui, je l'avoue, m'émut.

Son domaine de prédilection c'était l'échographie. Je savais que l'usage s'en était beaucoup banalisé et que l'on avait fait beaucoup de progrès dans l'art de l'utiliser. Que les opérateurs habiles voyaient de plus en plus de choses sur leurs écrans, de plus en plus tôt. Et je me demandais si cela n'interférait pas avec le processus de la naissance, si le vécu de la grossesse ne s'en trouvait pas modifié. La naissance proprement dite n'avait-elle pas tendance, surtout avec la généralisation de la péridurale et du déclenchement, à devenir une formalité ? La vraie rencontre avec le bébé n'avait-elle pas lieu aujourd'hui à huit ou douze semaines de grossesse, devant un écran d'échographie ? D'ailleurs n'assistait-on pas dans ce domaine à une surenchère ? Les cabinets, pour appâter le client, n'hésitant pas à proposer des images en couleurs et bientôt en relief qui, médicalement, n'offraient aucun intérêt.

On était loin de l'époque où le psychanalyste Michel Soulé parlait de l'échographie comme d'une I.V.F., une « interruption volontaire de fantasmes ». Aujourd'hui tout le monde voulait voir.

Luc Gourand aimait son métier. Il continuait à penser l'échographie comme un moment de rencontre un peu magique entre des parents et leur enfant (même si pour lui c'était avant tout un outil scientifique d'investigation) et il supportait mal de voir de plus en plus de couples en faire un banal objet de consommation. Ce qui le révulsait littéralement c'était de voir arriver des couples, une cassette V.H.S. à la main – achetée au supermarché du coin et encore enveloppée dans sa Cellophane – qui demandaient en entrant dans la salle où était le magnétoscope, pour enregistrer les images.

Luc Gourand se sentait floué. Il trouvait qu'il y avait maldonne. Dans le droit fil de l'esprit de Lamaze, lui avait choisi d'être là pour initier les parents à la réalité de ce bébé *au-delà des images*, pour que cette rencontre abstraite prenne du corps, pour que l'échographie ne fasse pas parfois écran entre eux et le bébé ; et la seule chose que l'on semblait attendre de lui, c'était justement des images. Des images qui, sorties du contexte, n'avaient guère de sens, auxquelles les futurs parents ne comprendraient rien sans ses explications mais qui faisaient, une fois le magnétoscope mis en route, qu'on l'écouterait à peine. Pris à contre-pied, il se sentait réduit à un rôle de simple technicien, de manipulateur. Un peu comme un photographe de talent contraint de prendre mécaniquement toute la journée des photos d'identités en studio. Clic ! Clac !

En l'écoutant, je voyais le bébé perdre de sa réalité et de sa consistance. Devenir une image dans un monde dominé par l'image. Un bébé virtuel dans un monde virtuel. Un bébé qui pouvait n'avoir encore aucune existence légale mais dont on savait déjà tout ou presque. Un bébé menacé qu'il devenait presque naturel de « zapper » si son « programme » présentait le moindre petit défaut. Le diagnostic prénatal devenant alors l'outil un peu inhumain d'une sélection qui n'avait plus rien de naturel.

Mais, si perversion il y avait, la faute en incombait-elle aux parents ? Dans notre société bien lisse dont les maîtres mots sont l'efficacité, la rentabilité, la compétitivité, il ne fait pas bon circuler avec un boulet attaché au pied. L'époque n'est-elle pas à l'isolement et au repli sur soi ? Comment imaginer dans ces conditions, alors que la naissance est encore une échéance lointaine et le fœtus seulement une image, qu'un jeune couple puisse accepter sereinement la perspective d'avoir un bébé porteur d'une quelconque anomalie ? Comment éviter pourtant qu'il cède à la tentation d'y renoncer sachant qu'il risque de ressentir, tôt ou tard, ce renoncement comme une mutilation ? Comment les aider, dans leur propre intérêt, à être héroïque, à oser sortir du rang ?

A l'évidence, Luc Gourand ne m'avait pas attendu pour se poser ces questions. En réponse, il lui semblait fondamental de mettre à profit le délai séparant la découverte de l'anomalie de la naissance du bébé pour construire quelque chose avec les parents. S'il devait vivre, il fallait tout mettre en œuvre pour que le bébé soit mieux accueilli qu'il l'eût été si la révélation de son imperfection avait eu lieu lors de l'accouchement.

Il me parla d'un chirurgien maxillo-facial, avec lequel il était en relation et à qui il lui arrivait de transmettre le flambeau. Il s'agissait d'une femme, Marie-Paule Vazquez. Elle avait mis en place toute une stratégie, à la fois ingénieuse et généreuse, pour soutenir les parents qui venaient d'apprendre que leur bébé aurait une fente labiale ou une fente palatine, un « bec de lièvre » comme on dit.

Dès qu'ils appelaient son service pour prendre rendez-vous, les parents étaient accueillis, paraît-il, par quelqu'un qui leur donnait son prénom ; quelqu'un qu'ils pouvaient toujours rappeler pour un renseignement complémentaire. Et quand ils venaient pour la première fois rencontrer Marie-Paule Vazquez, on les connaissait déjà dans le service et eux connaissaient aussi quelqu'un.

Luc Gourand m'expliqua aussi que le chirurgien ne se contentait pas de leur expliquer la manière dont elle allait pouvoir corriger le défaut de leur bébé. Marie-Paule Vazquez faisait appel à d'autres parents dont les bébés étaient déjà opérés depuis longtemps, ou venaient juste d'être opérés, ou allaient être opérés pour qu'ils viennent partager leur expérience avec ce nouveau couple et surtout pour qu'ils leur présentent ce bébé qui ressemblait tellement à celui qu'ils allaient avoir. Cette stratégie fondée sur la solidarité changeait totalement la manière dont le bébé était reçu à la naissance.

Avec Marie-Paule Vazquez, qu'il me fallait évidemment rencontrer, je tenais, semblait-il, un autre grand avocat des bébés.

HOPITAL ARMAND-TROUSSEAU – PARIS

Pour la deuxième fois je franchissais la grande grille verte, dépassais le bâtiment où se trouvait le service des grands brûlés, à la recherche du service de Marie-Paule Vazquez qu'elle m'avait dit être au fond de l'hôpital. Décidément, il s'en passait des choses à Trousseau.

Non sans mal, Marie-Paule Vazquez avait trouvé un jeune couple qui acceptait que soit filmée la consultation avec elle mais aussi cette fameuse rencontre avec d'autres parents. Toujours pour la même raison qui n'a rien à voir avec un quelconque exhibitionnisme : pour en aider d'autres comme on s'apprêtait à les aider eux.

Ils s'appelaient Isabelle et Gaétan. Je les regardais, sagement assis, concentrés, tandis que nous installions la caméra en attendant l'arrivée de Marie-Paule Vazquez. Gaétan sur la défensive, un peu méfiant; Isabelle plus émouvante, son petit dossier médical tout neuf sous le bras, le regard un peu perdu derrière ses lunettes rondes. Elle était enceinte de sept mois. Je m'imaginais à leur âge, vingt-cinq ? vingt-six ans ?, affrontant une telle épreuve.

Marie-Paule Vazquez arrivait enfin, accompagnée de Sonia Ruby, une auxiliaire de puériculture. La présence de cette dernière à la consultation reflétait bien l'état d'esprit qui régnait dans ce service où tout le monde était associé à la prise en charge des parents et de leur bébé. Tout d'abord, face à Isabelle et Gaétan qui ne la quittaient pas des yeux et qui buvaient la moindre de ses paroles, le médecin récapitulait ce que l'échographie permettait de prévoir : le bébé avait une fente de la lèvre et du palais. Ensuite elle prenait son temps pour répondre aux questions. Isabelle en avait préparé toute une liste soigneusement rédigée sur une feuille de papier qu'elle sortait de son dossier. La plupart très judicieuses, très réfléchies concernaient l'allaitement du nouveau-né. Gaétan gardait le silence. On sentait que pour lui tout cela n'avait guère d'importance, des détails à régler entre femmes, rien que des mots qui ne résolvaient absolument pas le problème fondamental auquel il était confronté.

Enfin Marie-Paule Vazquez leur expliquait la règle du jeu concernant la rencontre qui allait avoir lieu avec les parents qu'elle avait convoqués. Certains venus de loin pour répondre à son appel. « Vous allez d'abord rencontrer un grand enfant qui a été opéré il y a déjà quelque temps et qui avait la même chose que le vôtre : c'est-à-dire une fente de la lèvre et du palais. Vous verrez ensuite un enfant qui vient tout juste d'être opéré et ensuite on fera le point. Parce que la dernière étape, c'est vous qui nous direz si oui ou non vous vous y sentez prêts, consiste à rencontrer un petit bébé qui a le même genre de fente que le vôtre et qui n'a pas encore été opéré. Mais je précise toujours que chaque bébé est différent, donc ce ne sera pas le vôtre. Parce que ce qui fait un bébé c'est la forme du visage, les yeux, la bouche, le regard, les expressions. Simplement ça vous donnera une image, une impression de ce que sera votre bébé. Parce que je suis sûre que vous vous demandez à quoi ça peut bien ressembler. »

Marie-Paule Vazquez avait l'air fatigué. Par la suite chaque fois que j'eus le privilège de la revoir je lui trouvais ce même air fatigué. La raison en était fort simple : la charge de travail qu'elle s'imposait était franchement déraisonnable. Outre son travail de chirurgien qui était déjà assez harassant, il y avait tout ce temps dont elle faisait cadeau aux parents et aux enfants et dont ils la remerciaient sans hésiter quand elle faisait appel à eux. Pourquoi se donnait-elle ainsi corps et âme à ce travail c'est ce que je voulais qu'elle m'explique.

Marie-Paule Vazquez : – Notre problème au départ, j'ai presque envie de dire égoïstement, ce n'est pas les parents, c'est l'enfant et son devenir. On sait par expérience qu'un bébé ne peut pas aller bien si ses parents ne vont pas bien. L'enfant est très sensible à l'état psychologique de ses parents. S'il sent que ses parents ne sont pas bien, il commence à avoir peur et cela retentit sur toute la suite du traitement. Le meilleur exemple c'est quand les bébés montent au bloc opératoire. Si les parents ont bien compris ce qui va se passer et sont sereins, le bébé arrive, prémédiqué certes, mais calme et souriant. S'il arrive en pleurant, l'air affolé vous pouvez être sûr que les parents n'ont pas assimilé nos explications et sont angoissés. Donc rassurer les parents c'est la base de notre travail en postnatal.

B. M. : – Est-ce à dire que l'une des choses qui vous pousse à agir c'est cette idée que vous pouvez parfaitement réparer un bébé sur le plan chirurgical mais que si vous ne réparez pas aussi les parents sur le plan psychologique, la relation peut se passer mal et l'avenir de l'enfant être compromis ?

M.-P. V. : – Oui, alors ça, le retentissement à terme sur

l'enfant, parce que les parents eux, ont été blessés profondément, c'est tout à fait vrai. L'enfant initialement, ne sait pas, ne sent rien, va très bien et accepte sa malformation. Il s'en accommode. Donc s'il y a un problème, il va venir au départ de l'entourage. En tant que médecin infantile, on se dit toujours à quoi ça sert de guérir entre guillemets, de réparer le plus possible, si en fin de compte on a un enfant, un adolescent, voire un adulte qui va être exclu, parce que différent. Différent pas forcément anatomiquement, morphologiquement, mais différent au niveau de ce qu'il a ressenti, au niveau de la manière dont il aura vécu tout cela, au niveau psychique.

B. M. : – Est-il vrai qu'un certain nombre d'enfants qui ont été opérés d'une fente labio-palatine sont des enfants qui font des tentatives de suicide au moment de l'adolescence ?

M.-P. V. : – C'est vrai ! Toute atteinte de la face peut-être à l'origine d'éventuelles idées suicidaires. Il y a ce qui se passe avant la naissance mais il y a aussi ce qui se passe après. Et le travail de prévention doit commencer avant, mais il doit se poursuivre. Si l'enfant est atteint dans son caractère, dans son comportement, cela aura des répercussions à l'adolescence, c'est sûr. L'atteinte de la face retentit d'abord sur les parents et ricoche sur l'enfant.

B. M. : – La réparation des parents est donc essentielle ?

M.-P. V. : – Mais elle est vitale. Etre réparé comme vous dites, ça signifie pour moi qu'ils aient eu le temps. Le temps de comprendre et le temps d'accepter. Accepter cette malformation si possible avant que l'enfant soit là. Un enfant qui a un accident après la naissance, du moment qu'il comprend qu'on fait le maximum pour le traiter, il l'accepte. Et c'est souvent lui qui le fait accepter par ses parents. Avec la malformation c'est différent : la découverte a lieu avant la naissance ou au moment de la naissance. L'intérêt de le savoir avant, parce qu'il peut aussi éventuellement y avoir des inconvénients, c'est que les parents pourront faire tout ce cheminement, d'accepter, de comprendre ce qui leur arrive et ce qui va se passer, sans que cela retentisse sur l'enfant à la naissance.

Il est fort probable que la première image qui assaille les parents à qui on annonce que leur enfant est porteur d'une fente, même si l'expression « bec de lièvre » n'a pas été utilisée, est celle d'un monstre. « J'ai enfanté un monstre ! » Que peut-il y avoir de plus mutilant comme idée pour un être humain ? Une idée avec laquelle il doit être difficile de vivre longtemps ; dont il doit être difficile de se débarrasser.

A quoi pensent Isabelle et Gaétan en attendant la rencontre avec les premiers parents ? A quoi ont-ils pensé quand on leur a appris la nouvelle ? Nous ne nous connaissons pas assez pour que j'aille leur poser la question. Cela restera leur secret. Une nouvelle fois, dans cette minuscule salle d'attente où ils sont assis côte à côte, nous avons installé la caméra face à eux pour ne rien perdre de leur première réaction. Ils n'ont pas l'air rassurés. On est de tout cœur avec eux.

Mais déjà la porte s'ouvre et un premier couple entre escorté par Sonia qui est devenue au fil du temps une spécialiste de cette mise en relation. La jeune femme est blonde, l'enfant qu'elle porte dans ses bras aussi. Son mari la suit, très « jeune cadre », costume, cravate, venu entre deux rendez-vous. Leur assurance et leur aisance contrastent avec la gêne d'Isabelle et Gaétan qui pourtant font front.

– Bonjour, nous vous présentons Enguerran !

Tandis que Sonia fait les présentations, Isabelle et Gaétan regardent l'enfant à la dérobée. Sa lèvre est recousue, on ne voit quasiment pas la cicatrice.

– Voici donc un bébé qui a maintenant quinze mois. C'est bien ça ? je ne me trompe pas ? Donc monsieur et madame ont eu comme vous un diagnostic prénatal et ils peuvent vous raconter un peu leur vécu.

Très désireux d'aider, conscient de leur mission, le couple ne se fait pas prier. D'abord la dame :

– Moi, j'ai eu le diagnostic à six mois. Ce qui a été bien c'est que je connaissais quelqu'un dont le bébé avait eu la même chose quelques mois auparavant et donc quand je suis sortie de la séance d'échographie je l'ai appelée immédiatement. Et elle, justement, elle avait rendez-vous avec le docteur Vazquez. C'était un mercredi et elle avait rendez-vous le vendredi. Elle m'a dit : « Je t'emmène avec moi. » Alors ça c'était fantastique...

Enguerran tient maintenant son biberon à deux mains. Il tète tranquillement, la tétine déforme sa bouche, tire sans problème sur la lèvre recousue. Isabelle le regarde. Mise en confiance par la gentillesse du couple, elle se jette à l'eau. C'est la première fois qu'elle s'exprime vraiment :

– Nous cela ne s'est pas du tout passé comme ça ! On nous a laissés un peu dans le vide pendant un mois et demi... On ne savait pas trop à qui s'adresser et on ne nous aidait pas... On nous a balancé ça en pleine figure et puis débrouillez-vous... Toutes les questions que l'on se posait, il n'y avait personne pour y répondre vraiment.

La conversation entre les deux femmes s'anime. Gaétan n'a toujours rien dit. Il écoute et il observe ; visiblement, il réserve encore son jugement. La première brèche dans sa cuirasse de méfiance va être provoquée par le mari. Quand celui-ci, sans s'embarrasser de plus de précautions, va les inviter à se projeter dans l'avenir ; va tenir aussi un langage d'homme. Fugitif, on va même voir apparaître sur le visage de Gaétan l'esquisse d'un premier sourire. Cette naissance à venir après tout c'est peut-être pas la Mort !

– Il y a un phénomène que vous connaîtrez c'est celui de se réadapter à sa nouvelle tête. On s'habitue très bien à son état. Même si à la naissance on a un petit choc. On a beau être préparé c'est quand même assez particulier mais on s'habitue très bien. On s'habitue tellement bien que quand il est opéré et qu'on vous le remet à neuf, il change de tête, vous avez un nouvel enfant, un nouveau poisson dans les mains ! (Pourquoi poisson ? parce qu'il vous glisse entre les doigts ? parce qu'il vous échappe ? C'est bizarre le choix inconscient des mots !)

B. M. : – Quand vous faites ce travail qui consiste à aider les parents à accepter la malformation avant que l'enfant soit là d'une part vous vous imposez une lourde tâche et d'autre part ne sortez-vous pas de votre rôle ?

M.-P. V. : – Si. Mais je dirais que la première chose qui nous a obligés à le faire, c'est l'évolution du diagnostic échographique, il y a sept ou huit ans, quand l'échographie a commencé à révéler des malformations de la face, des malformations vasculaires, qui ne se voyaient pas jusque-là. C'est l'échographiste qui avait le mauvais rôle parce qu'il devait annoncer la malformation aux parents sans forcément connaître le pronostic exact puisque les thérapeutiques évoluent très rapidement et que l'on est tous de plus en plus spécialisés. Alors très vite ils nous ont demandé de recevoir ces parents pour que nous leur fournissions des informations précises sur le devenir de leur enfant.

Bien évidemment, les premières consultations, nous étions un petit peu en difficulté, principalement parce que ce n'est pas notre métier de recevoir des femmes enceintes. Au départ, c'est essentiellement moi qui recevais les parents, lors de la première consultation parce que les parents nous paraissaient quand même fragiles. Et puis au bout d'un moment, vu le nombre de consultants, j'ai impliqué progressivement l'équipe. Alors il a fallu une volonté de tout le monde et il a fallu faire très attention à la communication dans la mesure où pour des parents fragiles qui n'ont pas encore le bébé devant les yeux, le moindre mot peut avoir une valeur différente selon le moment où il est dit, selon qu'ils ont déjà réfléchi ou pas, selon qu'ils ont eu ou non d'autres informations par ailleurs. Il y avait également un problème tout bête d'organisation de nos locaux qui n'étaient pas conçus à cet usage. On ne voulait pas mettre ces parents en contact avec les autres parents du service, parce qu'il n'y a pas que les malformations : il y a beaucoup d'enfants qui ont des traumatismes de la face, des brûlures, des choses qui peuvent être choquantes quand on attend un bébé et qu'il n'est pas souhaitable d'imaginer. Donc tout cela est effectivement lourd, nécessite beaucoup de concentration de la part des soignants, des secrétaires, des surveillantes, dont ce n'était pas le métier initial. Mais, à terme, je crois que chacun s'est rendu compte du bénéfice que tous nous pouvions en retirer.

B. M. : – L'idée d'associer d'autres parents à cette prise en charge vous est-elle venue d'emblée ?

M.-P. V. : – Non. Aux premières consultations je n'avais mêlé ni l'équipe ni les autres parents. La première idée c'était de montrer les photographies d'un cas à peu près identique, la photographie d'un enfant opéré. Cela avait quand même pour effet de rassurer les parents. Mais l'étape suivante, la question suivante c'était bien sûr : « Comment est le bébé à la naissance ? » Ils s'interrogeaient déjà. On ne pouvait pas l'empêcher. Donc on montrait des photos, avec un petit bébé non opéré et là on a eu des effets de choc psychologique. Parce qu'en fait, on s'est aperçu que cette malformation pouvait paraître choquante quand elle était statique ; quand elle était figée en gros plan sur une photographie. Et, à ce moment-là, on a fait machine arrière et on a failli tout arrêter. En se disant : « Faut-il vraiment annoncer aux parents qu'ils attendent un bébé avec une malformation puisqu'elle est curable ? Pourquoi leur imposer des mois d'angoisse, des mois d'interrogation ? Est-ce que c'est vraiment notre rôle et jusqu'où doit-on aller » ? Mais, très vite, on a compris qu'il fallait quand même continuer dans cette direction. Et c'est là que l'on a sollicité l'aide des autres parents.

Pour Isabelle et Gaétan, les rencontres se succèdent. Un autre couple avec un bébé plus jeune. Une jeune femme avec un bébé qui vient juste d'être opéré. Et toujours ce même message : ce n'est pas une catastrophe, on s'y fait très vite, les problèmes pratiques n'ont rien d'insurmontable. Ce que je trouve fascinant dans la démarche de Marie-Paule Vazquez c'est sa dimension subversive. Ou comment retourner une situation potentiellement mortifère, chargée de beaucoup de souffrances pour en faire, à contre-courant des tendances de notre société, l'occasion de susciter de la solidarité, de la gratuité, de l'altruisme, une vraie chaleur humaine.

Marie-Paule Vasquez rejoint le jeune couple dans la salle d'attente. Comment se sentent-ils ? Est-ce trop pour eux ? Veulent-ils marquer une pause, revenir une autre fois ? Un couple est là avec un petit bébé qui n'est pas encore opéré. Se sentent-ils capables de le voir ou ne préfèrent-ils pas ? Isabelle et Gaétan se consultent du regard. Jusque-là tout s'est bien passé, ils se sentent prêts. Banco ! Marie-Paule ressort, les laissant seuls, les yeux fixés sur la porte.

Une courte attente et la porte s'ouvre à nouveau. On croirait une pièce de théâtre avec des entrées et des sorties de scène. Sauf que là c'est la vraie vie. Sonia entre une nouvelle fois précédant un monsieur corpulent et très moustachu qui porte dans ses bras comme le saint sacrement un petit bébé qui dort. Sa femme le suit. Isabelle et Gaétan se sont levés pour les accueillir, Sonia fait les présentations. Cette fois, tous les regards sont franchement fixés sur l'enfant. Les parents savent qu'ils sont là pour montrer leur bébé. La maman écarte un vêtement qui lui masque un peu le visage.

– On va essayer de vous le montrer quand même... Il vient de prendre son biberon.

La fente est là, beaucoup moins impressionnante que l'on pouvait s'y attendre. Après toute cette mise en scène on a presque envie de dire : « ce n'était que ça » ! Muets, Isabelle et Gaétan dévorent le bébé des yeux. La maman les regarde ; elle laisse faire, les laisse se remplir avec son bébé.

– Voilà pour nous c'est rien... c'est vrai que c'est pas grand-chose, c'est vrai que le plus dur à accepter c'est le physique, c'est vrai qu'on a tous rêvé d'un enfant... On s'imagine beaucoup plus qu'une petite fente... Maintenant, on la voit même plus... Quand il est né, on a regardé notre fils, on n'a pas regardé la fente. On a pris ça du mieux qu'on a pu... sachant que ce n'est qu'un problème et non un handicap, c'est quand même très important. C'est-à-dire que ça se répare bien et puis ça ne reste pas toute la vie. On a quand même beaucoup de chance par rapport à d'autres qui... Il faut prendre ça comme ça...

Le mari n'a toujours rien dit. Il garde les yeux fixés sur son fils qu'il tient toujours précieusement dans ses bras. Il ne va lever les yeux pour montrer à son tour son visage que quand sa femme va reprendre la parole :

– Notre deuxième point fort c'était qu'on avait un exemple sous les yeux depuis trente ans. Mon mari a eu la même chose à la naissance... Franchement, on se dit qu'on a beaucoup de chance. Notre bébé va être opéré, bien opéré... On est bien soutenu, par une bonne équipe, dans un grand complexe comme celui-ci...

Entre les deux couples le courant passe. Ils parlent la même langue. Socialement aussi on les sent assez proches... Isabelle est émue, la méfiance de Gaétan se dissipe. On sent que la maman donne tout ce qu'elle peut. Rassurée, soulagée, Isabelle à son tour veut donner quelque chose :

– « De toute façon c'est un super bébé ! » La maman sourit émue : « Merci c'est gentil. Pour nous c'est le plus beau quoi qu'il arrive » ! Gaétan sourit largement tandis qu'Isabelle insiste : « C'est vrai qu'il est super ! Il est beau, il dort bien. » A cet instant, elle recommence à rêver le bébé qu'elle aura. Son mari et elle sont transfigurés. Ils n'ont plus rien de commun avec le couple apeuré que nous avons vu arriver pour la consultation.

B. M. : – Dans ce qui vous motive, dans ce qui vous fait courir comme on dit, est-ce qu'il n'y a pas, quand vous voyez ces bébés bien vivants qui viennent au monde et que vous réparez ensuite, un sentiment de révolte à l'idée que tant et tant de fœtus qui étaient porteurs de cette anomalie ont été éliminés. Parce que les parents ont demandé ou ont accepté une interruption de grossesse qu'on leur proposait ?

Marie-Paule Vazquez : – C'est vrai qu'il y a eu, dans les débuts du diagnostic prénatal, des avortements effectués pour des bébés dont le pronostic était tout à fait bon. En ce sens ce qui me révolte ce n'est pas tant l'interruption que le fait que les parents n'aient pas eu des informations exactes sur le degré de gravité de la malformation. Le fait qu'ils soient passés par des circuits un peu difficiles, la médecine aujourd'hui est complexe, et qu'ils n'aient pas eu la possibilité de savoir ce qu'il était possible de faire. Ceci étant ce n'est pas parce que les parents viennent nous voir qu'il n'y aura pas interruption. Il y a quelques cas où les parents ont été jusqu'à l'interruption, mais au moins ils ont eu les bonnes informations.

B. M. : – Justement est-ce que vous n'avez pas le sentiment qu'on vit dans un monde de plus en plus lisse où la moindre aspérité dérange ? Une Société qui ne supporte pas les obstacles, où l'individu se veut un voyageur sans bagages, une personne sans histoire. Dans ce contexte est-ce que naturellement on ne va pas vers des refus d'enfants de plus en plus fréquents pour le moindre petit défaut ?

M.-P. V. : – Oui, alors là effectivement ça me choque cette notion actuelle. Il y a encore certains peuples, certaines sociétés où ce type de raisonnement n'est pas de mise. C'est-à-dire quand on parle d'eugénisme, d'une certaine forme d'eugénisme, c'est vrai que le danger est réel. On vit dans une Société où l'on veut des enfants intelligents, des enfants beaux, des enfants tous sur le même modèle en fin de compte. Je suis d'accord pour dire que l'enfant parfait à tout prix, c'est une absurdité, un fantasme pur et simple. Dans ce service nous ne nous occupons pas seulement des fentes labio-palatines, nous traitons toutes les atteintes de la face y compris celles qui interviennent longtemps après la naissance : tumeurs, traumatismes, brûlures. Des atteintes qui vont laisser des traces bien plus visibles qu'une simple fente. On n'a jamais vu de parents envisager une euthanasie parce que leur enfant avait une brûlure de la face, ou qu'il s'était gravement ouvert le menton ou la lèvre en tombant sur une pierre !

B. M. : – Donc je ne me trompe pas quand je me dis que ce qui vous motive, c'est ce combat contre la tentation de l'eugénisme. Cette idée que dans le contexte actuel, si rien n'est fait, et vite après l'annonce de l'échographie, les parents, la plupart du temps, vont refuser l'enfant et demander l'avortement ?

M.-P. V. : – Il m'est difficile de vous répondre par oui ou par non et cela pour deux raisons. D'abord il faut que vous sachiez que l'on peut encore ne découvrir la malformation qu'à la naissance. Je ne saurais pas vous dire le pourcentage, il est nettement en régression, mais encore aujourd'hui à cause de la position du bébé, du fait qu'il bougeait beaucoup, le diagnostic peut ne pas avoir été fait. Donc là il y a le choc au moment de l'accouchement parce que les parents s'attendaient à ce fameux enfant beau, intelligent, parfait et qu'ils sont mis devant le fait accompli. Alors il y a la panique, la détresse des parents, le fait qu'ils n'entendent rien de ce que l'on tente de leur dire, le fait qu'ils ne voient pas leur bébé parce qu'ils ne voient que la fente. Néanmoins certains parents trouvent quand même en eux-mêmes la force de réagir pour que leur blessure ne rejaillisse pas sur l'enfant.

B. M. : – Oui, mais comme vous le dites, ils sont mis devant le fait accompli, ils n'ont plus le choix ?

M.-P. V. : – Ce n'est pas tout à fait vrai. Avant que

nous mettions en place toute cette prise en charge nous avons vécu des cas d'abandons. Le père ou la mère qui s'en va en laissant à l'autre la charge du bébé... Aujourd'hui, quand le diagnostic ante natal est fait, quand les parents ont compris et accepté la malformation, quand l'équipe de la maternité est prévenue, tout le monde attend ce bébé, il y a une harmonie formidable. Si le bébé nécessite des soins urgents (il peut y avoir un syndrome de Robin : une détresse respiratoire) il n'y a pas d'affolement.

B. M. : – Vous parliez d'une autre raison de ne pas répondre par oui ou par non ?

M.-P. V. : – Oui, s'agissant des décisions qu'ils pourraient être amenés à prendre, beaucoup de parents gardent leur réaction pour eux. Il est très difficile parfois, surtout dans le cadre d'une première consultation avec déjà tous les problèmes à aborder, de savoir exactement à quoi ils pensent et ce à quoi ils ont pensé ; et ils ne veulent pas toujours le dire. Moi, dès que je sens que c'est possible, j'aborde progressivement cette question : « Ont-ils pensé à l'avortement ? », parce que je crois que cela les libère. Je crois aussi que ce n'est pas forcément mauvais qu'ils aient pensé à l'avortement, qu'ils fassent machine arrière et qu'ils puissent aller jusqu'à nous le dire. Très souvent, quand je revois les enfants après, et ça m'est arrivé encore aujourd'hui, un petit bébé souriant, en pleine forme, la maman est là, complètement admirative devant lui ; l'intervention a eu lieu il y a deux mois ; et devant moi la maman livre cette réflexion : « Quand on le voit, on ne peut vraiment pas regretter que ce bébé ait suivi son chemin ! » Donc que les parents aient pensé à l'avortement au départ, qu'ils fassent tout ce cheminement, je crois que c'est précisément cela l'intérêt d'avoir du temps devant soi en ante natal.

En matière de télévision et particulièrement en matière de reportage, il y a ce dont on peut rêver en tant que réalisateur ou en tant que journaliste et puis il y a ce qui est possible. Ce sont ceux que nous filmons qui fixent les limites et c'est bien ainsi parce que, obsédé par le désir de réussir notre film, nous en oublierions parfois que nous filmons des êtres humains qui nous donnent déjà beaucoup d'eux-mêmes. Tout ne nous est pas dû.

Mon intime conviction c'est qu'un film ou un reportage ne peuvent pas être bons, ils peuvent faire illusion un moment mais pas être vraiment bons, s'ils prennent aux personnes que nous filmons plus qu'ils n'étaient prêts à nous donner. Plus ça va (peut-être que je me fais vieux) moins je suis « voyou », moins j'essaie de séduire, plus je me contente de ce que l'on me donne. Quand je me heurte à une vraie résistance, je n'essaie plus de la vaincre mais de l'intégrer au film.

En écoutant Marie-Paule Vazquez parler de naissance réussie, je me suis tout de suite dit que ce serait formidable de pouvoir filmer l'accouchement d'Isabelle. Je voyais les images d'ici ! Quelle belle fin pour cette séquence ! On avait même imaginé, Pierre Aïm le chef opérateur et moi, de revenir filmer la fois où ce serait au tour d'Isabelle et Gaétan très sûrs d'eux, de présenter leur bébé à un couple mort d'inquiétude.

C'est ainsi que je me retrouvais proposant à Isabelle, que je ne connaissais que depuis quelques heures, de filmer son accouchement ! Elle aurait pu dire oui, on a vu plus surprenant encore, mais elle se contenta de ne pas dire non. Je sentais bien pourtant qu'il était trop tôt, qu'elle venait tout juste de « récupérer » son bébé, qu'elle avait besoin de recommencer à être enceinte avant de penser à l'accouchement, mais bon ! Ils nous avaient déjà tant donné ! On se quitta sur la promesse molle d'en reparler au téléphone, de se revoir chez eux pour une interview. J'appelai une fois. Isabelle était nerveuse, la fin de la grossesse se passait mal. Il était clair qu'ils souhaitaient que nous en restions là. Je n'eus pas le courage d'essayer de les convaincre. C'est vrai aussi que, depuis que la télévision n'est plus un service public, on se sent moins le droit d'insister.

Aux dernières nouvelles l'accouchement s'est bien passé, le bébé est superbe, les parents sont heureux. Nous aussi.

Faute de pouvoir ennuyer Isabelle et Gaétan, on continua à prendre du temps à Marie-Paule Vazquez qui en avait déjà si peu. On filma l'opération d'un petit bébé prénommé Caroline avec le consentement de sa maman qui par chance était une « fan » du *Bébé est une personne*. On eut ainsi, au montage, la possibilité de montrer les deux facettes du travail de Marie-Paule Vazquez : la réparation anatomique de l'enfant et la réparation psychologique des parents. Pour finir j'extorquais à cette très grande dame, plus épuisée que jamais mais toujours aussi pudique, quelques ultimes confidences sur ses motivations profondes, sur ce qui la faisait « courir ».

M.-P. V. : – Ce qui nous fait courir comme vous dites, de toute façon c'est l'enfant. Il suffit de le regarder, de l'approcher pour se ranger à ses côtés. S'il lève les yeux sur nous on ne peut pas faire autrement que lui répondre. Tous ceux qui s'occupent d'enfants vous diront que lorsque l'on est face à lui on ne peut pas reculer. Et non seulement on ne peut pas reculer mais on est obligé d'avancer et d'avancer sans cesse. L'enfant, il faut l'apprivoiser au sens du petit prince de Saint-Exupéry, mais une fois qu'il nous a donné sa confiance, on est pris au piège. Ils nous attendent, ils nous poussent, on ne peut pas se dérober et le fait qu'ils ne soient pas encore nés, qu'ils soient des enfants à naître n'y change rien.

B. M. : – Une des choses qui continue à vous émerveiller dans le monde dans lequel on vit c'est l'enfant ?

M.-P. V. : – Ah oui ! l'enfant depuis sa naissance jusqu'à l'âge adulte. Et pour moi la frontière pédiatrique de quinze ans et trois mois elle est légale et nécessaire mais elle me paraît artificielle parce que l'enfant pour moi c'est aussi l'adolescent et toute cette phase de passage à l'âge adulte. Alors c'est vrai qu'il m'émerveille et je me demande toujours comment les adultes peuvent être comme ils sont quand on voit l'enfant qu'ils ont été. L'enfant il est pur, il est philosophe, il est enseignant de sagesse, il est générateur d'énergie pour toute l'équipe. On retrouve moins cela chez l'adolescent et plus du tout chez l'adulte. Alors notre rôle c'est d'essayer de préserver l'enfant le plus longtemps possible.

B.M. : – Le visage de l'enfant comme antidote à toute la laideur du monde ?

M.-P. V. : – Oui. On peut conclure sur cette image.

Chapitre 5

Fernand Daffos

Ce sur quoi visiblement Marie-Paule Vazquez n'avait pas voulu éclairer ma lanterne, pour peut-être ne pas indisposer ses confrères, c'était sur l'étendue du problème. Elle parlait de quelques avortements dans les débuts du diagnostic prénatal comme si aujourd'hui la question ne se posait plus. Comme si tous les échographistes savaient quelle conduite adopter en présence de telle ou telle anomalie. Mais Isabelle ne disait-elle pas qu'elle avait été livrée à elle-même pendant plus d'un mois après l'annonce de la malformation? Et cela ne remontait pas à des années!

Alors y avait-il ou n'y avait-il pas, associé aux progrès considérables de l'échographie et du diagnostic prénatal, un réel danger que nous cédions collectivement à la tentation de l'eugénisme? Des informations que j'avais eues, un peu par la bande, semblaient indiquer que le taux d'interruption de grossesse pour une fente labio-palatine pouvait varier dans de larges proportions suivant les endroits et dépasser la cote d'alerte dans certaines régions.

La vie ou la mort du fœtus, bien plus qu'il y a quelques années, étaient au bout de l'annonce et me paraissaient dangereusement suspendues à la personnalité et à la compétence de l'échographiste. Avaient-ils reçu une formation quelconque pour faire face à cette responsabilité nouvelle ? Il n'y avait pas des Marie-Paule Vazquez partout. Ce pour quoi il me paraissait urgent de faire connaître son travail : pour que les usagers de la Santé accablés par ce coup du sort osent redresser la tête et revendiquer qu'on ne les laisse pas seuls avec leur détresse et qu'on leur propose, en matière d'accompagnement, autre chose que l'euthanasie du fœtus.

Mais encore une fois dire que « le bébé est un combat », montrer des exemples de combat pour inciter au combat, s'intéresser à des médecins qui cherchent à préserver une vie qu'ils savent pouvoir être de qualité, cela n'a rien à voir avec cette espèce de slogan intégriste, mécanique et faussement généreux de « laissez-les vivre » ! Que les fœtus subissent des violences inutiles, je ne le nie pas. Je connais des endroits où l'on s'efforce de leur octroyer une mort douce quand l'interruption est décidée et c'est très bien ainsi. Mais en l'occurrence ce par quoi je me sens concerné par-dessus tout c'est par cette violence que les gens s'infligent à eux-mêmes, en essayant à tout prix d'être conforme, en cédant à la pression sociale, en renonçant à des enfants parfaitement viables.

Parce que l'on sait que cette violence qui leur apporte un soulagement immédiat, un jour ou l'autre ils la payent ; ou ils la font payer inconsciemment à leurs enfants à naître. Tous les pédiatres, tous les psychologues, tous les psychanalystes connaissent les souffrances terribles vécues par les enfants qui naissent en remplacement d'un enfant mort dont les parents n'ont jamais pu faire le deuil. Vincent Van Gogh est l'un des plus illustres de ces enfants. Comme le dit bien Marie-Paule Vazquez, le combat pour l'enfant, le combat pour la qualité de la vie qui n'a rien à voir avec le combat pour la vie à tout prix, est un combat total, non-stop, qui n'a que faire des frontières de la naissance ou de l'âge.

Un ami psychanalyste, Antoine Guedeney, à qui je demandais régulièrement conseil me suggéra de rencontrer Fernand Daffos, l'un des plus éminents spécialistes français de la médecine fœtale et du diagnostic prénatal. J'avoue qu'au départ je fus réticent, je n'aime pas beaucoup les personnalités trop médiatiques, celles que tous les autres vont voir parce qu'elles leur mâchent le travail en leur délivrant un discours « prêt-à-penser » qui les dispense de réfléchir. Mais à la première rencontre mes réserves fondirent. Il y avait chez cet homme une authenticité, une humilité vraie, un amour de ses semblables qui n'avaient rien de frelaté. Ce qu'il savait de l'échographie et du diagnostic prénatal, ce qu'il enseignait aujourd'hui, personne ne le lui avait appris. Son savoir s'était forgé sur le tas, au prix probablement de beaucoup de tâtonnements et de quelques erreurs.

INSTITUT DE PUERICULTURE – PARIS

A la différence d'un Luc Gourand dont l'essentiel de la clientèle était fort heureusement composé de femmes à la grossesse sans histoire, les échographistes du service de Fernand Daffos voyaient défiler toute la journée une majorité de femmes enceintes pour qui il existait une présomption d'anomalie, de handicap ou de malformation fœtale qui avaient été détectés ailleurs et qu'il s'agissait d'expertiser. Là personne n'arrivait avec sa petite cassette à la main en cherchant des yeux le magnétoscope. On n'était pas là pour consommer du bébé ni même pour le découvrir, on était là bien souvent pour avoir confirmation du fait qu'il allait falloir en faire son deuil. Les regards étaient graves, le silence religieux.

L'espace de l'échographie ressemblait à un champ de mines : la moindre erreur de manipulation, le moindre mot mal choisi et c'était l'explosion. Devant moi, alors qu'une jeune femme était allongée sur la table, la sonde se promenant sur son ventre proéminent, le médecin par erreur mit en route le haut-parleur qui permettait d'entendre les battements du cœur. Immédiatement les autres qui examinaient l'écran se redressèrent et lui firent signe de le couper. Trop tard ! L'ex-future maman fondait déjà en larmes : ce bébé dont elle entendait le cœur battre, on venait de lui dire qu'elle ne pourrait pas le garder.

Un peu plus tard, une autre jeune femme qui avait eu beaucoup de mal à être enceinte, pour qui cela avait été très « compliqué » et qui finalement y était parvenue, apprenait elle aussi que l'enfant qu'elle portait en elle n'était pas viable. Le jeune médecin qui était là essayait, en choisissant ses mots, de lui expliquer que ce genre de choses arrivait plus souvent que l'on ne pensait. Qu'il ne fallait surtout pas qu'elle aille se mettre dans la tête que c'était de sa faute ; qu'il s'agissait d'un accident et qu'elle n'y était pour rien. C'est alors qu'il lui dit : « Vous savez, c'est *compliqué* de faire un bébé ! » C'était le mot à ne pas employer ! Tandis que son mari la serrait dans ses bras la jeune femme pleurait en silence. Le jeune médecin était catastrophé, il avait voulu dire que « c'était *complexe* de faire un bébé », donc que l'on ne maîtrisait pas tout. Le mot lui avait échappé, pile celui qu'il ne fallait pas. L'inconscient nous joue des tours parfois.

« Laissez-les vivre » ? Tu parles ! J'aurais bien voulu les

voir les bonnes âmes charitables venir expliquer aux couples et aux médecins qu'il fallait laisser vivre un bébé « anancéphale », c'est-à-dire comme nous le révélait l'image échographique un bébé qui n'avait pas de cerveau ! Ou un autre qui était « exencéphale » c'est-à-dire, si j'ai bien compris, un bébé dont la boîte crânienne ne s'était pas refermée ! Mais, ce petit « détail » mis à part, ils étaient bien vivants ; la preuve : on entendait leur cœur battre.

Non, dans ces cas-là, la cause était entendue. Mais ce n'était pas nouveau. Avant, l'euthanasie de ces bébés avait lieu à la naissance. L'obstétricien les emmenant dans la pièce d'à côté en s'arrangeant pour que les parents ne les voient pas. Ensuite on leur disait que le bébé n'avait pas vécu sans trop entrer dans les détails. C'était dans tous les autres cas, ceux où la viabilité de l'enfant était affaire d'appréciation que le professionnalisme de l'échographiste pouvait faire la différence entre la vie et la mort. Cela pouvait aller de la trisomie (les bébés mongoliens) jusqu'à la fente palatine ou l'absence d'un membre en passant par la myopathie, la mucoviscidose ou d'autres maladies que les progrès de la génétique permettaient d'identifier. Là le choix des parents était souvent fonction de qui leur faisait l'annonce, de la manière dont ils étaient guidés.

B. M. : – Dans les progrès du diagnostic prénatal, l'échographie occupe bien une place très importante ?

Fernand Daffos : – Tout à fait. Une place essentielle.

B. M. : – Il y a une dizaine d'années, on voyait quoi sur un écran ?

F. D. : – Ah ! il y a dix ans, on voyait déjà pas mal de choses. Les débuts de l'échographie c'est les années 70 et au début des années 80 on commençait à bien voir les malformations. Mais c'est dans la dernière décennie que l'on a pu les analyser finement, les pronostiquer précisément, en faire une étude fonctionnelle.

B. M. : – Ce matin, on a vu une femme enceinte de quinze semaines à qui on a pu révéler le sexe de son enfant. C'était possible il y a dix ans ?

F. D. : – Non, ça c'était pas possible il y a dix ans. Les machines n'étaient pas assez performantes et puis aussi les échographistes ne cherchaient pas le sexe parce qu'ils savaient qu'ils ne le trouveraient pas. Maintenant ils ont des échographes qui les poussent à explorer davantage et parce qu'ils cherchent, ils finissent par trouver. On s'adapte à l'outil qu'on a. Aujourd'hui, on repère des malformations, des particularités anatomiques très fines. Un doigt surnuméraire par exemple.

B. M. : – Alors je suppose qu'il y a un aspect extrêmement positif dans le fait de voir de plus en plus tôt, de plus en plus précisément, de plus en plus de choses mais la question, le danger c'est : Qu'est-ce que l'on fait de ce que l'on voit ?

F. D. : – Evidemment. Tout le problème est là ! On ne peut pas ne pas le dire, ça c'est hors de question, mais on ne peut pas non plus le délivrer comme un paquet dont on se débarrasse sur le dos des gens. Il faut savoir le gérer. Il faut apprendre à le gérer avant d'apprendre à le dire à mon avis. *Il faut apprendre à organiser la prise en charge. Alors il y a des anomalies qui ne justifient pas une prise en charge, vous en avez vu quelques exemples ce matin, encore faut-il être très clair, dire ce qui va se passer, quand et comment cela va se passer et bien expliquer pourquoi. Dans les autres cas, même pour un doigt surnuméraire ou une fente palatine, on ne peut pas se contenter de dire aux gens : « Ce n'est pas grave tout ira bien. » On ne peut pas faire ça, c'est trop dur pour les gens !*

B. M. : – La plupart des couples refusent la moindre anomalie ?

F. D. : – Non ! Je suis tous les jours étonné de l'extraordinaire force et de la capacité des couples à encaisser les mauvaises nouvelles quand il s'agit de leurs enfants. C'est incroyable ce qu'ils peuvent encaisser ! Mais à condition, encore une fois de ne pas leur filer ça comme un coup de poing dans la figure, à condition de leur expliquer les choses. Moi je crois que, quand la découverte est faite dans un milieu qui n'est pas spécialisé par un échographiste qui n'a pas bien l'habitude de l'anomalie, c'est souvent le cas avec les médecins qui font plus d'obstétrique que d'échographie (on ne peut pas bien faire des milliers d'accouchements et bien faire du diagnostic prénatal, ce n'est plus possible aujourd'hui, ce n'est plus le même métier il faut choisir), le risque c'est que les gens prennent justement l'annonce de l'anomalie comme un coup de poing, et qu'en recevant ce coup de poing ils décident que la grossesse ne sera pas continuée, que cet enfant est sûrement un monstre, et qu'ils n'en veulent à aucun prix.

Il peut être vital pour le bébé que son sexe soit révélé très tôt. C'est ce que je devais découvrir. L'expertise fœtale telle qu'on la pratiquait dans ce service conduisait souvent à l'énoncé d'un verdict, et j'avais vu souvent le couperet tomber ce matin-là, mais il y avait aussi des bébés qui étaient « repêchés » grâce à cette même expertise.

Une femme est allongée, le visage tourné vers l'écran, son pull-over relevé découvrant son ventre tendu comme un tambour. Son mari assis à côté d'elle fixe lui aussi l'image plus ou moins identifiable du fœtus qui apparaît et disparaît selon les mouvements de la sonde que le docteur Martine Capella-Pavlovsky déplace d'une main experte.

– Vous êtes enceinte de combien ?

– Quinze semaines.

C'est la jeune femme qui a répondu sans quitter l'écran des yeux. Elle sait qu'elle peut transmettre le gène de l'hémophilie. Elle sait que seuls les garçons sont hémophiles. Si le bébé qu'elle attend est une fille, pas de problème. En revanche si c'est un garçon il y a des chances, ce n'est pas sûr mais il y a des chances, pour qu'il soit hémophile. Et, dans ces cas-là, il est très rare que les futurs parents acceptent de laisser le bébé naître. Si c'est un garçon, le choix de ceux que j'ai devant moi est déjà fait. Pourtant ils ont déjà deux fils qui ne sont pas hémophiles. Des fils qu'ils ont eus beaucoup plus jeunes à une époque où l'on ne pouvait rien dire. Mais là, la roulette russe très peu pour eux.

L'échographiste cherche à voir le sexe du fœtus et, à l'évidence, ce n'est pas facile. La séance se prolonge, Martine Capella-Pavlovsky décrit au fur et à mesure ce qu'elle est seule à voir. Les éventuels parents extrêmement tendus retiennent leur souffle. L'annonce survient comme une délivrance.

– C'est une petite fille. Là on est au niveau de la vulve. Ce petit trait c'est la forme de la vulve et les deux traits parallèles de chaque côté ce sont les grandes et les petites lèvres. C'est tout, tout, tout petit mais de façon certaine c'est une fille !

La maman sanglote, son ventre tressaute. L'échographiste la réprimande gentiment :

– Arrêtez de pleurer, je ne vois plus rien !

Allez, c'est parti ! Il y a les papiers à remplir pour les allocations familiales, la layette à préparer, la famille à prévenir ; la vie quoi !

Fernand Daffos : – Il faut que l'annonce de l'anomalie et la prise en charge psychologique soient quasiment instantanées si l'on veut éviter l'effet de choc.

B. M. : – Quel est le laps de temps ?

F. D. : – Il faut absolument éviter que tout soit décidé en dix minutes, gagner du temps. Parce que si on laisse des parents en état de choc prendre leur décision c'est presque impossible après de revenir en arrière.

B. M. : – Même si l'anomalie est minime ?

F. D. : – Absolument, même si l'anomalie est minime parce que cela fait extrêmement peur !

B. M. : – Qu'est-ce qui se passe si dans les dix minutes qui suivent l'annonce quelque chose de l'ordre d'un accompagnement n'est pas mis en place ?

F. D. : – Les gens s'installent dans un système de négation dont ils ne sortent plus. On le voit avec les couples pour qui l'annonce a été faite dans un circuit non spécialisé et qui viennent nous voir, ils n'entendent pas ce que l'on essaie de leur dire. Dans les circuits où les professionnels ont de l'expérience, ils sont prudents, ils annoncent les choses de façon progressive. Vous savez, le temps pour annoncer une mauvaise nouvelle ce n'est pas le temps du médecin c'est le temps des gens, c'est le temps qu'il faut aux gens pour l'entendre. Avec ce genre d'approche, on évite 50 % d'interruptions de grossesse sur des enfants mal formés.

B. M. : – Des enfants viables ?

F. D. : – Oui. Des enfants viables et bien viables ! Qui sont en bonne santé à la naissance.

B. M. : – 50 % c'est énorme ! Quel gâchis ! On parle bien d'enfants qui ont des petites anomalies ?

F. D. : – Oui. Je dirais qu'à l'heure actuelle, la majorité des interruptions de la grossesse qui sont faites, sont probablement inutiles, faites sans raisons valables. Soit sur des enfants normaux, soit sur des enfants qui ont de petites malformations. Parce que la majorité des interruptions de la grossesse sont faites dans des circuits de gens qui ne connaissent pas bien le diagnostic prénatal.

Ces chiffres qui donnaient un peu le vertige, je les avais dans la tête en assistant l'après-midi à une dernière séance d'échographie. Il s'agissait d'un jeune couple qui venait là encore pour une expertise. Le bébé avait la plèvre pleine de liquide. Probablement une anomalie du système lymphatique aux dires des médecins. Il se trouvait qu'une technique toute récente permettait de tenter un geste chirurgical consistant à poser un drain dans le poumon du bébé *in utéro* en se guidant avec l'échographie. Pour une fois la chirurgie *in utero* n'usurpait pas son nom. Il s'agissait bien d'opérer un bébé dans le ventre de sa mère. La plupart du temps ce que l'on appelle, à mon avis improprement, la chirurgie *in utero* consiste à extraire le fœtus du ventre maternel pour l'opérer précocement mais normalement (sous anesthésie ?) avant de le replacer dans l'utérus.

Fernand Daffos tenait à ce que les parents sachent exactement en quoi ce geste consistait. Il ne voulait pas non plus qu'ils se bercent d'illusion : « On a la chance que ce soit quelque chose qui soit accessible à une thérapeutique récente, ce qui est déjà pas mal, mais on n'est pas sûr de gagner. » Les parents l'écoutaient en silence dans un premier temps, concentrés mais pas affolés. Puis la maman posait une question relative à la naissance : « Comment allait-elle se passer ? » « Si la thérapeutique marche, le bébé est guéri et la naissance se déroule tout à fait normalement. *A priori* il n'y a pas de raison de prévoir une réanimation ou un transfert. »

A aucun moment, l'éventualité d'une interruption n'a été soulevée. Visiblement les parents n'y ont pas pensé une seule seconde. Si l'opération marche, ils auront un bébé parfaitement normal. Qui ne tenterait sa chance dans un cas pareil ? Paradoxalement le danger a pour effet de faire exister ce bébé très fort ! Il n'est pas encore né qu'il est déjà un petit patient. Je n'ai pas su si l'opération avait réussi.

Fernand Daffos : – Si vous ne savez pas gérer, sur le plan psychologique en particulier, les conséquences de ce que l'échographie révèle, si l'effet de choc n'est pas surmonté, si le déni ou les malentendus se sont installés, vous courez à la catastrophe. Si l'anomalie ne justifie pas médicalement une interruption, les gens vont se retrouver souvent dans la situation de poursuivre une grossesse, c'est-à-dire de se conformer à l'avis des médecins, mais à leur corps défendant. C'est épouvantable pour une femme de poursuivre une grossesse, de continuer à porter un bébé qui lui fait très peur et dont elle ne veut plus, en ayant le sentiment qu'elle ne le fait que parce que les médecins lui ont refusé abusivement une interruption qui lui semblait à elle évidente et légitime. Pour le couple, pour l'enfant à naître, pour leurs autres enfants, cela peut être dramatique. Il n'est pas possible dans ces conditions qu'un bébé trouve sa place dans la famille !

B. M. : – Si je vous comprends bien, le pire ce n'est pas les bébés qui ne naissent pas, c'est les bébés qui naissent mal !

F. D. : – Ecoutez, j'ai une histoire à vous raconter. J'ai eu récemment la visite d'une maman chez qui on avait diagnostiqué une toxoplasmose pendant la grossesse, il y a dix ans. On s'était rendu compte que le bébé était infecté mais comme il avait été infecté tard pendant la grossesse on lui avait dit : « Madame si vous prenez des médicaments, le bébé aura été infecté mais tout ira bien. » Pour nous c'était simple et évident. Et donc elle a continué sa grossesse.

Dix ans plus tard elle vient me voir et elle m'explique que sa fille est une grande encéphalopathe, qu'elle a un retard psychomoteur important et qu'en gros : « C'est ma faute ! » Je me renseigne et je découvre que cette enfant n'a aucune séquelle de sa toxoplasmose. Je ne comprends donc pas pourquoi cette maman m'accuse ainsi. Et puis en continuant à l'interroger elle m'explique encore que cette enfant ne parle pas, ne sait pas articuler un mot et que la seule phrase complète qu'elle a pu articuler, c'était à l'âge de six ans, elle avait dit distinctement à sa mère : « Maman, tu m'as tuée dans ton ventre ! » La maman continue son discours et elle finit par me dire : « De toute façon, je ne sais pas si vous vous en souvenez, mais moi, cette enfant, je n'en voulais plus du tout, c'est vous qui m'avez obligée à la garder. » Alors j'ai fini par comprendre qu'elle était en train de me dire que moi je lui avais refusé un avortement médical mais qu'elle, elle avait fait un avortement psychologique. Nous on avait fait un diagnostic prénatal réussi mais, psychologiquement le résultat était une catastrophe.

Luc Gourand, Marie-Paule Vazquez, Fernand Daffos. Trois vrais militants de la vie bien comprise. Trois combattants du bébé à naître. Trois défenseurs de la qualité de la vie à long terme. C'est rassurant quand au cours d'une enquête on pressent un danger, en l'occurrence le danger que font courir au bébé les progrès de l'échographie, de croiser la route de personnes dont on sent que l'essentiel de leurs efforts vise à prévenir ce danger.

Mais si certains de ces bébés « virtuels » dont l'image apparaît sur un écran d'échographie sont en danger de mort, pour cause de non-conformité absolue à la norme, que dire alors de ceux qui ne sont même pas encore conçus ? De ceux qui n'existent encore qu'à l'état de projet ? De tous ces bébés qui sont conçus par fécondation *in vitro*, par FIV comme on dit, à l'issue d'une procréation médicalement assistée ?

Chapitre 6

Les procréations médicalement assistées

Pour aborder ce sujet, un sujet qui a fait couler beaucoup d'encre, il me fallait un point de chute. Un endroit où aller « planter nos caméras », suivant la formule rituelle et agaçante des journaux de province qui ont assimilé une fois pour toutes n'importe quel tournage pour la télévision avec l'enregistrement d'un match de foot, de la messe du dimanche ou des intervilles de Guy Lux. C'est-à-dire avec la fête au village ! Moi quand je tourne c'est avec trois personnes, parfois deux, nous n'avons qu'une caméra et la plupart du temps on ne la « plante » pas, on la porte sur l'épaule.

La télévision c'est des images et je devais vite me rendre compte qu'en matière de procréation médicalement assistée, de P.M.A. comme l'on dit, les images sont particulièrement difficiles à obtenir parce que les « acteurs », les futurs parents se dérobent et que les médecins marchent sur des œufs. La principale raison en est, je crois, que la stérilité est une souffrance terrible dont on a du mal à soupçonner l'intensité. Une souffrance dont il est très difficile de parler au présent, quand on est en train d'essayer désespérément de faire un enfant; dont on ne peut parler qu'après, quand un bébé est là ; que l'on soit parvenu à le faire ou que l'on se soit résolu à adopter un enfant.

La stérilité c'est quelque chose que l'on cache le plus souvent même à sa famille parce que l'on en a honte et que l'on redoute les moqueries, « ces sourires obliques des passants honnêtes » que chantait Brassens. Surtout depuis que l'on a découvert que la stérilité est très souvent d'origine masculine. Une jeune femme que j'avais rencontrée dans un centre de P.M.A. avait éventuellement accepté de parler avec moi de son vécu et j'avais exprimé le désir de la rencontrer avec son mari parce que ce genre de parcours se fait à deux. Il se trouvait que c'était le mari qui était responsable de leurs difficultés à avoir un enfant. Quand il apprit mon existence, il refusa tout net de me rencontrer même sans caméra : c'était, me fit-il dire par sa femme, au-dessus de ses forces.

Je revis avec plaisir Jacques Testart, le biologiste, l'un des « pères » d'Amandine, le premier bébé à être né en France à l'issue d'une FIV, une fécondation *in vitro*. Son point de vue extrêmement critique sur ces pratiques était toujours aussi passionné et passionnant. En ce qui le concernait, il avait renoncé aux P.M.A. parce qu'il estimait que la pratique en était trop « sauvage », pas assez encadrée par les avis des comités d'éthique. Il considérait comme inévitable une dérive « eugéniste » dès lors que la science en offrait les moyens.

En particulier il tirait vigoureusement le signal d'alarme au sujet du D.P.I. le diagnostic pré-implantatoire, un diagnostic génétique dont l'usage était appelé à prendre un grand essor. Si le développement du diagnostic prénatal (D.P.N.) via les progrès de l'échographie exposait l'espèce humaine au danger d'une sélection de type eugénique, ce n'était rien selon lui à côté de ce que nous promettait le diagnostic pré-implantatoire (D.P.I.) qui permettait une sélection quelques heures seulement après la conception. Bien avant que l'on puisse parler d'interruption de grossesse ou d'avortement. Bien en amont d'une esquisse de vie fœtale.

Une sélection d'autant plus dangereuse qu'elle est imparable. On a sous les yeux, au bout de l'objectif d'un microscope, dans un tube à essai, un œuf, un ovule qui vient tout juste d'être fécondé *in vitro*. On peut le soumettre à toutes sortes de contrôles notamment génétiques. En fonction des résultats on choisit ou pas de le réimplanter dans l'utérus maternel. C'est limpide. Purement technique et médical. En amont de tout accompagnement humain du type de ceux que pratiquent Luc Gourand, Marie-Paule Vazquez ou Fernand Daffos. L'enfant sinon parfait du moins parfaitement normal enfin à notre portée.

Dans un article du *Monde* intitulé « La Génétique, les marchands et l'Utopie », Jacques Testart écrivait : « Là où le D.P.N. permettait d'éviter le pire par élimination, le D.P.I. va élire le meilleur par sélection, et on doit prévoir que cette différence aura des conséquences sur le degré de tolérance vis-à-vis de chaque handicap. » Et il concluait sur sa « crainte qu'un monde fait avec les meilleurs ressemble à un meilleur des mondes. »

Sur ce sujet, comme Jacques Testart, le professeur Jean-François Mattei, généticien, député des Bouches-du-Rhône et signataire des premières lois sur la bioéthique, était intarissable. Un homme très brillant ce professeur Mattei. Un homme de conviction aussi, très clair, très « articulé » comme disent les Anglo-Saxons. Quand il parlait on était sous le charme et je le soupçonnais un peu de ne pas l'ignorer. Il était par ailleurs l'auteur d'un livre passionnant intitulé : *L'Enfant oublié.*

Jean-François Mattei : – Le cheminement est le suivant : on décide de concevoir un enfant à tout prix, à toute technique et naturellement cet enfant prend un caractère particulièrement précieux. Donc, on souhaite évidemment s'assurer qu'il possède toutes les garanties de normalité possibles avec plusieurs guillemets pour ce qui est de la « normalité ». Donc, on va essayer de proposer un diagnostic prénatal, on va se mettre dans les meilleures conditions possibles. Et puis, l'idée vient que finalement puisque cet embryon est conçu dans une éprouvette, qu'il y en a en général plusieurs, plutôt que de faire un diagnostic prénatal on pourrait peut-être choisir avant, dans l'éprouvette et ne réimplanter dans l'utérus de la mère que celui qu'on aurait choisi. On a donc il est vrai, de la procréation médicalement assistée au diagnostic génétique de la qualité de cet embryon tous les outils pour sélectionner et éliminer ceux qui ne conviennent pas et ne garder que ceux qui conviennent. Et donc, en toile de fond il y a l'eugénisme.

Grâce au Pr Mattei, j'eus très vite l'occasion d'aller me rendre compte par moi-même que ce danger n'avait rien d'hypothétique. Tout d'abord, par son entremise, je pris contact avec une équipe de Marseille, celle du Pr Marc Gamerre qui s'occupait de procréations médicalement assistées. Et, sans que je comprenne très bien ni pourquoi ni comment, ce qui semblait absolument impensable pour les médecins parisiens : filmer les pratiques de P.M.A. et les couples qui y ont recours, devint soudain tout à fait envisageable à Marseille. C'est ainsi que je vis pour la première fois la mise en œuvre d'une technique extrêmement sophistiquée, toute récente et très controversée qui nous venait de Belgique : La *micro-injection.*

Avec la micro-injection, un nouveau pas décisif était

accompli sur la voie de la fécondation artificielle. On ne se contentait plus, comme c'était le cas avec ce qu'il faudrait désormais appeler la fécondation *in vitro* « classique », de faire se rencontrer un ovule et un spermatozoïde dans un tube à essai. On forçait la membrane extérieure de l'ovule. On faisait pénétrer le spermatozoïde directement à l'intérieur de l'ovule pour le féconder.

Peu après, sous la signature de Jean-Yves Nau, le journal *Le Monde* en date du 4 janvier 1995 nous informait qu'à Bruxelles, après sélection de l'embryon à réimplanter, l'équipe de l'Université Libre dirigée par les professeurs André Van Steirteghem et Paul Devroey était parvenue à faire naître un enfant « sain » dans un couple porteur de la mucoviscidose. Alors sur des images filmées dans le laboratoire de Marseille, images retransmises sur un écran vidéo et montrant, en direct, un spermatozoïde qui pénétrait « naturellement », c'est-à-dire par ses propres moyens, dans l'ovule, je rendis compte de cette « première » et je fis le commentaire suivant : « Les premières tentatives est-ce une coïncidence, sont toujours légitimes difficilement contestables tant elles paraissent tournées vers le bien de l'humanité, mais les suivantes ? Ce spermatozoïde par exemple, qui pénètre sous nos yeux dans l'ovule, le laissera-t-on pénétrer librement demain sans avoir vérifié sa carte de séjour génétique ? »

Pour l'instant, ces armes potentiellement redoutables, mises au service du tri des embryons, me semblaient aux mains des médecins. Mais selon Jean-François Mattei, le danger ne venait pas des médecins mais des politiques. D'ailleurs, les lois françaises sur la bioéthique qui dataient de 1994 et dont il était l'inspirateur prenaient position en faveur de la micro-injection qu'elles autorisaient à titre exceptionnel.

Jean-François Mattei : – Tous les exemples d'eugénisme que l'on a au cours de l'histoire découlent de volontés politiques qui se sont appuyées, c'est vrai, sur des techniques médicales, mais qui n'ont jamais été d'inspiration médicale. Ces techniques sont dangereuses mais tant que les médecins resteront dans leur rôle, qu'ils s'adresseront individuellement à des patients, à des couples, à des individus, le danger restera potentiel. Par contre, il faut se garder qu'un jour, et c'est pour cela que j'ai œuvré pour que les lois sur la bioéthique soient adoptées, le pouvoir politique puisse mettre en œuvre ces techniques dangereuses au niveau collectif d'une politique de Santé publique. En dehors de toute idéologie, sans parler de retour à des idées d'inspiration nazie, nous avons aujourd'hui les contraintes économiques. Il est tout à fait possible qu'un jour on nous dise : « Mais, un mongolien, un myopathe, un enfant handicapé par telle ou telle maladie, cela coûte cher à la société. » Alors on va mettre en œuvre des techniques de prévention, qui sont en fait, reconnaissons-le, des techniques d'élimination, et dans le rapport coût-bénéfice les techniques de conception sélective et de tri sont moins coûteuses que la prise en charge d'enfants malades, handicapés ou mal formés. Et donc sous contrainte économique, nous décidons telle ou telle sélection d'embryons ou d'enfants à venir. Alors là il y a un danger, et je pense que cette société, si elle prenait ce virage, serait une société qui perdrait son caractère humain. Contre cela il faut se battre et tenter sans cesse de redonner du sens. Le sens de la vie, le sens de l'enfant, le sens de la personne.

A la maternité de la Belle de Mai, à Marseille, ces problèmes philosophiques paraissent très loin, bien abstraits, par rapport à la réalité de la stérilité vécue au quotidien. L'équipe qui nous reçoit, une équipe visiblement très soudée, se compose d'individualités dont la participation à une quelconque entreprise idéologique ne semble effectivement pas la préoccupation première. Qu'il y ait eu dans la dernière décennie quelques dérapages, que les médecins émerveillés par les possibilités de l'outil qu'ils avaient entre les mains se soient laissé griser au point de perdre un peu de vue l'éthique, le professeur Marc Gamerre, le chef de ce service ne le nie pas. Mais, selon lui, le balancier est depuis reparti dans l'autre sens et ce sont aujourd'hui les médecins qui freinent des quatre fers devant les demandes excessives des patients.

Ce n'est pas de Marseille c'est sûr que viendra la prochaine prouesse procréatique en forme de scandale. Les femmes ensemencées avec le sperme d'un mari mort depuis plusieurs années, le don d'ovules entre sœurs (désormais interdit par la loi) ou les femmes enceintes ménopausées de plus de soixante ans, les demandes émanant de couples illégitimes, ce n'est pas le genre de la maison. N'empêche que l'on y a adopté très vite la technique de la micro-injection que l'on pratique ici régulièrement alors qu'elle fait encore l'objet de controverses. Mais la congélation des embryons aussi, fait toujours l'objet de controverses médicales, et elle est utilisée couramment partout.

Mon souci immédiat c'est de savoir si nous allons pouvoir filmer quelque chose. Si les couples ne vont pas refuser tout net que nous les suivions dans leurs différentes tentatives, ce que tout le monde appelle « le parcours du combattant ». Le Dr Agnès Noizet, qui sera mon mentor, est très confiante, elle ne voit pas pourquoi je m'inquiète, « on n'est pas à Paris ! » me dit-elle. Moi, comme je l'ai dit, j'ai du mal à imaginer que ce qui est impossible à Paris deviendrait soudain possible ici. Et pourtant, c'est elle qui avait raison. Une réunion s'organise avec trois couples qui tous acceptent que nous les suivions. Ils sont descendus de leur chambre pour me rencontrer. Pas de grandes phrases sur leur désir d'enfant. Ils tentent leur chance, ils y croient. Vêtus pour la plupart de « joggings », ils me font penser à des sportifs très concentrés à la veille d'un match décisif. Leur accord donné ils repartent très vite vers leurs chambres.

Mais là, la physiologie et la biologie s'en mêlent pour contrarier ce franc succès. Nous avions un peu trop vite oublié la caractéristique essentielle des procréations médicalement assistées : leur caractère aléatoire. Nous assistons à un premier prélèvement d'ovules qui s'interrompt d'emblée. Malgré toutes les tentatives préalables de stimulation ovarienne, le médecin qui effectue le prélèvement constate l'absence totale d'ovules fécondables. Dans la salle d'opération, les visages se ferment. On n'aime pas beaucoup l'échec au bloc opératoire et puis il va falloir l'annoncer à la patiente quand elle va se réveiller.

C'est dans le laboratoire, fief du Dr Jean-Marie Grillo, un biologiste qui est le troisième personnage de l'équipe, que nous découvrons l'échec de la tentative des deux autres couples. Dans le premier cas c'est au tour du sperme de poser problème : il n'y a pratiquement pas de spermatozoïdes dedans. Dans l'autre on avait tout, des ovules et des spermatozoïdes mais la fécondation a échoué. Je vois venir le moment où je vais rentrer à Paris sans avoir rien filmé. Reste un couple, un seul, dont Agnès Noizet m'a parlé mais que je n'ai pas rencontré. Ils doivent être opérés le lendemain matin.

Alors on se retrouve à huit heures du matin dans le couloir désert du bloc opératoire à déballer notre matériel à tout hasard. Des brancardiers arrivent peu après amenant deux lits qu'ils rangent l'un derrière l'autre dans le couloir. Couchées chacune dans l'un des lits, deux personnes : le mari et la femme. Je vais les voir, je me présente, je leur présente le cameraman marseillais loué pour l'occasion. Agnès Noizet les avait prévenus, ils acceptent que nous les filmions. A condition de respecter leur anonymat. Ils habitent un petit village, personne même pas leur famille n'est au courant de leurs difficultés, ils n'ont pas envie de faire rire à leur dépens. Leur exigence me rassure, Marseille n'est pas si loin de Paris que cela en définitive.

On attend tous les quatre en silence que les médecins et les soignants arrivent. De temps à autre, la jeune femme se retourne et sourit amoureusement à son mari. Ils échangent à voix basse quelques mots complices. Ces deux-là vivent, sous nos yeux, la grande aventure de leur vie. Je ne peux m'empêcher de penser, qu'au vu et au su de tout le monde, ils ont choisi une bien extravagante façon de faire un enfant. On pourrait presque dire, de faire l'amour.

A cause de ce sourire fugitif entrevu sur le visage de la jeune femme, j'avoue m'être demandé s'ils ne jouaient pas inconsciemment avec le « tragique » de leur situation, si leur inconscient ne s'amusait pas à manipuler le système de façon un peu perverse. Dans la stratégie mise en place autour d'eux la dissociation entre la fonction sexuelle et la fonction reproductive atteint des sommets. Se pourrait-il qu'ils y trouvent du plaisir? La complexité des rapports entre le corps et l'esprit n'est-elle pas quasiment insondable?

Avec l'aide des médecins, ils vont en effet tenter la conception la plus acrobatique qui soit. En poussant la science actuelle dans ses derniers retranchements. Tandis qu'elle, une fois endormie, va se voir prélever des ovules dont la production là encore a été chimiquement stimulée, lui, également sous anesthésie, se fera ouvrir les testicules pour que les chirurgiens puissent aller recueillir à la source, dans l'épididyme, les spermatozoïdes naissants que, faute de canaux déférents, il ne peut émettre naturellement.

Une fois n'est pas coutume, c'est pour l'homme et non pour la femme que l'opération est plus compliquée. C'est la quatrième fois qu'on lui ouvre les testicules. Les trois premières fois, les spermatozoïdes immatures, trop faibles n'avaient pas réussi à féconder l'ovule par leurs propres moyens. On compte cette fois-ci sur les possibilités nouvelles offertes par la micro-injection pour les y aider.

L'attente aura été de courte durée. Le bloc opératoire s'anime. Des gens gantés et masqués, habillés de vert sombre de pied en cap passent et repassent. Les lits de notre couple sont entraînés dans des directions différentes. Nous suivons en premier celui de la jeune femme, nous savons que l'intervention sera plus brève. Badigeonnage pour désinfecter le sexe, anesthésie avec masque, un ballet bien réglé se déroule autour d'elle et tandis qu'elle sombre dans l'inconscience, le médecin, une jeune femme assise sur un tabouret introduit déjà une sonde entre ses cuisses ouvertes.

Le plus discrètement possible nous filmons la scène en restant derrière la patiente. Pas question d'aller faire des gros plans anatomiques de la sonde ! Ce que l'on veut rendre c'est une atmosphère. Un écran d'échographie montre ce que la sonde voit : une image de tunnel avec une lumière au bout qui me fait penser aux récits de Raymond Moody sur la vie après la vie. C'est sur cette image que le médecin se guide pour prélever les ovules. On est gâtés, elle va en trouver neuf. Jusqu'ici tout va bien.

Nous passons dans l'autre salle où se trouve le mari. L'ambiance est plus celle d'une intervention chirurgicale classique : un champ opératoire délimité par des draps bleus. Deux chirurgiens assis de chaque côté sont penchés dessus avec leurs bistouris, leurs pinces et leurs compresses stériles. Ils épluchent en prenant tout leur temps, l'épiderme et le derme des testicules, à la recherche des spermatozoïdes qu'ils vont finir par aspirer et qui iront rejoindre au laboratoire les ovules de sa femme.

C'est peu de dire qu'on se met à sa place, le cameraman et moi. On se voit étendu là pour la quatrième fois ! On regarde les chirurgiens qui lui triturent les testicules en tous sens et on imagine le réveil ! Même si intellectuellement, philosophiquement, éthiquement et même idéologiquement (voir plus loin) on a des réticences et beaucoup d'interrogations par rapport à l'utilisation de ces techniques pour le moment elles s'éclipsent. Face à un tel acharnement mis à procréer, en présence d'un désir d'enfant aussi exacerbé, on ne peut qu'être ému. On se prend au jeu, la midinette qui sommeille en chacun de nous ouvre un œil et l'on se retrouve en train de souhaiter de tout son cœur que pour eux cela marche.

Et puis, quand même, les questions reviennent en foule. Ne passe-t-on pas certaines fois, insensiblement, du désir naturel de faire un enfant à une volonté opiniâtre d'en avoir un à tout prix ? Est-ce sans conséquence sur l'avenir du bébé à naître ? Sera-t-il encore une personne ce bébé ou le fruit d'un entêtement égoïste ? Mieux ou plus mal loti que les autres ? Une question que j'avais déjà posée à René Friedman, le troisième « père » d'Amandine à l'époque du *Bébé est une personne*. « Amandine a-t-elle quelque chose en moins ou en plus ? » lui avais-je demandé. Il m'avait répondu d'une manière simple et optimiste qui me convenait, parce qu'elle mettait en avant le désir et non la technique : « Elle a quelque chose en plus c'est d'avoir été beaucoup désirée. » Dix ans plus tard, je me retrouvais posant la même question à Jean-François Mattei, le médecin généticien, l'auteur de *L'Enfant oublié*.

Jean-François Mattei : – Ces enfants ont quelque chose en plus en terme de désir c'est vrai, mais ils sont aussi porteurs de tous les dangers car ils sont le fruit d'une réussite à tout prix. Le principal danger c'est qu'on les résume au succès d'une entreprise et qu'ils perdent alors leur condition de personne.

B. M. : – C'est-à-dire que vous êtes très sensible au danger inhérent à toutes ces techniques ?

J.-F. M. : – Je pense que tant que l'on considère ces techniques comme des moyens, des aides, on doit reconnaître qu'elles sont assez extraordinaires, superbes et magnifiques. Mais elles sont tellement contraignantes du fait de tous les examens et des bilans qu'elles exigent, qu'elles conduisent parfois à une dépersonnalisation que les femmes subissent, que les hommes subissent et qui peut amener à perdre de vue l'essentiel. Je dis donc que ces techniques sont merveilleuses mais, qu'au nom des enfants, il ne faut les voir que comme des techniques accessoires. Les patients l'oublient parfois et les médecins plus souvent encore.

B. M. : – N'y a-t-il pas, dans le fait que la médecine peut toujours plus mais aussi que les patients demandent toujours plus, instauration d'un cercle vicieux ? N'avez-vous pas parfois la sensation d'être « manipulé » par les patients ?

J.-F. M. : – Je crois que c'est la base de l'interrogation éthique de notre époque. Pour ma part, si je me suis interrogé, c'est pour répondre à cette question fondamentale : « Le médecin a-t-il l'obligation morale de satisfaire toutes les demandes sous prétexte qu'il possède la technique ? » Alors il faut savoir que c'est l'opinion la plus généralement répandue dans le public. Depuis qu'on veut s'opposer au pouvoir médical, qu'on veut séparer le savoir du pouvoir, les gens disent très clairement : « Ce n'est pas parce que les médecins savent qu'ils doivent décider pour moi. Si je veux, je demande, ils doivent faire ! » Alors la conséquence en est simple, le médecin devient un prestataire de services et il se retrouve en position de répondre à des demandes individuelles anarchiques qui peuvent conduire à l'évolution incohérente de notre société. Donc on se dit non ! Le médecin ne peut pas avoir d'obligation morale. Mais si le médecin n'a pas d'obligation morale, cela veut dire que sa fonction de médecin se double d'une fonction de juge car il se retrouve libre d'accepter ou de refuser la demande qui lui est faite. En fonction de quoi ? De sa conscience ?

B. M. : – D'où la nécessité d'une règle du jeu ?

J.-F. M. : – Oui. Il ne s'agit pas du tout, comme on l'a dit quelquefois de s'immiscer dans les secrets d'alcôve. Je crois que la société doit s'interdire de programmer, autoriser ou au contraire prohiber tel ou tel type de procréation tant que l'on ne s'adresse pas à elle. Mais à partir du moment où un couple a recours à la société, au travers du corps médical, ce n'est plus leur seule responsabilité, la responsabilité est partagée. Et la société doit dès lors définir les limites dans lesquelles elle accepte d'intervenir.

B. M. : – Mais est-ce que l'on ne crée pas une situation de double dépendance ou de double dépossession pour de futurs parents qui sont censés assumer seuls toutes les responsabilités par la suite ? Ce n'est pas vraiment eux qui vont faire et ce n'est pas non plus vraiment eux qui vont décider donc une double dépossession ?

J.-F. M. : – Ah ! non, attendez ! C'est toujours eux qui ont le pouvoir. Ce sont eux qui entament les démarches, ce sont eux qui décident. Jusqu'à preuve du contraire on n'a jamais fait à un couple stérile un enfant dont ils ne voulaient pas ! C'est eux qui ont le pouvoir d'accepter les différentes étapes, de franchir les obstacles et de vivre ce qui est quand même une épreuve. Ils ont donc ce pouvoir premier de décision.

Les deux interventions conjointes sont terminées, celle du mari et de la femme. Nous avons suivi les spermatozoïdes du monsieur qui allaient rejoindre au laboratoire les ovules de la dame. Drôle de métier que le nôtre ! Tandis qu'ils se reposent dans leur chambre, l'heure est venue de procéder à la fécondation. Impossible donc de faire se rencontrer simplement les gamètes comme dans une FIV classique : immatures, les spermatozoïdes naissants recueillis à la source ne pourraient pas franchir seuls, la membrane extérieure de l'ovule. Il va falloir les y aider au moyen de cette fameuse technique dite de la micro-injection.

Dans la pièce la chaleur est étouffante, aucune aération, on transpire sous les masques. Contrairement à ce que l'on pourrait imaginer, le laboratoire est aussi bruyant qu'une usine. A cause de la soufflerie des hottes aseptiques à l'abri desquelles s'effectuent les manipulations. La technicienne, Josiane Balzano passe là huit à dix heures par jour, dans une quasi-obscurité. Elle s'est formée seule à la technique de la micro-injection, l'administration n'ayant pas cru bon de se fendre d'un stage de formation en Belgique.

C'est une passionnée. En la regardant manipuler ses manettes, je pense au pouvoir qu'elle détient et à la responsabilité incroyable qui est la sienne. Elle a sous son microscope, dans une minuscule soucoupe les éléments constitutifs de la Vie. Elle tient au bout de ses doigts le rêve d'un couple. Elle doit être payée quelque chose comme huit mille francs par mois.

L'outillage est impressionnant. Outre le microscope, la soucoupe qui contient les gamètes et l'écran vidéo sur lequel est retransmise la manipulation, toute une série de manettes reliées à de minuscules instruments plongent dans la soucoupe et commandent les interventions sur les gamètes. L'air concentré de l'opératrice, ses doigts qui jonglent avec les manettes dont l'une est munie d'une gâchette, évoquent les cibles virtuelles à atteindre des jeux vidéo ou celles plus réelles de la guerre du Golfe.

Le premier acte consiste à attraper un spermatozoïde, et donc à le choisir. Selon quels critères ? Aucun. La science balbutie, Josiane Balzano va le choisir, on pourrait presque dire sur sa bonne mine. Il y en a un dans le coin inférieur droit de l'écran qui frétille imperceptiblement plus que les autres et qui semble avoir ses faveurs. Elle dirige une micropipette vers lui à l'aide de ses manettes, arrive au-dessus de lui et l'aspire en appuyant sur la gâchette. « Ah il est beau celui-là ! » commente-t-elle sans relâcher son attention.

Maintenant c'est l'ovule que l'on met en place pour y introduire le spermatozoïde choisi. C'est l'instant

« magique ». L'opératrice approche de la surface de l'ovule, la fine aiguille creuse dans laquelle le spermatozoïde se trouve. L'aiguille vient au contact, tente de perforer la membrane très élastique de l'ovule qui résiste en se déformant incroyablement puis finit par s'ouvrir pour laisser pénétrer l'aiguille. J'ai l'impression vague de voir se commettre sous nos yeux une sorte de sacrilège. Josiane presse la gâchette, expulsant le spermatozoïde dans l'ovule. C'est fini. Elle recommencera l'opération à neuf reprises, avec chacun des ovules recueillis.

Elle est loin l'époque d'Amandine et des premiers bébés éprouvettes. Cette époque où Jacques Testart et René Friedman pouvaient avoir l'illusion de donner un simple petit coup de pouce à la nature en favorisant une rencontre. La fécondation est ici plus qu'assistée et on peut se demander vraiment de qui sera cet enfant; si jamais il naît.

B. M. : – Est-ce que vous croyez que ces enfants, les parents ont le sentiment que c'est eux qui les font?

Jean-François Mattei : – C'est eux qui les veulent... ILS LES VEULENT! Et donc ils font tout pour. Quant au médecin, vous ne pouvez pas les cantonner, c'est ce que je vous disais à l'instant, dans une fonction instrumentale, prestataire de services, « allô docteur je veux un enfant ». Ce n'est pas possible, le médecin il se sent quelque part responsable de cet enfant à la conception duquel il va participer, vous ne pouvez pas empêcher cela. L'interrogation en conscience c'est ce qui fait la beauté de la médecine. Et vous faisiez allusion à René Friedman et à Jacques Testart, vous savez très bien qu'on les appelle, cela a la valeur symbolique que l'on veut « les pères d'Amandine ». Je crois donc que le médecin s'interroge toujours sur les conditions dans lesquelles l'enfant qu'ils vont concevoir pour le couple va grandir.

B. M. : – Justement, qu'est-ce qu'il se dit, le médecin, à propos du bébé? Qu'est-ce qu'il pense?

J.-F. M. : – Il pense à beaucoup de choses qui tourbillonnent dans sa tête. Il n'y a pas de recettes, pas de prêt-à-penser dans ce domaine. Ce n'est pas du tout comme prescrire un antibiotique, c'est une toute autre démarche ; une conséquence de l'évolution considérable de la médecine. J'attire votre attention là-dessus parce que le rôle du médecin est bien de soigner. Dans cette démarche, si l'on considère la stérilité comme une maladie faut-il pour autant considérer l'enfant comme un médicament ? Je parlais d'un danger pour l'enfant, il est là le danger.

Jean-François Mattei est un homme politique, moi pas. Il est médecin et chrétien. Je ne suis ni l'un ni l'autre. Peut-être est-ce pour cela que le simple usager de la Santé que je suis est à la fois d'accord souvent mais pas toujours avec lui. Je m'interroge notamment sur cette idée du danger encouru par l'enfant que j'aurais tendance à relativiser. N'y a-t-il que les enfants des couples stériles qui naissent pour guérir leurs parents ? Je crois que dans la plupart des cas, les enfants font avec les parents qu'ils ont. Qu'ils s'accommodent plutôt bien des fantasmes quels qu'ils soient qui ont présidé à leur conception et qu'ils se débrouillent toujours pour en retirer un « bénéfice » que les psychologues disent « secondaire ». Est-on sûr qu'il en aille autrement pour les enfants nés à l'issue de ces acrobaties procréatiques ? On manque encore un peu de recul pour le dire et, personnellement, j'en doute.

J'ai vu une fois, à la télévision, un reportage effectué dans la famille d'Amandine. Elle devait avoir onze ou douze ans et elle était interrogée par un journaliste. La manière dont elle répondait aux questions était, c'est le mot qui me vint en l'entendant, *princière*. Elle semblait assumer fort bien la responsabilité que lui imposait sa condition de première de toute une lignée d'enfants conçus par FIV. Elle se comportait effectivement comme la petite princesse d'une principauté mythique dans l'exercice de ses fonctions.

Répondant avec beaucoup de sérieux et beaucoup de « classe » aux questions, Amandine, me sembla-t-il alors, avait trouvé sa place. Elle s'était distribué un rôle à la hauteur de l'étrangeté de ses origines.

Repensant également à ce que Jean-François Mattei m'avait dit à propos de l'eugénisme, au début de notre rencontre, je m'interrogeais sur cette prétendue « innocence » des médecins tant qu'ils seraient individuellement engagés dans une relation de santé avec les couples ; relation qui échapperait prétendument à l'idéologie et qui ne serait pas l'expression d'un choix de société, d'une politique même non écrite de Santé publique.

L'idéologie nazie avec son credo de la race aryenne pure était une caricature d'idéologie et je suis tout à fait d'accord avec lui pour ne pas y faire référence. Mais faudrait-il, sous le prétexte que nos sociétés sont démocratiques, ne plus parler d'idéologie ? Là encore j'en doute. Je crois que ces techniques dangereuses dont parle Jean-François Mattei sont intégrées dans un projet idéologique et que les médecins, peut-être sans en avoir clairement conscience, y sont d'ores et déjà associés. Rien à voir, encore une fois, avec l'association entre l'idéologie nazie et les sinistres expériences du docteur Mengele et de sa clique, mais une association quand même, ou une utilisation.

Je ne crois pas plus à « l'Art pour l'Art » qu'à « la Médecine pour la Médecine ». Je crois que personne n'échappe à l'idéologie. Ni les artistes, ni les médecins, ni personne. Tout ce que l'on fait, on le fait dans le contexte d'une Société donnée qui a ses stratégies. Je crois que l'on ne nous donne rien pour rien et que pour tout « cadeau » que la société nous fait, il y a un prix à payer. Lequel ?

La société, par le biais des médecins, met à la disposition d'une minorité de couples stériles, en apparence dans le seul but de satisfaire leurs désirs, des techniques extrêmement coûteuses. Alors que dans le même temps, partout ailleurs, elle rogne sur les dépenses et essaie de grappiller des recettes supplémentaires. Pourquoi ? On voit la carotte mais où est le bâton ?

L'extension du contrôle médical sur la fonction procréative ne se limite pas aux procréations médicalement assistées et semble relever d'une volonté politique non dénuée d'arrière-pensées idéologiques. Un exemple : tout démontre que l'accouchement naturel, éventuellement à domicile, sous la simple surveillance d'une sage-femme, coûte environ dix fois moins cher à la Sécurité sociale qu'un accouchement à l'hôpital. Pourtant, il est clair que les pouvoirs publics et le pouvoir médical, la collusion est évidente sur ce point, ne veulent pas en entendre parler. Prétendument au nom d'une sacro-sainte idée de la Sécurité. Est-ce la vraie raison ? Difficile de croire que cette société, qui s'accommode si bien quoi qu'elle en dise de millions de chômeurs, de mal-logés, de sans-ressource et de sans-abri, soit à ce point préoccupée de notre sécurité que non seulement elle accepte mais qu'elle revendique d'y consacrer des sommes folles. Alors, encore une fois, pourquoi ?

Je n'ai pas l'intention de tourner plus longtemps autour du pot. Le fond de ma pensée c'est que cet insidieux mouvement de dépossession des femmes enceintes, des mères, des couples, que nous dénoncions dans *Le bébé est une personne* ne s'est nullement interrompu. Mon sentiment c'est qu'il s'est accéléré et amplifié au contraire au point d'envahir tout le champ de la procréation. Je crois que cet envahissement est la conséquence d'une volonté idéologique et que les médecins, et maintenant les biologistes, s'en rendent journellement complices.

Je me sens sur la même longueur d'onde que François Beguin, un obstétricien suisse quand il écrit : « L'accent mis aujourd'hui sur les prodiges des nouvelles méthodes de fécondation aboutit à une sorte de complot silencieux et sans doute inconscient dirigé contre l'enfant conçu traditionnellement. »

Evoquant plus loin cet acharnement contre lequel s'élèvent tant ceux qui revendiquent le droit de « mourir dans la dignité », il ajoute (je synthétise) : « Lorsque l'intérêt du public faiblit, surgit le cas d'une femme qui désire un bébé d'un homme mort, ou d'une autre qui recourt à l'utérus d'une voisine. Exemples frappants de cet acharnement que l'on nous reproche tant à l'autre extrémité de la vie... Le problème réside dans l'obscène publicité faite autour de ces pratiques, dans la mise en scène de cet enfant-miracle, dans la chosification de cet enfant perçu comme un droit... Nous devons nous interroger sur le droit de naître dans la dignité. »

De son côté, parlant de « l'extrême programmation de la maternité », évoquant « une sorte de morcellement du corps féminin doublée d'une maîtrise qui progresse de plus en plus vers l'intérieur », Geneviève Delaisi de Parseval, psychanalyste, auteur de nombreux livres sur la question, se montre très explicite aussi quand elle écrit : « Le plus important c'est ce que l'on peut prévoir de la tyrannie de la norme future qui ferait apparaître une femme qui aurait envie d'accoucher ou même d'être enceinte comme une maniaque un peu bizarre, peut-être même comme une mauvaise mère. C'est alors qu'on pourra lui objecter le fameux intérêt de l'enfant. Comme s'il lui était susurré : l'intérêt de votre enfant commande qu'il soit élevé en laboratoire et pas dans votre ventre. »

Dans le même ordre d'idées, l'artificiel qui deviendrait la norme et le naturel une déviance, Elizabeth Zucman qui était à l'époque où elle écrivait les lignes qui suivent, directrice du C.E.S.A.P. (Comité d'études et de soins aux arriérés profonds) s'interrogeait elle aussi sur un autre revers de la même médaille ; outrancièrement eugéniste celui-là : « Aujourd'hui, les parents d'enfants handicapés peuvent trouver aide et réconfort (c'est elle qui le dit !). Mais qu'en sera-t-il demain ? Les spécialistes redoutent un effet pervers du progrès : Que de la possibilité de ne pas laisser naître un enfant handicapé on passe insensiblement au refus de toute aide aux parents qui décideront de garder ce même enfant. Si l'on en arrivait là, nos progrès techniques seraient cher payés sur le plan moral. »

Enfin, pour Olivier Danos et Philippe Marlène, chercheurs en génétique moléculaire qui furent membres de l'association Génétique et Liberté, « une véritable technologie de l'Humain s'est installée dans nos sociétés et la gestion génétique de l'homme est en marche ».

On le voit, le bébé est aujourd'hui l'enjeu d'un combat éthique fondamental.

Pendant les deux jours qui suivirent la micro-injection à laquelle nous avions assisté, je fus dans les transes. Pas autant sans doute que le couple que nous avions suivi pas à pas évidemment, mais quand même. Chacun de notre côté, nous attendions de savoir si la micro-injection avait réussi, si l'œuf serait fécondé. Mon idée c'était de suivre tout le processus, de filmer cet autre moment magique, excessivement intime que constitue la réimplantation de l'embryon naissant dans l'utérus quarante-huit heures après la fécondation.

J'avais beaucoup entendu dire et je voulais bien le croire qu'il s'agissait pour tous les acteurs d'un moment très chargé émotionnellement. Un moment éminemment fondateur pour les parents que je tenais absolument à filmer. J'étais même descendu à Marseille essentiellement pour cela. D'où ma transe : si la micro-injection, celle-là et pas une autre, échouait, je pouvais rentrer à Paris. Tout ce que j'avais filmé perdant un peu de son intérêt.

Mais j'avais confiance. Je suis quelqu'un qui a de la

chance ou du moins qui est persuadé d'en avoir, ce qui doit revenir au même. C'est totalement irrationnel mais je me sens « protégé ». Et puis ma devise c'est : « Quand on n'a pas de chance, il ne faut pas faire ce métier ! » Je me disais aussi que pour le couple et pour l'enfant à naître, si cela marchait, ce serait doublement extraordinaire. Ils auraient toute la conception de A à Z sur une cassette vidéo ! Il ne doit pas y avoir beaucoup de couples de par le monde qui peuvent en dire autant ! Donc il fallait que cela marche.

Mais pourquoi est-ce donc si important de filmer ce genre de scènes ? Pourquoi faire du dévoilement un but ? Pourquoi s'acharner apparemment sans respect de la plus élémentaire pudeur pour traquer l'intime, ce que les psychanalystes appellent la scène primitive ? Goût du sensationnel ? Recherche du spectaculaire ? Voyeurisme ? Mais oui, un peu des trois, je suppose ! Avec, du moins en suis-je persuadé, quelque chose d'autre de socialement et « d'artistiquement » plus légitime.

D'abord j'ai choisi la télévision comme moyen d'expression et la télévision, ne soyons pas hypocrite, c'est des images et du spectacle. Moi je n'ai rien contre le spectacle et donc je joue volontiers le jeu. D'autre part le public veut du spectacle. Il est curieux le public, il veut qu'on l'entraîne là où il n'ira jamais, il veut qu'on lui montre, il veut que « ça saigne ». Il ralentit, le public, quand il y a un accident sur l'autoroute et que les pompiers s'affairent autour d'un corps allongé.

Cette curiosité est-elle malsaine ? Je ne trouve pas. Infantile peut-être, névrotique sans doute, mais pourquoi malsaine ? Je ressens qu'une partie importante de mon travail consiste à essayer d'être là où le téléspectateur me sera reconnaissant d'aller en son nom. Quant au voyeurisme, l'écueil que nous sommes si souvent accusés les uns et les autres de ne pas savoir évité, le reproche suprême que nous

nous faisons les uns aux autres, est-ce un péché si grave ? N'y a-t-il pas dans le voyeurisme une tentative légitime d'en revenir à l'essentiel ? Voir sous les jupes des filles, comme le chante Alain Souchon, n'est-ce pas s'intéresser à là d'où nous venons ?

Le langage populaire, dans sa grande sagesse exprime une compréhension bien plus fine du voyeurisme que celle dont témoignent les gens qui utilisent ce mot à tort et à travers : il parle de « se rincer l'œil ». Je crois que c'est exactement de cela qu'il s'agit.

Il y a vingt ans déjà, quand en compagnie de mon ami Daniel Karlin, je me trouvais pour la première fois face à la souffrance psychique de l'enfant, c'était à l'école orthogénique de Chicago chez Bruno Bettelheim, la justesse de cette expression, « se rincer l'œil » me frappa. Bettelheim nous parlait de l'autisme, il nous parlait des enfants mais cela ne nous suffisait pas. Nous, nous voulions les voir, leur parler nous. Ce qui ne fut pas simple. Pas à cause de la résistance de Bettelheim, mais à cause de celle de l'équipe qui justement trouvait notre démarche « voyeuriste ».

Quand finalement on se retrouva, livrés à nous-mêmes, Bettelheim avait tenu à ce qu'il en soit ainsi, face aux enfants et à leur terrible souffrance, je me sentis « lavé », débarrassé de quantité de scories qui m'encombraient, affranchi (provisoirement) de la tentation de m'apitoyer sur mon sort, allégé de tous les masques et armures qui nous aident à affronter la vie, relié à ce qu'il y avait en moi de meilleur, réconcilié avec le monde. La nécessité d'être « juste » avec ses enfants, de ne pas leur faire un mal supplémentaire et éventuellement pourquoi pas de leur faire un tout petit peu de bien, la simple confrontation avec eux, nous imposaient malgré nous ce grand ménage dans notre tête.

Dix ans plus tard, je revécus cette même expérience en m'asseyant au chevet des mourants.

Donc la curiosité du public pourquoi pas, le voyeurisme pourquoi pas, à condition d'en faire quelque chose, de s'appuyer dessus, de le prendre en compte pour nous « rincer l'œil », nous aider à retrouver le chemin de notre être authentique, retourner à « l'essentiel » et se poser ensemble les questions fondamentales. Le voyeurisme cela peut être la voie royale vers la métaphysique.

La fécondation avait marché. Sur les neuf ovules, cinq avaient commencé à se dédoubler. Avec d'infinies précautions, Josiane Balzano et Jean-Marie Grillo en sortirent un de l'obscurité du réfrigérateur pour le placer sous la lentille du microscope et le projeter sur l'écran vidéo, le temps que nous le filmions, puis ils le remirent très vite à l'ombre et au froid. Nous aussi nous filmâmes très vite, moins d'une minute. Cet ovocyte ne nous appartenait pas et nous étions bien placés pour savoir qu'il avait coûté vraiment trop cher aux deux postulants pour que l'on se permette de courir le risque de l'endommager. D'autant que la Science ne sait pas très exactement ce qui est bon et moins bon pour un embryon de deux jours !

La réimplantation eut lieu le lendemain, dans une toute petite pièce attenante au laboratoire. Elle fut précédée d'une opération quasiment banale, une I.A.C., une insémination avec le sperme du conjoint que la jeune femme qui allait en bénéficier accepta très gentiment de nous laisser filmer à visage découvert. Elle eut même cette phrase à notre intention : « J'espère que vous me porterez chance ! » Le sourire radieux qu'elle eut à la fin de l'insémination est la dernière image de la première des trois émissions de la série. Elle est enceinte aujourd'hui.

C'était Agnès Noizet qui officiait. Elle fit entrer « notre » couple qui attendait sagement leur tour, assis dans la salle d'attente vêtus chacun d'un survêtement de sport. Nous nous retirâmes pour laisser la jeune femme enlever le bas de son jogging et quand nous pénétrâmes à nouveau dans la petite pièce, elle était allongée le ventre nu sur la table, son mari assis à côté d'elle. Agnès Noizet dirigea le faisceau d'une lampe entre ses jambes et commença à installer un spéculum pour pouvoir nettoyer le col de l'utérus.

Ensuite, elle prévint la jeune femme, à qui elle demanda de se détendre, qu'elle allait lui « passer » un cathéter mais qu'il était vide et qu'il ne s'agissait que d'un essai. Pendant ce temps-là dans le laboratoire à côté, une technicienne aspirait dans un autre cathéter les trois ovules fécondés, les trois maximum qu'il est d'usage aujourd'hui de réimplanter. Le transfert fini, elle posa le cathéter sur un plateau qu'elle porta au docteur Noizet. Celle-ci le prit avec beaucoup de lenteur et prévint la jeune femme qu'elle allait maintenant effectuer le transfert. Je jetais un coup d'œil sur son visage mais n'y lus aucune réaction particulière. En dix secondes tout fut fini. Agnès Noizet déjà enlevait le spéculum et invitait la jeune femme à rallonger ses jambes en les recouvrant d'un drap.

« C'est fini, on ne peut plus rien faire d'autre qu'attendre. Dans trois semaines, on verra si vous avez vos règles ou pas, on saura si cela a marché. Vous avez environ trente à quarante pour cent de chances pour que cela réussisse. »

En s'éloignant la dernière image du couple que nous eûmes fut celle du mari, les bras croisés appuyés sur la table, la tête contre celle de sa femme.

DE LA CONCEPTION A LA NAISSANCE : L'EXTENSION DU CONTROLE, LA PRISE EN MAIN, L'ISOLEMENT DE L'INDIVIDU

Avec quoi achète-t-on notre silence complice? Que nous donne-t-on en échange d'une docile participation à notre propre mutilation ? Si nous sommes de bons petits soldats (toujours le bâton et la carotte !), si nous jouons correctement le jeu de la toute-puissance médicale, tout au long de la chaîne qui va de la conception à la naissance, on a effectivement droit à quelque chose ! Au moment de la conception, avec les P.M.A., la possibilité déjà d'avoir un enfant. Tout de suite après la conception, avec le diagnostic pré-implantatoire, la certitude d'avoir un enfant « parfait » ou mieux encore, à terme, d'avoir exactement l'enfant que l'on désire. Pendant la grossesse, avec le diagnostic prénatal, l'assurance de pouvoir refuser un enfant imparfait. Et au moment de la naissance, la sécurité, le confort et l'anesthésie.

Le confort avec cette habitude prise de déclencher les accouchements au jour et à l'heure souhaités pour des raisons qui n'ont rien de médical. L'anesthésie avec le développement considérable de la péridurale qui est, elle aussi, devenue, en peu de temps, quasiment incontournable. Les femmes qui la refusent commençant à faire figure d'emmerdeuses farfelues. Aïe la péridurale ! Tais-toi Bernard, n'en parle pas, tu vas te faire encore incendier ! Trop tard.

Dans la deuxième partie du *Bébé est une personne*, consacrée presque exclusivement au temps de la naissance et intitulée « l'espace d'une rencontre », nous avions pris à nos risques et périls (surtout moi à dire vrai) la responsabilité de dénoncer dans certains hôpitaux l'usage systématique de la péridurale qui nous semblait s'apparenter à un « viol du désir ».

Sous prétexte en effet qu'elle permettait de ne « rien sentir » cette technique imposait subrepticement à toute une nouvelle génération de femmes, qui auraient peut-être eu envie ou besoin de vivre autre chose, une soumission irréversible à un déroulement médicalement planifié de la naissance.

Présentée par les obstétriciens et les anesthésistes comme le « must » absolu, le symbole même du progrès, la péridurale avait aussi pour effet de mettre au rancart toute autre approche et notamment de balayer avec mépris, d'un revers de seringue, les cinquante ans d'efforts patients et continus des Lamaze, Leboyer, Odent, Veldman et consorts pour promouvoir, chacun à leur manière, une « naissance sans violence » maîtrisée par les couples et non par les médecins. Une naissance qui ne confisque ni ne détourne, qui soit à la fois respectueuse du désir, des émotions et des capacités des femmes, de la sécurité vraie des bébés et de leurs besoins, des processus physiologiques, hormonaux et instinctuels à l'œuvre dans ce moment à nul autre pareil.

Et tout cela au nom du confort et de l'intérêt supérieur de la parturiente, en se décernant au passage un brevet de philanthropie, sans jamais évoquer l'intérêt et le confort de l'équipe obstétricale qui apparemment n'entrait pas en ligne de compte. Pourtant un soir, à une réunion du GRENN, on parlait péridurale. Un jeune anesthésiste était là qui plaidait pour sa chapelle. Il expliquait qu'en matière de péridurale on avait fait des progrès, qu'il y avait maintenant la « mini-péridurale » qui permettait de tout sentir sans avoir mal. A un moment, comme il était interrogé sur ses motivations profondes, il laissa échapper cette phrase : « Moi, dans mon service, il n'est pas question que je laisse crier une femme ! » Et, bien entendu, tout le monde de lui demander s'il avait quelque chose contre les femmes qui crient.

La réalité c'est qu'actuellement les grosses maternités augmentent leur capacité d'accueil tandis que les petites structures sommées de s'équiper pour offrir toujours plus de sécurité ferment les unes après les autres. Dans les maternités-usines – j'ai entendu Emile Papernik, l'un des « pères » d'Amandine, affirmer à *France Inter* que comme en Grande-Bretagne seules les structures gérant un minimum de

5 à 6 000 naissances par an peuvent assurer la sécurité – la péridurale s'impose plus que jamais comme un allié indispensable pour une saine gestion ; l'outil normatif par excellence, l'antidote à l'anarchie. « Péridurale pour tout le monde, je ne veux voir qu'un seul ventre ! » Le taux de césariennes est multiplié par quatre ou cinq presque partout. L'idée même de naissance « naturelle » recule et s'estompe à mesure que progresse celle de naissance « à risque » qui légitime l'interventionnisme médical.

Contrairement à la Hollande où il est couramment pratiqué et où il est vécu comme une réelle alternative, en France l'accouchement à domicile fait aujourd'hui figure de dangereuse lubie et il ne s'en pratique plus guère qu'un millier par an. Il est vrai que dans le contexte actuel, il faut à une femme une sérieuse dose d'héroïsme pour oser, bravant les interdits médicaux, revendiquer d'accoucher ainsi. Les praticiens qui acceptent de les accompagner dans la réalisation de ce « caprice » courant le risque, au moindre pépin, de se voir mis au ban de la profession et de voir leur responsabilité pénale engagée.

Quant aux sages-femmes libérales qui veulent continuer à accompagner jusqu'au bout les femmes enceintes dont elles ont suivi la grossesse, les portes des hôpitaux et des cliniques, fiefs des obstétriciens, se ferment devant elles. On les repousse comme des sortes de sorcières modernes, presque des avorteuses, ce que l'on appelait avant la loi Veil des « faiseuses d'anges ». L'argument invoqué auprès des couples, que je trouve pour ma part franchement minable et abusif, c'est de dire : « Vous ne pouvez pas demander le beurre et l'argent du beurre. Vous avez le choix : La sécurité avec nous ou l'aventure avec elles. Si vous choisissez la sécurité de l'hôpital, elles restent à la porte et vous acceptez nos règles. Si vous voulez accoucher avec elles, alors c'est ailleurs et à vos risques et périls. »

Depuis quand l'hôpital financé avec l'argent des usagers est-il la propriété des soignants et des chefs de service? Depuis toujours? Sans doute!

Mais le rouleau compresseur de la planification des naissances ne s'arrête pas là. On sait que si on laisse faire la nature, un très grand nombre d'accouchements, spontanément, ont lieu la nuit. Ce qui devient à l'évidence incompatible avec la saine gestion d'une grande structure et de l'emploi du temps de son personnel. Plus question donc de laisser les femmes accoucher à leur rythme ni de respecter le temps nécessaire au bébé pour s'extraire du milieu fœtal. Dans cette optique, la nouvelle arme absolue de plus en plus utilisée, c'est le déclenchement artificiel de l'accouchement.

Pour accoucher aujourd'hui on prend rendez-vous, certaines fois en fonction de son agenda et de celui de l'obstétricien, comme pour une opération. Mais on ne contrarie pas impunément la nature. En provoquant l'accouchement, l'inconvénient majeur c'est qu'on précipite le rythme des contractions qui deviennent plus douloureuses que jamais, qui se succèdent selon une cadence mécanique échappant alors à tout contrôle et provoquant un nombre grandissant d'épisiotomies dues à la violence des expulsions. La péridurale dans ces cas-là devenant automatique.

Le plus grave c'est qu'en dépossédant la mère et le fœtus de toute participation instinctuelle à l'avènement, on rend inopérantes toutes ces merveilleuses compétences pour se rencontrer dont ils peuvent faire montre dans ces instants. Et l'on perturbe, peut-être irrémédiablement, une sorte de connivence émotionnelle, de dialogue intime entre la mère et son bébé dont on sait bien aujourd'hui l'importance pour la suite.

Effrayés par ce colossal tir de barrage, peu soucieux de se marginaliser, la quasi-totalité des couples capitulent et renoncent aux quelques velléités d'accoucher autrement;

aux quelques rêves hérités de la vision des films de Frédérick Leboyer ou de la pratique de l'*haptonomie*, qui consistent à faire de la naissance le moment privilégié de la reconquête d'un espace de liberté, ils se livrent pieds et poings liés à l'exercice de la toute-puissance médicale.

Mais il y a du Houdini en chacun d'entre nous. Alors les couples s'évadent, se vengent à leur manière en faisant par exemple de plus en plus de procès à ces médecins tout-puissants qui bien sûr s'en offusquent. Ou alors ils compensent ailleurs de façon inattendue et souvent puérile, pourquoi pas en arrivant à une séance d'échographie avec une cassette pour le magnétoscope ? Tentatives dérisoires et vouées à l'échec de s'approprier au moins un petit quelque chose. Ce qu'ils supposent qu'on veut bien leur laisser, de cet événement majeur de leur existence qui leur est dérobé.

Tout au long de cette chaîne qui va de la conception à la naissance, les médecins sont aujourd'hui présents. Et tout concourt à faire de la naissance une formalité. Un moment qui reste certes *émouvant* mais qui n'est peut-être plus véritablement *bouleversant*. Comme s'il s'agissait que les couples n'oublient pas que la naissance n'est qu'une parenthèse dans une vie par ailleurs dominée par la nécessité de reprendre le collier, d'obéir aux injonctions de l'ordre social. Métro, boulot, dodo.

L'assistante de réalisation sur *Le bébé est un combat* était une jeune femme Emmanuelle Fage avec qui je travaillais pour la première fois. Nous nous sommes jurés en nous séparant que ce ne serait pas la dernière. Elle était relativement allergique à mes thèses sur la péridurale et le moins que l'on puisse dire c'est qu'au début de notre collaboration, elle m'écoutait lui expliquer ce que j'essayais de dire dans *Le bébé est un combat* d'une oreille plutôt distraite.

Un jour pourtant, c'était vers la fin du tournage, nous avions vécu ensemble beaucoup d'aventures qui nous avaient rapprochés, nous nous rendîmes ensemble pour assister à des accouchements, dans une maternité de Flers où les sages-femmes utilisaient une technique différente du « respirez-bloquez-poussez » classique, celle prônée par Bernadette de Gasquet. La jeune femme qui accepta que nous assistions à son accouchement, accouchait sous péridurale. Comme ce n'était pas mon propos, je ne pipais mot et ce fut Emmanuelle après l'accouchement qui me déclara spontanément : « Au sujet de la péridurale, elle amène de l'eau à ton moulin ! »

Elle avait entendu comme moi, les remarques étranges de la jeune femme entre deux contractions. C'était dit sur le ton de la plaisanterie mais c'était dit quand même et cela dénotait chez elle un malaise certain. Elle feignait de se moquer d'elle-même : « Mais qu'est-ce que vous faites là, chère amie ? » « Eh bien, ma chère vous le voyez j'accouche ! Vous reprendrez bien un peu de thé ? » Retrouvant son sérieux quand arrivait une nouvelle contraction, elle poussait consciencieusement en suivant les conseils de la sage-femme. Et puis de nouveau, mi-amusée, mi-stupéfaite, elle se regardait accoucher.

Elle disait s'être attendue à tout autre chose, à souffrir, à ce que ce soit pénible, tandis que là rien, elle ne sentait presque pas son corps. Le pire c'est qu'elle ne pouvait pas se plaindre, elle était vraiment piégée. Pour ne pas paraître idiote elle se croyait même obligée d'ajouter que c'était génial la manière facile dont cela se passait. Mais elle ne trouvait pas ça vraiment génial, quelque chose sonnait faux et elle aurait été bien en peine de dire quoi. Pour moi c'était évident. Elle était en train de rater le grand rendez-vous avec elle-même qu'elle s'était fixé et elle s'en rendait compte. Tout son comportement exprimait son désappointement et Emmanuelle, contaminée par ma fréquentation, l'avait vu aussi.

De la conception à la naissance, l'idéologie est là, présente derrière toutes les pratiques et les médecins en sont, volontairement ou non, l'instrument. Tout semble concourir à susciter des générations d'individus soumis et dépendants, ébranlés dans leur confiance en eux-mêmes, incapables ensuite de mobiliser des ressources internes qui leur ont été aussi magistralement déniées. Si l'on veut tenter de se défendre contre l'emprise de l'idéologie, il faut traquer tous ses déguisements et lui ôter ses innombrables masques.

Est-ce un hasard, ou au contraire la marque de cette emprise, si aujourd'hui dans les crèches on rencontre de plus en plus de parents déboussolés qui consultent jusqu'à cinq ou six pédiatres dans le week-end parce que leur bébé tousse ou qu'il fait un peu de température ? Des parents qui coûtent cher à la Sécurité sociale mais qui ont le sentiment de ne plus rien y pouvoir et qui s'en fichent !

N'est-ce pas pitoyable de voir la cohorte de ces femmes enceintes déçues par leur grossesse, de ces couples dont les rêves secrets ont été laminés parce qu'ils n'ont pas osé sortir du rang, au moment de l'accouchement, pour exprimer haut et fort leurs désirs ? Parce que, semblables aux chiens bien domestiqués des villes, on s'est chargé de leur « apprendre le caniveau » et « qu'ils ont fait là où on leur disait de faire » ?

Mais peut-être ce contrôle quasi total que nous décrivons n'est-il pas encore suffisant ? Même si, en principe, la procréation médicalement assistée ne concerne qu'une minorité de couples, n'est-elle pas un moyen de le renforcer à grands frais ? Sous couvert de rendre service à des hommes et à des femmes en mal d'enfants, ceux qui « apportent » les bébés, ces « médecins-cigognes » dont parle l'obstétricien Alain Janaud, n'engagent-ils pas les individus dans un parcours plus dévitalisant encore, où ils se retrouvent plus que jamais coupés des autres, de leur famille (souvent tenue dans l'ignorance), de leurs réseaux de solidarité traditionnelle, court-circuités, débranchés, inutiles. Isolés et désarmés, recroquevillés et crispés sur ce désir d'avoir son enfant bien à soi, face à des institutions toutes-puissantes qui « en font leur affaire » mais qui dictent leur loi. Le bénéfice idéologique n'est-il pas là dans cette victoire remportée sur l'individu, dans ce contrôle accru exercé par les institutions ?

Est-ce un hasard ou au contraire la suite logique de ce parcours si la plupart des femmes fécondées par des moyens artificiels ne parviennent pas à rompre le lien avec l'environnement médical et notamment se retrouvent accoucher en chirurgie alors qu'il n'y avait *a priori* aucune raison pour que leur accouchement ne se déroule pas normalement ?

Dans un service, celui du Dr Bernard Durand à Créteil, où étaient hospitalisées avec leur bébé des femmes qui avaient « craqué » après la naissance, je fis la connaissance de l'une d'entre elles qui reprenait péniblement pied dans la réalité. Elle me décrivit un parcours semé d'embûches et d'interventions médicales, d'inséminations et de fécondations artificielles que, finalement, la naissance de son bébé, la survenue d'un bébé bien concret et en pleine forme n'était visiblement pas parvenue à interrompre.

On pourrait presque dire que c'était le contraire : elle était entre les mains d'autres médecins, des psychiatres en l'occurrence, mais elle était encore entre les mains des médecins. La première fois où j'eus l'occasion de lui adresser la parole, elle était en train de se demander si les médecins allaient lui donner la permission d'emmener sa fille en week-end.

Comme je lui faisais remarquer qu'elle n'allait pas tarder à rentrer chez elle et à retrouver son mari et que donc elle ne dépendrait plus des médecins, pour prendre des décisions la concernant elle et son enfant, que son périple médical s'achevait, elle me détrompa : « Non. Il y a encore cet autre bébé qui m'attend dans le froid et pour lequel il faut que je me décide ! » On n'avait pas réimplanté dans son utérus tous les œufs fécondés. Un au moins était congelé à – 260° C dans un bain d'azote liquide et « l'attendait ». Elle n'en avait effectivement pas fini avec la médecine et les médecins. Elle ne pouvait se défaire de cette image qui hypothéquait son présent.

Ne devient-il pas urgent que l'individu, brisant la spirale qui l'entraîne vers une vie de plus en plus « opératoire » – c'est la question que je me suis posée tout au long de cette enquête – réinvestisse en tout premier lieu le champ de la naissance ? Ne faudrait-il pas accorder plus d'attention à ceux qui, comme Jacques Testart dénoncent une dérive dangereuse. Celle qui consiste, sous le prétexte de satisfaire les désirs « fous » de certains, à aller vers une expérimentation de plus en plus « sauvage » qui nous ébranle tous. Comme ce spectacle « arrabalesque » auquel des médecins allemands nous avaient convié il y a quelques années. Celui d'un fœtus maintenu en vie dans le corps de sa mère morte en couches dont on remuait le cadavre pour lui faire croire (?) qu'elle vivait encore !

Ce que je crois profondément, c'est que ces pratiques censées ne pas nous concerner en fait nous visent. Elles créent autour de nous un décor. Elles installent un climat. Dans un article paru dans le journal *Libération* le 15 février 1994, une psychanalyste Marie-Madeleine Chatel, auteur d'un livre intitulé *Malaise dans la procréation* écrit : « Pour un oui ou pour un non, on monte en épingle une infertilité hypothétique. La moindre infécondité peut faire l'objet de traitements lourds, sans examiner attentivement son contexte relationnel. Entre médecins et femmes se tisse, se fabrique une véritable hantise de l'infécondité toujours grandissante qui, telle une épidémie, nous menace aujourd'hui » (...) Sommes-nous prêts à nous laisser ainsi ravir par la violence du tout biologique ?

Dans la société dans laquelle nous vivons, si nous continuons à foncer ainsi à l'aveuglette, faire un enfant va bientôt nous apparaître comme aussi difficile et hasardeux que trouver un emploi. On va commencer à s'angoisser et à nous angoisser avec cela de plus en plus tôt. Peut-être va-t-on nous inviter à nous y préparer dès l'école ? Etrange, tout de même, pour les gens comme moi qui sont devenus adultes à une époque où notre souci principal, dans ce domaine, n'était pas de faire un enfant mais bien d'éviter d'en faire !

Récemment, j'ai entendu parler d'une jeune femme de moins de vingt-cinq ans, tout ce qu'il y avait de plus « normale », qui s'était résolue à faire un bébé parce qu'elle avait rencontré celui qui en avait éveillé le désir en elle. Rien que de très banal. Là où l'histoire l'est moins et bascule dans la folie douce c'est qu'en même temps qu'elle arrêtait la pilule, j'appris qu'elle avait commencé les démarches administratives en vue de l'adoption. Histoire de ne pas perdre de temps au cas où ni la fécondation naturelle ni la fécondation assistée ne marcheraient !

On ne peut pas se contenter d'être spectateur (ou acteur) d'une telle dérive. On ne peut pas, si l'on reste convaincu que le bébé et même le fœtus sont des personnes admettre qu'insensiblement toute naissance glisse sur une pente qui la conduise à n'être plus qu'une des formes de la procréation assistée. Ou comme le disait une gynécologue lyonnaise très consciente du danger : « Il ne faut pas que les moyens qui existent pour les couples stériles deviennent pour les autres la façon la plus simple et la plus normale de faire un bébé. » Il nous appartient de rester vigilant, voire de refuser le marché « faustien » que l'on nous propose : « notre aide contre votre soumission ». C'est après l'espace de notre liberté individuelle que l'idéologie en a.

Trois semaines après être rentré sur Paris, je voulus savoir si pour « notre » couple de Marseillais, il fallait préparer les dragées et la cassette. Je téléphonai donc à Agnès Noizet qui m'apprit que, hélas, la jeune femme avait eu ses règles et n'était donc pas enceinte. Elle m'apprit aussi, à cette occasion, qu'à l'heure actuelle, et le mystère risque de durer, on ne sait pas pourquoi certains œufs, pourtant indéniablement fécondés, s'implantent dans l'utérus et d'autres pas. Les scientifiques aimeraient comprendre mais ils se heurtent à une barrière éthique évidente : comment expérimenter dans le ventre sur un œuf réimplanté et vivant ?

Que leur restait-il comme chances de faire un enfant ? De faire *un* enfant, encore pas mal. Ils étaient loin d'avoir épuisé toutes les « figures » que la Médecine tenait en réserve à leur intention dans son grand sac à malices. Mais comme chance de faire *leur* enfant, très peu. Si la réimplantation des trois derniers embryons congelés que l'on avait mis de côté échouait à son tour, c'était terminé. S'acharner, refaire une cinquième opération pour aller prélever de nouveaux spermatozoïdes, il n'en était plus question. Tout au moins pour l'équipe du professeur Gamerre.

Sinon dans la mesure où la stérilité dans leur cas paraissait plutôt d'origine masculine, il y avait la possibilité de faire appel aux banques du sperme, aux CECOS (Centres d'études et de conservation du sperme), pour pratiquer une I.A.D., une insémination avec le sperme d'un donneur anonyme. Si cela échouait aussi et semblait cette fois suggérer également une stérilité féminine on pouvait en arriver à la FIV classique mais en faisant appel au don d'ovule. Un ovule, un ovocyte féminin, c'est plus difficile à se procurer que du sperme parce que, on l'a vu, le prélever nécessite une intervention chirurgicale et une anesthésie générale. C'est autre chose que se masturber dans une éprouvette !

On exige alors du couple postulant, dans ces cas-là,

qu'ils trouvent dans leur entourage une femme qui accepte de donner des ovules. Ces ovules-là ne seront pas utilisés pour eux mais pour d'autres. Pour eux on utilisera des ovules dont ils ne connaissent pas la provenance. Ces procédures sont complexes et il ne faudrait surtout pas aller s'imaginer que tous ces actes sont neutres et sans conséquences. Ils sont parfois lourds de conséquences psychiques à très long terme pour les donneurs comme pour les receveurs. Le cas de la jeune mère hospitalisée à Créteil avec son bébé en fournit une illustration. On commence seulement à prendre la mesure de ces problèmes.

Un autre exemple problématique : dans quelque 80 % des cas la FIV ne marche pas mais il y a aussi les cas où elle marche trop bien. Il arrive que tous les œufs réimplantés pour donner une meilleure chance au couple se développent et que les personnes se retrouvent avec, non pas un mais plusieurs enfants. Maximum trois aujourd'hui mais cinq ou six il y a encore quelques années. Là on propose aux parents une « réduction embryonnaire », une sorte de « choix de Sophie » : *Combien voulez-vous en garder ? Un, deux ? Une fille ou un garçon ? Une fille et un garçon ? Deux garçons ?*

Peut-on imaginer que ce choix ne laisse aucune trace dans le psychisme des parents ? Ou dans celui des enfants qui naissent « rescapés » de ce choix ?

Quoi qu'il en soit, si toutes les tentatives médicales échouent, si la stérilité se révèle être parfois, les médecins ne l'ignorent pas, une résistance inconsciente à la maternité dont les manifestations peuvent être physiologiques mais dont les raisons profondes sont psychiques et remontent loin dans l'histoire individuelle – combien de femmes censées être stériles tombent enceintes naturellement après avoir eu un premier enfant par P.M.A. ! Combien d'autres sont stériles avec un partenaire fécond et fécondes avec un autre ! Il y a même, c'est rare mais cela arrive des femmes réputées stériles qui demandent finalement une IVG après une FIV réussie ! – il reste toujours l'*ADOPTION*.

L'adoption, les médecins qui s'occupent de stérilité, au bout d'un certain nombre de tentatives infructueuses de P.M.A., finissent un jour ou l'autre par en parler avec les couples. J'ai remarqué qu'elle avait souvent et secrètement leurs faveurs comme si cet acharnement à procréer dont ils sont les premiers instigateurs finissait par les gêner aux entournures. Comme si, à mesure qu'ils s'installent confortablement dans la toute-puissance, ils étaient tentés par le dépouillement et l'ascèse et ne pouvaient plus penser à autre chose qu'à ces pauvres enfants, ou ces enfants de pays pauvres, qui croupissent dans des orphelinats.

Comme s'ils se rangeaient à l'avis de Geneviève Delaisi de Parseval qui trouve un peu mesquine et pour tout dire, un peu « petite-bourgeoise », cet acharnement à faire *son* enfant dans sa petite sphère familiale qui a tendance par ailleurs à se rabougrir de plus en plus. Cette même Delaisi de Parseval qui trouve plus généreuses, plus ouvertes sur l'extérieur les stratégies qui privilégient les « dons d'enfants », la circulation naturelle d'enfants, les multiples figures de partage ou de délégation de parentalité qui se pratique au sein de ce qu'elle appelle des systèmes de « parentalité élargie » ou de *« parenté additionnelle »*. Ceux qui prévalent dans les sociétés plus traditionnelles.

Comparant les enfants obtenus par fécondations assistées à des « enfants-greffe » ou des « enfants-prothèses » elle écrit dans la revue *Autrement* : « Si les fonctions de parenté additionnelle ont pu être nommées, entrer dans le champ de la dette, du don, de la circulation des enfants, alors il ne s'agira plus de simples prothèses mais d'authentiques greffes sociales. »

Subvertir le système en somme. Sortir la procréation assistée (et même la procréation tout court) du champ étroit de la technique pure. Recréer autour le « village ». Peut-être alors pourra-t-on parler, comme Geneviève Delaisi de Parseval, à propos des enfants conçus ainsi, de greffes et non de prothèses. Une greffe qui constitue pour l'enfant une richesse au lieu de l'installer dans une histoire *d'amputation et de manque.*

En 1983, devant moi, j'avais entendu René Friedman tenir ce discours incitatif sur l'adoption. En 1994, Jean-François Mattei tandis qu'il me parlait des procréations médicalement assistées préparait à l'intention du gouvernement son rapport aujourd'hui publié visant à simplifier les procédures d'adoption.

Jean-François Mattei : – C'est bien grâce aux techniques médicales de donner un enfant à un couple mais je crois qu'il est tout aussi important de donner des parents à un enfant qui n'en a pas, qui est là et qui n'a pas demandé à y être. C'est tout aussi merveilleux.

B. M. : – Vous pensez que l'on est là à la frontière de l'amour et de l'égoïsme ? Que derrière cet acharnement à vouloir son enfant à soi, à tout prix, il y a une forme d'égoïsme ?

J.-F. M. : – D'abord je conteste votre possessif : Son enfant. *Les enfants que nous avons ne nous appartiennent pas. Il faut bien que les parents se mettent ça dans le crâne ! Ils ne peuvent pas dire : « Cet enfant, j'y ai droit. » D'abord parce que, quand on dit cela, on considère de fait l'enfant comme un objet : on n'a jamais droit à quelqu'un, on n'a jamais droit à une personne. On peut éventuellement avoir droit à quelque chose... (sourire). Donc déjà quand on dit : « J'y ai droit », vous voyez la perversion, le dérapage dont je vous parlais plus tôt. En réalité, il ne faut pas dire* son *enfant, mais* un *enfant... C'est l'amour qui pousse un couple à vouloir un enfant et s'il utilise cette terminologie : « son » enfant, alors on passe insensiblement à l'égoïsme et c'est vrai qu'entre l'amour magnifique que l'on rencontre le plus souvent et l'acharnement procréatif qui se traduit par : « je veux mon enfant » qui devient de l'égoïsme, c'est vrai qu'il y a un large éventail, toute une variation sur le thème du sentiment parental, du sentiment d'amour...*

Peu de temps après la première diffusion du *Bébé est une personne*, était-ce une pure coïncidence? on vit apparaître sur les panneaux d'affichage, pour les besoins d'une campagne publicitaire dont j'ai oublié l'objet, d'immenses photos de beaux « bébés Cadum », souriants, exempts de la moindre imperfection, en pleine forme, surmontées de questions façon bulles. D'immenses photos donc de bébés interpellant les passants.

« Est-ce que j'ai une tête de mesure gouvernementale ? » « Est-ce que j'ai l'air d'une part de réduction fiscale ? » J'ai oublié la plupart des questions que ces bébés nous posaient par l'entremise des publicitaires sauf une qui me frappa plus que toutes les autres réunies et m'énerva passablement : « Est-ce que j'ai une tête de problème métaphysique ? » La réponse collective, attendue, induite par la vue de ce bébé « nickel » et parfaitement « consommable » était évidemment NON !

Mais ma réponse à moi, que je bouillais de ne pouvoir communiquer à personne était : *« Oui ! oui ! oui ! bien sûr que oui ! bien sûr que le bébé est un problème métaphysique ! »* et j'aurais ajouté, si j'avais pu le dire à ceux qui avaient conçu cette campagne : *« Qu'est-ce que vous avez donc contre la métaphysique ? »* Opposer le sérieux des questions et l'image du bébé empreinte de légèreté, c'était exactement ce qu'il ne fallait pas faire à moins de vouloir endormir les gens ; les maintenir esclaves d'une illusion dangereuse pour eux et pour leurs bébés. Pour moi, il s'agissait d'un mensonge éhonté, une escroquerie délibérée au service de cette idéologie de la démission et de la soumission dont j'ai parlé dans le précédent chapitre. Le message qu'il me semblait essentiel de faire passer, message au contraire mobilisateur, c'est qu'il n'y avait pas de sujet moins frivole, plus grave, que le bébé.

En 1983, en commençant à m'intéresser au bébé, en voyant surtout la tête effarée des petits chefs de service du

TF1 de l'époque (TF1 était encore une chaîne du Service public) consternés à l'idée qu'on consacrait trois heures d'antenne à parler des bébés – je me souviens de l'un d'entre eux notamment qui se répandait dans les couloirs en disant à qui voulait l'entendre que : « Le service public se déshonorait en traitant un sujet pareil ! » – je pris conscience que le bébé faisait l'objet d'un discours bizarrement contradictoire.

D'un côté il y avait cette idée très répandue que le bébé c'était des histoires de bonnes femmes, un sujet sans intérêt sur lequel il n'y avait rien à dire ; l'idée aussi que donner naissance à un enfant, les femmes le faisaient depuis la nuit des temps et « qu'il n'y avait vraiment pas de quoi en faire tout un plat ». De l'autre on commençait à assister à ce battage très bien orchestré autour des premiers « bébés-éprouvettes », des premières prouesses techniques, des premiers débats éthiques enflammés sur les mères porteuses, sur la possibilité de féconder une veuve avec le sperme de son mari mort, sur l'utilisation des embryons surnuméraires à des fins d'expérimentations scientifiques, sur le clonage des œufs fécondés, sur l'éventualité de faire croître ces mêmes œufs en laboratoire pour se constituer une réserve d'organes. J'en passe...

J'avais déjà l'impression que se construisait sous nos yeux un gigantesque décor. Que la pièce que l'on commençait à roder, écrite à notre intention dans un jargon médico-scientifique bien fait pour nous passer largement au-dessus de la tête, n'avait d'autres buts véritables que de nous conforter insidieusement dans le sentiment que faire un enfant allait rapidement devenir très compliqué, *beaucoup trop compliqué pour nous.* Alors que la veille encore c'était beaucoup trop simple pour user sa salive à en parler.

Nous ressentions, avec Tony Lainé, le besoin de nous opposer à ce discours, de combattre son influence. Nous voulions dire à tous ceux qui regarderaient notre programme : « Le bébé, c'est en tout premier lieu votre affaire, ne vous en laissez déposséder par personne. » Chacun de ceux qui furent choisis pour être nos hérauts, médecins comme Maurice Titran et Thos Berry Brazelton ou non-médecin comme Franz Veldman, le furent sans que nous en ayons forcément conscience, parce qu'ils tentaient tous dans leur style propre de restituer le bébé à ses parents.

Oui le bébé soulevait des questions complexes, éventuellement et pourquoi pas métaphysiques, mais qu'il nous revenait d'aborder et dont nous portions en nous les réponses. Ces réponses, on pouvait nous aider à les dégager, mais nous ne pouvions accepter qu'un système, qu'un pouvoir quelconque, s'arroge le droit de les fournir à notre place.

Cette attitude eut le don d'en agacer plus d'un. Alexandre Minkowski, par exemple, se fendit d'un article dans *Paris-Match* pour dire que l'émission n'était pas « scientifique ». Malicieusement, Tony Lainé, qui n'était quand même pas psychanalyste pour rien, me fit remarquer que quand « Le mandarin aux pieds nus » écrivait la Science, la Science, la Science on entendait Moi, moi, moi. Je relus l'article, c'était ma foi vrai. Cet homme-là, semblait à l'époque se considérer comme seul détenteur (ou alors membre d'une caste très réduite) de la Science des bébés. C'est vrai qu'il avait beaucoup donné mais quand même ! Et aussi depuis quand la médecine est-elle une science ?

En disant « Le bébé est une personne », nous avions défini les grandes lignes d'un combat, nous avions même suscité des adversaires. En ce qui nous concernait, Tony et moi, cela ne nous changeait pas trop. Nous avions été l'un et l'autre des militants communistes et même si nous avions commencé depuis quelques années à prendre sérieusement nos distances d'avec le « parti », nous n'en restions pas moins dans nos têtes des militants. Parler du bébé, en ce qui nous concernait, c'était encore militer.

Avant de dire ensemble que le bébé est une personne, nous avions déjà tenté, chacun de notre côté, de rallier le plus de gens possible à cette « cause des enfants » incarnée par Françoise Dolto, Bruno Bettelheim et beaucoup d'autres. Tony avec toute l'autorité que lui conférait sa position de chef de file du mouvement d'ouverture des asiles psychiatriques, puis de coauteur des films et des livres de Daniel Karlin, moi beaucoup plus modestement en tant que jeune cinéaste.

Nous avions essayé de dire, comme d'autres avant nous, que l'image de l'enfant, bien à l'abri derrière le masque de son « infantilisme », protégé de toute contamination en provenance de notre monde d'adulte est un leurre. Que l'enfant, hélas, n'est pas inconscient du monde qui l'entoure, miraculeusement préservé de l'oppression et des violences que nous subissons ; des souffrances et des privations que nous lui infligeons en retour, le plus souvent à notre corps défendant.

Les souffrances psychiques surtout, les privations affectives, celles dont nous préférons nier l'existence parce que tenter d'y mettre fin est au-dessus de nos forces ou nous entraînerait trop loin sur la voie d'une prise de conscience de notre lâcheté et d'une révision déchirante de notre mode de vie. Souffrances et privations dont nous refusons de voir les manifestations autrement que comme une preuve de l'imperfection intrinsèque de l'enfant. Imperfection terriblement décevante et douloureuse pour nous mais dans laquelle nous n'aurions aucune part ; contre laquelle nous ne pourrions rien ; que nous ne pourrions que subir.

Alors, à des années-lumière de toute préoccupation consumériste, dans le contexte du « métro, boulot, dodo » de l'époque, *Le bébé est une personne* c'était une provocation au « réveil » ; une invitation optimiste et joyeuse, délibérément militante, à secouer nos chaînes. Une dimension que je me refuse à occulter, aujourd'hui où la hantise d'exprimer le moindre désaccord, de s'écarter ne serait-ce qu'un peu du sacro-saint consensus, constituent les figures imposées de la survie.

Le fœtus, le nouveau-né, le bébé, l'enfant, de quel que côté qu'ils soient du ventre maternel, qu'ils respirent à l'intérieur ou à l'extérieur, qu'ils s'expriment avec des mots ou avec le corps, constituent le maillon le plus faible de la cellule familiale, celui sur lequel viennent se répercuter, en dernier ressort, les diverses formes de ce qu'il était convenu d'appeler, il y a encore quelques années, l'Exploitation.

Qu'un homme (ou une femme), par peur de perdre son emploi ou pour honorer ses traites, accepte une charge de travail supérieure, des heures de transport en plus ou des week-ends en moins, et son enfant, après que sa mère en eut subi les conséquences, en subira les conséquences à son tour. Quantitativement, mais plus encore qualitativement, c'est sur un espace relationnel vital pour l'épanouissement de son enfant que l'homme en question devra rogner pour reconstituer sa « force de travail ». En ébréchant, jour après jour, le rêve qu'il avait de le préserver.

S'avouer que « le bébé est une personne », c'est se mettre en situation de refuser de continuer à reconduire en cascade l'exploitation que l'on subit, jusqu'au dernier maillon de la chaîne de ceux que l'on aime, c'est-à-dire jusqu'au bébé. C'est se mettre en position de combat comme un karatéka dans le dojo de la vie. Sans préjuger de l'issue du combat. Si ces lignes peuvent aider certains d'entre nous sinon à le gagner du moins à l'entreprendre, l'encre n'aura pas coulé inutilement !

C'est le sens des dernières lignes de commentaire que j'ai écrites pour la troisième émission du *Bébé est un combat* : « Dans une société qui perd ses repères, refuser d'oublier que le bébé est une personne c'est prendre appui sur le bébé pour partir à la reconquête. Reconquête de nos vies, reconquête de la fraternité et de la solidarité, reconquête du monde qui nous entoure. »

En décembre 1994, tandis que j'étais en plein montage, m'égarant tant que je pouvais dans une forêt d'images, pataugeant avec Nadine Késeman, la chef monteuse, dans les quelque soixante-dix heures de rushes dont je disposais pour en extirper les cent quatre-vingts minutes du *Bébé est un combat*, je lus dans *Le Monde*, un article intitulé : « Hommage aux justes » signé du philosophe Paul Ricœur. Cet article n'avait *a priori* aucun rapport avec les bébés puisqu'il y était question de l'Holocauste, de l'extermination des juifs et des « justes » qui avaient tenté de s'y opposer.

S'interrogeant sur le contenu du film de Marck Halter et Maurice Frydland, *Tzedek, les justes*, un film qu'il a beaucoup aimé, Paul Ricœur – constatant que les « justes » ne jugent pas les autres, les gens ordinaires, ceux qui n'ont pas fait comme eux – écrit : « On pourrait certes demander qui est en droit d'accuser des hommes de n'avoir pas été des héros. Certainement pas les " justes " : nous les avons vus se retrancher dans la pudeur et la modestie de l'esquive. Faut-il dire alors que c'est la bonté elle-même qui accuse ceux qui ne se sont pas portés à la hauteur de son injonction ? Mais la bonté, la justice et la compassion ont-elles pour fonction d'accuser ? Non la bonté a autre chose à faire qu'accuser ; elle proteste, elle témoigne. » Et plus loin, il ajoute : « La bonté des uns n'atténue pas le crime des autres, même pas la faute par omission de la plupart. La protestation de la bonté atteste seulement que, selon l'expression de Kant dans *L'Essai sur le mal radical*, la destination au bien est plus " originaire " que le penchant au mal si " radical " soit-il. »

Cet article superbe de clarté, que je lus et relus, déclencha en moi une sorte d'illumination. Je me mis à penser au bébé comme à un « juste ». Un être « juste » dont le regard qu'il portait sur nous – regard que nous pouvions ressentir comme accusateur mais qui ne l'était pas en réalité – nous invitait à nous recentrer sur l'essentiel; sur le bon, sur l'intact, sur le non-contaminé en nous. Le regard du bébé, comme la parole des « justes », avait pour effet de nous remettre en contact, et « d'entretenir » *la confiance* pour reprendre les mots de Ricœur, *dans ce fond de l'humain véritable.*

Je revis en un instant des regards de prématurés, de nouveau-nés, de bébés que j'avais croisés dans des salles d'accouchement, dans le métro, dans un embouteillage, dans une foule, dans des aéroports, un peu partout dans le monde. Ces regards qui vous happent littéralement et auxquels on ne peut se soustraire; des regards qui émanent de sorte de *monuments de sagesse* et qui nous catapultent dans un ailleurs de nous-mêmes.

Je compris alors que derrière tout ce que j'essayais de montrer ou de dire sur les bébés, il y avait l'intuition qu'en sortant du ventre de leurs mères et en ouvrant les yeux, ils nous adressaient deux questions fondamentales, métaphysiques et existentielles : « Pourquoi n'es-tu pas comme moi ? » et « Qu'est-ce que tu vas faire pour que je ne devienne pas comme toi » ?

Des questions qui nous bouleversent de fond en comble quand ce sont nos propres bébés qui nous les adressent. Des questions qui nous donnent envie de les prendre sous le bras et de les emmener très loin; de changer de vie, de repartir de zéro. Des questions qui font du plus conformiste d'entre nous, l'espace d'un éblouissement, un insoumis en puissance.

Je compris que le bébé, mais plus encore le nouveau-né, est un ferment de désordre; un éveilleur d'émotions. Un désordre et des émotions que la société se devait de contenir et de canaliser à tout prix. Je compris la vraie raison de mon hostilité à l'utilisation systématique de la péridurale ou plus exactement la *véritable* fonction de ce prétendu cadeau : *nous endormir*. Ce que je « voulais » depuis le début, ce n'était pas que les femmes souffrent, comme certains s'empressaient de m'en accuser, c'étaient qu'elles refusent qu'on les « endorme »; qu'elles restent « éveillées », mobilisées, à l'écoute de leur corps et de leur bébé.

Qu'elles refusent que sous le prétexte affiché de leur éviter de souffrir, on mette subrepticement en place des stratégies visant à désamorcer le caractère explosif de la rencontre; à la rendre prétendument plus « sereine » mais en réalité plus insipide; à remettre en fait le couvercle, sur toutes ces émotions intenses et ces questions potentiellement subversives.

Chapitre 7

A propos de la séparation

La mise en évidence du fait que le bébé était bel et bien une personne et non une larve aveugle et sourde ou un simple tube digestif s'accompagnait d'un corollaire : l'affirmation, la « découverte » de l'importance fondamentale de la relation mère-enfant. Comment avait-on pu l'oublier au point de devoir le redécouvrir, cela restera toujours un peu stupéfiant, difficilement pensable, pour les profanes que nous sommes. Mais le fait est que les professionnels en étaient arrivés, que ce soient les médecins, les puéricultrices ou les travailleurs sociaux, à séparer les bébés de leurs mères à tout propos; brutalement et sans se poser la moindre question. Tous mus, dans le droit fil des idées de Pasteur, par une même conception « hygiéniste », « microbienne » et étroitement « scientiste » de la protection de l'enfant.

Contrairement à tous les autres mammifères, le petit d'homme ne naît pas « fini » mais continue de croître à l'air libre presque, pourrait-on dire, jusqu'à ce que la marche soit acquise. Les psychanalystes anglo-saxons, des gens totalement inconnus en France comme Walter Bion ou Esther Bick, ont émis l'hypothèse que cette croissance à l'extérieur s'effectuerait en fait à l'abri d'une série d'enveloppes impalpables que la mère tisserait autour de son bébé et qui serait formée de cet ensemble de regards, de caresses, de sourires, de vocalises et de lait qui circulent et s'échangent. Ce qu'ils baptisent, de façon fort évocatrice, une « peau psychique ».

Si, ce qui semble bien être le cas, cette hypothèse est la bonne, si la grande dispensatrice de ces éléments « nidificateurs » est prioritairement la mère, rien n'est plus essentiel au devenir du bébé quc l'éveil, le soutien, la consolidation du lien privilégié qui l'unit à celle-ci. Le libre jeu de leurs *interactions relationnelles* devant être respecté et soutenu avec humilité en toutes circonstances, au lieu d'être nié avec suffisance. Est-ce désormais partout et toujours le cas, puisque l'on ne confond plus le bébé avec un légume ? On aimerait pouvoir l'écrire.

Dans *Le bébé est une personne*, nous avions bien entendu abordé la question de l'importance de la relation mère-enfant. Nous avions pu évoquer la figure d'un grand pédopsychiatre américain des années 30, René Spitz, qui le premier avait mis en évidence les troubles corporels et psychiques dont souffraient les enfants élevés en pouponnières ou hospitalisés loin de leurs parents pour une longue période ; troubles auxquels il avait d'ailleurs donné le nom d'*hospitalisme*.

Avec le film d'un couple de psychiatres anglais, les Robertson, intitulé : *John, 9 jours en pouponnière*, nous avions pu donner à voir les ravages opérés sur le psychisme d'un très jeune enfant par une séparation en apparence bénigne et de courte durée. Enfin avec un reportage sur le fonctionnement d'une pouponnière hongroise, celle de Loczy, qu'un livre de Geneviève Appell et Myriam David, *Le maternage insolite,* avait fait connaître en France, nous avions rendu compte d'une manière de prendre en charge un enfant dans une collectivité qui est unique au monde.

Mais nous n'avions pas pu aller aussi loin que j'aurais souhaité le faire dans l'exposition et l'étude du problème de la séparation avec son cortège de questions. N'a-t-on pas tendance souvent à séparer la mère de son bébé plus en fonction des jugements que l'on porte, des peurs que l'on a, des risques que l'on n'ose pas prendre, qu'en ayant véritablement présent à l'esprit le seul intérêt de l'enfant? Quand est-il vraiment inévitable d'interrompre, provisoirement ou à plus long terme, la relation entre la mère et l'enfant? Comment le faire, quand il n'y a vraiment aucune autre solution, sans ajouter à la violence de la séparation la violence dans la manière de la gérer? Comment séparer sans arracher?

Ces questions et quelques autres, on les entend souvent évoquer dès que l'on parle de la D.D.A.S.S. Il est certainement en grande partie légitime, beaucoup l'ont fait, de critiquer la rigidité, le manque d'imagination, l'inhumanité de cette énorme machine administrative. Les souffrances multiples, mille fois décrites, des anciens pupilles suffisent à en témoigner.

Malnutrition, privations affectives, négligences graves, carences diverses, mauvais traitements, sévices, dès qu'un enfant est signalé « en danger », D.D.A.S.S. et Justice se relaient pour prendre de toute urgence des mesures brutales et coercitives de séparation. Elles ont à court terme le mérite de régler le problème (si tant est, ce qui n'est pas toujours évident, que le danger était réel et justement apprécié) mais, d'un autre côté, elles précipitent l'enfant dans un autre drame, celui de la coupure, et ses parents dans l'irréparable de la perte et l'impossibilité du deuil. Le remède s'avérant parfois, à long terme, pire que le « mal » et les familles comme les professionnels s'installant dans une logique infernale.

Comment empêcher, par exemple, les parents de se lancer dans de frénétiques tentatives de *réparation* ? Comment éviter que dans les couples jugés inaptes ou maltraitants, une naissance suive de peu un retrait vécu comme un rapt et une mort ? Ce que l'on observe très souvent. Si carences ou mauvais traitements il y avait, après une courte lune de miel, le bébé qui va naître risque fort d'être à son tour victime de ces mêmes carences ou de ces mêmes mauvais traitements, jusqu'au moment où il sera placé à son tour.

On nous demande de croire et l'on voudrait croire que tout cela est de l'histoire ancienne, que l'on a tiré toutes les leçons qu'il y avait à tirer de ces erreurs ; mais j'ai bien peur qu'il n'en soit rien. En 1994, un film anglais de Kenneth Loach, *Lady Bird* a été projeté en France. Il racontait l'histoire présentée comme authentique d'une jeune mère qui n'était sans doute pas une mère idéale selon les critères de l'administration mais certainement pas une mère « indigne » non plus. Ce qui ne l'avait pas empêchée de se voir confisquer ses quatre premiers enfants. Le film décrivait l'emballement de la machine : son troisième enfant lui était arraché chez elle, alors qu'elle l'allaitait encore et le quatrième directement à la maternité, juste après l'accouchement.

Je n'arrivais pas à croire qu'il puisse s'agir d'une histoire vraie. Je pensais que le réalisateur avait forcé le trait en dissimulant les vraies raisons pour lesquelles cette kyrielle d'enfants était retirée à cette pauvre femme. Ou alors que le système anglais était encore plus aberrant que le nôtre. Jusqu'au moment où deux amies qui avaient à connaître ce type de situations m'affirmèrent que cela était parfaitement plausible et me proposèrent chacune de me présenter des

« Lady Bird » jeunes et bien de chez nous ! La mère à qui on enlevait son bébé à la maternité, pour elles, ce n'était ni du cinéma ni une époque révolue.

Que ce soit dans le cadre du *bébé est une personne* ou dans celui du *bébé est un combat*, ces questions relatives à la séparation, plutôt que de les aborder frontalement, depuis l'intérieur de la D.D.A.S.S. en risquant d'être étouffé par le gigantisme de l'Institution et par ma très probable indignation (m'aurait-on laissé y entrer de toutes les façons ?) j'aurais aimé les aborder à travers l'œuvre d'une femme, une pédopsychiatre dont le nom est scandaleusement inconnu du grand public : Myriam David.

J'aurais donné cher pour être le premier à la filmer et à rendre compte de son travail mais, et ce n'est pas faute d'avoir essayé, je n'ai jamais pu y parvenir ; ni en 83, ni en 94. Je laisse à ceux de son équipe qui, frileusement s'y sont toujours opposés, en invoquant pêle-mêle le voyeurisme, le respect de l'intimité des familles, la protection de l'enfant, sans oublier les règles intangibles de la psychanalyse, le soin d'en assumer la responsabilité.

Ils savent aussi bien que moi que les vraies raisons de leur refus sont ailleurs. Ils mesurent parfaitement à quel point il eût été important, libérateur, et peut-être même thérapeutique de propager les idées de Myriam David au-delà d'un petit cercle d'initiés. Mais il fallait pour cela oser descendre dans l'arène, accepter de montrer son travail, risquer de se découvrir...

Myriam David fut la première à tenter de maintenir, pourrait-on dire *en pointillé,* une relation parents-enfants dans des situations périlleuses où le placement avec son cortège de souffrances et de mutilations se serait imposé à tous comme la seule solution viable. La première aussi, autre cas de figure, à tenter d'obtenir des parents le consentement au placement, de créer les conditions pour qu'ils y collaborent pour le plus grand bien de l'enfant placé.

On imagine sans mal, le risque et la difficulté. Ce que demande de vigilance et de courage, le fait d'oser laisser un enfant au contact d'un père alcoolique et violent ou d'une mère atteinte de graves troubles mentaux. Pour tenter, contre vents et marées, dans l'intérêt supérieur de l'enfant et si toutefois c'est jouable, de maintenir un lien, de ne pas l'arracher trop vite et sans préparation à ses parents, de ne pas répondre à la violence par la violence.

Ce risque Myriam David ne l'a pas pris une fois mais elle l'a assumé quotidiennement pendant plus de trente ans. Son plus grand mérite c'est d'avoir, par son attitude, éclairé ces situations d'un jour nouveau. D'avoir révélé que derrière ce que tout le monde considérait comme des « monstres » d'égoïsme ou de brutalité, il y avait des parents empêchés, des mères et des pères en souffrance; qu'au-delà des comportements, sous l'apparence de la haine, circulait de l'amour; contrarié, impossible.

Myriam David étant aujourd'hui à la retraite et les quelques rencontres que j'avais eues avec les nouveaux responsables de son unité n'ayant débouché sur rien de concret (la plupart des membres de l'équipe traînant visiblement les pieds à l'idée de s'impliquer personnellement dans un tournage) j'étais un peu en panne. Comment, où, avec qui, aborder ces questions relatives à la séparation? Où rencontrer des parents et des bébés directement concernés?

J'eus alors l'agréable surprise d'être recontacté par le Dr Bernard Durand, un psychiatre rencontré à Chicago. Il dirigeait à Créteil, en région parisienne, une unité d'hospitalisation mère-enfant dans laquelle il s'était proposé de m'accueillir et il me rappelait pour honorer sa promesse. Cette idée d'hospitaliser ensemble des mères et des bébés est relativement récente. Il s'agit de bébés qui médicalement vont bien et de mères chez qui le « baby blues », la classique prostration après l'accouchement peut prendre la forme d'une véritable dépression dite du *post-partum*, voire même la forme plus grave encore d'épisodes délirants et de psychoses.

Normalement, dans ce genre de situation, la mère est séparée de son bébé, hospitalisée en psychiatrie adulte, tandis que le bébé soit est pris en charge par le reste de sa famille soit est placé en pouponnière le temps que sa mère retrouve ses esprits. Selon Bernard Durand, le refus de la séparation classique, l'hospitalisation conjointe de la mère et de l'enfant dans un service qui n'était ni vraiment pédiatrique ni simplement psychiatrique avait pour effet de changer les termes de la prise en charge et de minimiser grandement les conséquences de la maladie sur la qualité ultérieure de l'attachement entre la mère et son bébé. La présence physique du bébé modifiant le regard posé par l'équipe sur la mère (son statut de mère primant sur son statut de patiente « psychiatrisée ») et aidant la mère à reprendre pied plus vite dans la réalité (quand son délire consistait par exemple, comme c'est fréquemment le cas, à nier que le bébé soit bien né).

Certes nous étions loin des problèmes des parents « indignes » et de la D.D.A.S.S. mais ce qui m'intéressait dans ce type de services c'est que leur existence même paraissait être l'une des conséquences positives de l'apport global du travail de Myriam David. On s'y posait les questions essentielles du maintien du lien, de l'attachement et du détachement. Je me rendis donc sans me faire prier à l'invitation de Bernard Durand.

Le service était minuscule, trois chambres, une entrée qui faisait fonction de salon avec un parc à jeux pour les bébés, une grande cuisine, une salle de bains pour les bébés, un petit bureau pour les consultations. Pour accéder au service, il fallait descendre dans les sous-sols de l'hôpital en empruntant de longs couloirs qui menaient vers la chaufferie et les cuisines. Les murs étaient épais, l'entrée du service à peine indiquée était surmontée d'une verrière en forme de dôme qui conférait à l'ensemble du service l'allure symbolique d'une sorte de *ventre* auquel on accéderait à l'issue d'une déambulation quasi *utérine.*

Faite comme cela, la description peut paraître absurde ou tirée par les cheveux, mais c'est un peu ainsi que le service était ressenti par les mères ; ainsi qu'il était utilisé par les soignants. Il s'agissait pour eux de jouer sur des notions de contenu et de contenant. Le service fonctionnait comme un conteneur (sa forme y aidait) dans lequel des soignants tentaient de contenir le délire, l'angoisse et la souffrance de mères pour les aider à contenir elles-mêmes un bébé pour l'instant « décontenancé » par son « absence ». Dans ses « manœuvres » le psychisme s'empare de tout, des noms et des prénoms, de la consonance des mots mais aussi des lieux et de leur géographie.

Je pus me rendre plusieurs fois dans ce service, j'y bus beaucoup de café avec les soignants, partageai leurs repas ; j'eus l'occasion de rencontrer plusieurs mères avec leurs bébés ; je finis même par tenter d'y tourner. Hélas, là encore, malgré le soutien de l'équipe médicale et celui inconditionnel de Marie-Line Marcilly, la surveillante du service, seule une infirmière accepta de participer au tournage. Le reste du temps je me retrouvai seul en face des mères et des bébés, ce qui était sans véritable intérêt.

L'important eût été de filmer les relations des infirmières et des mères au quotidien, de réfléchir au travail qu'elles faisaient pour les aider à retrouver le chemin de leurs bébés. Cela ne pouvait se faire qu'en complicité avec l'ensemble du personnel. A mon grand regret je dus y renoncer. C'était peut-être trop tôt, l'équipe manquant encore du recul nécessaire pour affronter un regard extérieur.

Deux exemples cependant me reviennent en mémoire. Deux exemples d'interactions auxquelles j'eus l'occasion d'assister avant de tenter de saisir la vie du service à travers l'œil de la caméra et de voir soudain les portes se fermer et les infirmières s'égayer comme une volée de moineaux. Deux brefs épisodes de la vie quotidienne d'un service différent où l'on cherchait la juste place entre une mère en difficulté et son bébé en souffrance.

La première interaction mettait en scène une jeune mère alcoolique et anorexique qui, sous nos yeux, gavait littéralement son bébé de très petit poids en ignorant ses signaux de détresse et de suffisance. Le bébé régurgitait, vomissait et pour finir ne « profitait » pas. Les infirmières m'avaient prévenu qu'elles supportaient très mal ce spectacle et qu'elles éprouvaient les plus grandes difficultés à ne pas s'interposer brutalement. Il était clair pour elles que c'était cependant l'erreur à ne pas commettre ; la mère n'attendant qu'un signe d'elles pour désinvestir encore plus et peut-être définitivement son bébé.

A l'inverse, tolérer que la mère agisse ainsi même si cela était difficilement tolérable c'était lui donner le droit, en s'interdisant de la juger, d'exprimer son désir panique que son bébé soit différent d'elle et qu'il lui prouve, en mangeant beaucoup et en prenant du poids, qu'il n'était pas « contaminé » par son anorexie et son alcoolisme.

Un *modus vivendi* avait été trouvé pour ne pas mettre la mère en situation d'échec, pour éviter que le bébé souffre et pour atténuer les tensions dans ce petit espace clos : un membre de l'équipe donnait au bébé l'entrée et le plat, la mère donnait le dessert. Le repas auquel nous assistons se déroule ainsi, une infirmière donne à manger au bébé tandis que la mère fume à l'écart en parlant avec quelqu'un d'autre. Ce qui me frappe, ce qu'il eût été intéressant de filmer et de commenter c'est l'intensité du regard du bébé en direction des yeux de l'infirmière tandis qu'il attend, bouche ouverte, la prochaine cuillerée qu'elle va y introduire.

L'intensité extrême de ce regard me donne à penser qu'à cet instant le bébé n'ingurgite pas seulement de la nourriture mais qu'il guette désespérément les mots qui devraient logiquement aller avec ; les mots qui feraient sens, qui éclaireraient cette situation insolite qui répondraient à ses questions muettes :

Pourquoi est-ce toi qui me nourris ? Pourquoi n'est-ce pas ma mère qui est là à côté de moi ? Qu'est-ce que tout cela peut bien signifier ? En regardant ce bébé j'ai la sensation qu'il tend l'oreille plus qu'il ne mange. Ne faudrait-il pas lui parler ? Mais l'infirmière, du moins ce jour-là, ne le fera pas. Est-ce dû au fait inhibiteur de ma seule présence ? C'est possible, mais alors c'est le signe que même dans ce service où de gros efforts sont consentis, où l'on réfléchit beaucoup, mettre spontanément des mots sur ce que le bébé vit n'est pas encore une chose aussi naturelle que de porter une cuillère à sa bouche. Sinon pourquoi, sous l'œil du visiteur que je suis, pourrait-on faire une chose et pas l'autre ? Cela n'a rien de vraiment étonnant : parler aux bébés est encore largement considéré à notre époque comme de la fumisterie. Et pourtant ce bébé avait faim de mots.

Autre interaction observée. Une mère très différente de la première (cultivée, brillantes études, situation en vue) doit donner le bain à son bébé. Elle accepte très volontiers que j'y assiste. C'est, aux dires de l'équipe, un moment de très grande tension au cours duquel la mère se montre extrêmement nerveuse, malhabile et désemparée, face à un bébé qui pleure beaucoup. Le bain est censé avoir lieu en fin de matinée mais le bébé dort et la mère refuse de le réveiller exprès. Cela semble contrarier l'équipe qui y voit un signe parmi d'autres d'une évidente mauvaise volonté, d'un refus de collaborer. D'ailleurs d'une manière générale la mère est vécue comme « opposante », un rien méprisante. Entre elle et les infirmières le courant a du mal à passer.

Nous parlons ensemble. Je ne sais pourquoi mais je lui demande comment s'est passé son accouchement. Elle devient lyrique, décrit un moment de plénitude inoubliable parce que vécu chez elle, entourée de sa famille, hors de la présence de ces médecins « confiscateurs » qui imposent leurs règles et leur rythme. Ce qu'elle dit me renseigne un peu sur la nature de son opposition à l'équipe et me paraît, je dois le reconnaître, assez pertinent et même légitime.

« Reconstruction après coup typique du désordre psychique » rétorquent quelques jeunes psychiatres avec lesquels je déjeune. Ils m'expliquent qu'en fait l'accouchement s'est très mal passé et qu'il a fallu faire intervenir le SAMU ! Je me trouve soudain bien naïf d'avoir pris pour argent comptant le discours de la mère. J'ai péché par optimisme, j'ai nié une fois de plus (cela m'arrive souvent) la réalité de la maladie mentale.

Quand nous revenons de déjeuner, la mère m'attend pour donner le bain ; une jeune infirmière à ses côtés. La salle d'eau est plongée dans la pénombre. La mère entame le déshabillage d'un bébé qui commence à se raidir et à donner des signes de nervosité. La mère est tendue, visiblement angoissée. L'infirmière que la mère a vainement tenté d'évincer demande à allumer la lumière parce qu'elle « n'y voit rien » ! La mère, tout en continuant à dévêtir l'enfant qui maintenant pleure et se débat, refuse et nargue l'infirmière en disant d'une petite voix douce : « C'est mauvais pour les yeux des bébés et pour ceux des mamans. » Dans la petite pièce, la tension monte d'un cran.

La mère maintenant a mis le bébé dans l'eau et elle commence à le savonner. Elle fait mine d'ignorer l'infirmière et s'adressant à moi demande ce que je pense des « bébés nageurs ». Avant que j'aie le temps de lui dire tout le bien que j'en pense, elle continue en évoquant le bonheur qu'elle ressentirait à nager avec un bébé qui n'aurait pas peur de l'eau, qui sourirait sous l'eau, les yeux grands ouverts. Je vois très bien le genre d'images auxquelles elle se réfère. Elle et moi on a dû voir les mêmes films ! Mais pour l'instant on est loin du compte, et son bébé n'est pas à la fête !

Tout en parlant, elle le lave en le tenant d'une manière particulièrement maladroite et insécurisante. Ses gestes sont saccadés et on a l'impression que d'un moment à l'autre le bébé va « boire la tasse ». Quand elle le rince c'est carrément en lui jetant de l'eau à la figure. Le bébé hurle et suffoque. La scène a quelque chose de franchement équivoque, on ne sait plus très bien si elle le baigne ou si elle le noie. N'y tenant plus, d'autorité, l'infirmière rallume la lumière. La mère ne fait aucun commentaire, sort son bébé de l'eau et l'enveloppe dans un peignoir.

Les images décrites semblent donner pleinement raison aux psychiatres et à leur analyse. Il y a effectivement un énorme décalage entre le rêve de la mère, sa construction intellectuelle, « romanesque » d'une relation idyllique avec son bébé et la réalité du trouble, voire de l'échec de cette relation. Le comportement de l'infirmière venant sanctionner ce décalage. Mais moi qui suis cinéaste et non thérapeute, à tort ou à raison, je vois autre chose dans cette scène. Cette lumière qui « heurte les yeux des bébés » me ramène des années en arrière, à l'époque où les couples négociaient pied à pied pour que leur accouchement ressemble le plus possible aux « naissances sans violence » des films de Frédérick Leboyer ; où ils devaient se battre pour que les obstétriciens condescendent à baisser au maximum la lumière crue des Scialytiques.

L'accouchement de cette femme ne s'est pas passé comme elle le rêvait en secret, comme elle le « reconstruit » dans le récit qu'elle m'en fait. Son accouchement a été en réalité un désastre. Mais justement, n'a-t-elle pas besoin de le revivre symboliquement ? De le « rejouer » à la moindre occasion et surtout au moment des soins, pour tenter de réconcilier la réalité avec son rêve ? N'est-ce pas ce qui vient de se passer sous nos yeux ? Ne faudrait-il pas *entendre* ces tentatives, reconnaître leur légitimité et tout mettre en œuvre pour les accompagner ? J'ai cru comprendre que la manière de réagir de l'infirmière impliquée dans cette interaction ne faisait pas l'unanimité dans le service. Dommage donc qu'il ne m'ait pas été donné d'en voir travailler une autre parce qu'au-delà de la décision fondamentale, éminemment thérapeutique, de maintenir en pointillé le lien entre la mère et l'enfant plutôt que de le rompre, j'aurais trouvé passionnant et riche d'enseignements de pouvoir questionner les façons de s'y prendre. Malgré les efforts de Bernard Durand et de Marie-Line Marcilly, cela n'a pas été possible. Une autre fois peut-être.

Ces voies que Myriam David avait ouvertes puis explorées toute sa vie, ces voies que Bernard Durand et son équipe exploraient depuis quelques années, je devais par la suite découvrir que d'autres encore s'y étaient engouffrés. Des médecins, des psychologues, des travailleurs sociaux qui, chacun à leur place, travaillaient aussi au maintien du lien ou à l'aménagement d'une séparation le moins traumatique possible. D'autres pionniers, d'autres personnes remarquables, d'autres avocats des bébés.

Chapitre 8

Marine

« Une jeune femme enceinte, appelons-la Marine, décide de venir accoucher anonymement à Nantes, une ville où elle ne connaît personne. Accoucher sous X comme l'on dit parce qu'il est trop tard pour avorter et qu'elle a décidé d'abandonner à la naissance, ce bébé illégitime dont il lui est impossible de révéler l'existence... »

Avant que je puisse lire ces quelques lignes de commentaire sur les premières images de la deuxième partie du *Bébé est un combat* intitulée *Ces mères que l'on oublie...*, on imagine sans peine qu'il fallut dépenser pas mal d'énergie. Je dois sans doute être le premier, en France tout au moins, à avoir été autorisé à filmer l'accouchement sous X d'une jeune femme qui s'était résignée à abandonner son enfant ou plutôt comme l'on dit aujourd'hui, « à le confier en vue de l'adoption ». Accoucher sous X signifiant que la jeune femme demandait à profiter d'une disposition de la loi française lui permettant d'accoucher dans n'importe quelle maternité sans avoir à décliner son identité.

Le mérite ne m'en revient pas. Il revient à deux femmes, Sophie Marinopoulos et Sylvie Babin dont les noms seront omniprésents dans ce chapitre. Les deux « pétroleuses * » comme nous les avions surnommées affectueusement Emmanuelle Fage l'assistante de réalisation et moi-même, en raison de leur énergie volcanique quand il s'agissait de se battre contre les préjugés et de faire avancer les idées. C'est elles, avec le soutien discret de leur chef de service le professeur Patrice Lopès, qui nous déroulèrent une sorte de tapis rouge jusqu'à cette salle d'obstétrique où Marine devait finalement accoucher une nuit à six heures du matin.

Je dois de les avoir rencontrées à une autre femme, Danielle Rapoport, dont le nom, comme celui de Geneviève Appell ou de Myriam David vient tout de suite à l'esprit quand on parle de séparations et de placements, de pouponnières, *d'enfants et de parents en souffrance*. Danielle est partout, généreuse et inflexible, quand il s'agit de soutenir la cause des enfants. Dans l'édition, dans l'écriture, dans le cinéma, au G.R.E.N.N., dans les ministères, dans les séminaires et les congrès et plus encore sur le terrain. Elle sait tout, elle connaît tout le monde. Elle me fait penser à une abeille. Pas une reine, elle est bien trop industrieuse pour cela, non plutôt une infatigable ouvrière. Les bébés lui doivent beaucoup, *Le bébé est un combat* aussi.

Suite de mon commentaire : « ...Dans cette ville inconnue, seule avec ses angoisses et le flot des questions sans réponse, Marine se présente au hasard dans une maternité, celle de l'Hôtel-Dieu... Là, elle découvre l'existence d'une consultation spécialisée dans l'accueil et l'accompa-

* Pétroleuses : femmes qui défendent avec véhémence des idées résolument progressistes. (Larousse.)

gnement des futures mères en difficulté... Une chance inouïe pour elle... Cette consultation en effet, animée conjointement par une psychologue Sophie Marinopoulos et une assistante sociale Sylvie Babin, est pratiquement unique en France. »

Je voulais, je l'ai dit, aborder d'une manière ou d'une autre cette question de la *séparation*. C'est-à-dire parler des parents « indignes », des placements, des abandons, des pouponnières et en contrepoint des adoptions. Je voulais en parler si possible de façon positive en présentant les efforts de ceux qui essayaient de faire changer les choses. Des gens pour qui dire que « le bébé est une personne » signifiait vraiment une manière différente d'aborder les mères et leurs bébés y compris, dans les situations de ruptures dramatiques.

Danielle Rapoport qui revenait de Nantes me suggéra donc de prendre contact avec Sophie Marinopoulos, ce que je fis. Le premier contact entre nous fut très bon, on se trouva rapidement sur la même longueur d'onde. Très vite, elle accepta de collaborer à mon projet et de s'entremettre auprès d'une des femmes enceintes pour lui proposer de me rencontrer. Elle m'annonça que l'une d'entre elles lui paraissait susceptible d'accepter : c'était Marine.

Sophie m'avait plu tout de suite. Une psychologue comme on les aime ! Je la sentais extrêmement compétente, parfaitement au fait de la complexité de l'âme humaine, mais avec le recul suffisant pour ne pas s'y noyer. Pas une de ces psychologues insupportables avec qui rien n'est possible parce qu'à une raison de faire s'oppose toujours une raison de ne pas faire et ainsi de suite jusqu'à la paralysie. Celles-là je les connais par cœur, je les repère immédiatement. On pourrait en coller des enveloppes avec la salive que j'ai dépensée sans succès pour les convaincre d'agir !

Sophie me présenta Sylvie Babin. Ces deux-là étaient

vraiment faites pour travailler ensemble. Autant la première était déterminée mais réservée autant la seconde était de la race des fonceuses que rien n'arrête et qui ne craint personne ; l'expression « ne pas avoir sa langue dans sa poche » semblant avoir été trouvée pour elle. Rejoints par Emmanuelle Fage, l'assistante de réalisation avec qui les deux « pétroleuses » s'entendirent très vite comme larrons en foire, on conspira gaiement. Avec, en commun, une idée simple, faire changer le regard que l'on porte sur les femmes qui abandonnent, faire qu'on les accueille au lieu de les rejeter ; ne serait-ce que pour que leurs bébés souffrent moins.

Sophie : – On voudrait que le regard change sur ces femmes qui ont un projet d'abandon. C'est vraiment à l'origine de la consultation, faire que le regard des autres change vis-à-vis de ces femmes qui font un acte difficile qu'elles vont devoir assumer le reste de leur vie.

B. M. : – On parle de femmes que l'opinion publique méprise...

Sophie : – L'opinion publique ne les connaît pas et on s'est aperçu en commençant que nous ne les connaissions pas non plus. Et c'est vrai qu'au travers de cette consultation on a envie de les faire connaître, pas seulement reconnaître, les faire exister. Mais pas seulement pour les femmes pour leurs enfants aussi, parce que ces bébés-là ils continuent, ils vont aller en pouponnière ou en famille d'accueil attendre leur famille adoptive, ils ont une vie à mener.

B. M. : – Est-ce que l'on peut dire qu'en jugeant ces femmes, on fait du mal aux bébés qu'elles portent ?

Sophie : – Certainement... On fait du mal aux bébés.

Sylvie : – C'est clair ! C'est douloureux, c'est déjà assez difficile pour un enfant ou pour un adulte de vivre avec l'idée que votre mère vous a abandonné. Si, en plus, la Société ne véhicule sur ces femmes que des images négatives, cela devient insupportable. L'idée qu'on est issu d'une mauvaise mère...

B. M. : – D'un monstre d'égoïsme ?

Sylvie : – ...Oui c'est très dur à porter.

B. M. : – Est-ce que cela a été très difficile d'imposer cette consultation ?

Sylvie : – C'est-à-dire que l'on partait de rien ! Des femmes arrivaient à l'hôpital pour accoucher en urgence, avec une détresse abominable, dans des conditions extrêmement douloureuses pour tout le monde, pour elles, pour l'enfant, pour le personnel. Puisque c'étaient des femmes qui arrivaient à dilatation complète, ou même qui arrivaient avec le bébé dans les bras, un bébé qui était né à domicile, et qui repartaient dans les deux ou trois heures qui suivaient, sans rien dire, contre avis médical...

Ce dont Sylvie ne me parlait pas, c'était de l'accueil que l'on réservait à ces femmes, de la violence des réactions de certaines sages-femmes, des réflexions désobligeantes, de l'absence totale de la moindre compassion. Si ces femmes, un peu partout en France, arrivaient à la dernière minute pour accoucher c'est aussi qu'elles ne se faisaient aucune illusion sur la manière dont elles allaient être reçues. Sans parler des pressions pour qu'elles reviennent sur leur décision.

B. M. : – Qu'est-ce que vous avez essayé de mettre en place avec cette consultation ?

Sylvie : – Ce qui nous paraissait essentiel, c'était de proposer aux femmes un accueil et un suivi médical comme pour n'importe quelle autre grossesse. Que ces femmes soient accueillies le plus tôt possible et qu'elles puissent parler à quelqu'un. Parce que l'on sentait bien leur grande détresse, un grand isolement, mais en deux ou trois heures on ne pouvait pas faire qu'elles aillent bien : on parait au plus pressé, les choses matérielles... Donc on a essayé de mettre en place un accompagnement, qu'elles puissent parler de cette grossesse et de ce bébé pour que l'accouchement se passe le moins mal possible et que la séparation se passe aussi le moins mal possible même si l'on n'évite pas la douleur de cette séparation.

Un jour, le coup de fil que nous attendions en provenance de Nantes arriva. Sophie nous informait que Marine, avec qui Sylvie et elle avaient rendez-vous, acceptait que nous filmions la consultation. C'était un accord ferme, elle ne demandait même pas à nous rencontrer avant. Sophie au téléphone avait ce qui devait être sa voix des grands jours. Notre « projet » prenait tournure.

Le rendez-vous était fixé, quelques jours plus tard, pour le début de l'après-midi. Emmanuelle Fage et moi, nous arrivâmes de Paris en train et Michel Bonne, le cameraman qui résidait à La Roche-sur-Yon arriva en voiture avec l'ingénieur du son qui n'était autre que son fils Thomas. Michel et moi, on se connaît depuis trente ans, depuis l'I.D.H.E.C, l'école de cinéma que l'on a fait sur les mêmes bancs. Mais on n'est vraiment amis que depuis une vingtaine d'années, depuis que l'on travaille ensemble et l'on n'a ni l'un ni l'autre l'intention de devenir président de la République. Michel a été le cameraman de la plupart des grandes séries de Daniel Karlin, « L'Amour en France », « Justice en France », « L'Hôpital d'Armantières » ; filmer les situations délicates il fait cela vraiment très bien.

A l'heure dite, nous sommes en face de Marine, d'abord sans caméra, un peu tassés dans un minuscule bureau, tandis qu'à côté, dans le bureau de la consultation qui n'est guère plus grand, Michel et Thomas installent le matériel de prise de vues. Nous sommes tous assez émus sauf peut-être Marine elle-même que sa situation oblige à contrôler ses émotions en permanence. Je ne peux quasiment rien dire sur Marine, ni la décrire, ni donner les raisons pour lesquelles elle se voyait obligée d'abandonner son bébé. L'engagement que je prends ce jour-là, vis-à-vis d'elle étant de strictement protéger son identité.

Même son prénom est faux, nous lui en choisissons un tous ensemble, Sophie, Sylvie, Emmanuelle et moi, dans ce petit bureau, avant de commencer le tournage. Je crois bien que c'est moi qui propose « Marine », sans me rendre compte qu'en lançant ce prénom, immédiatement adopté par tous, je relie inconsciemment Sophie dont le nom de famille est « *Marino*poulos » à l'histoire de cette femme.

La situation est étrange, insolite, je n'en prends vraiment la mesure qu'en me retrouvant en face de Marine. Je réalise notamment que dans dix-huit ans, son enfant pourra venir me demander des renseignements sur sa mère et que donc, elle et moi, nous nous engageons dans une relation à long terme. Il est convenu qu'il lui appartiendra quand elle le souhaitera de me dire ce qu'elle veut que son enfant sache d'elle. Cela étant susceptible d'évoluer dans le temps si sa propre situation changeait. Je lui fais part de mon désir de suivre toutes les étapes de la séparation et, en particulier, de filmer son accouchement, ce qu'elle accepte comme une chose évidente. Et puis la consultation commence menée conjointement par Sylvie et Sophie.

Sophie : – La dernière fois que l'on s'était vues, c'était il y a environ deux semaines, vous commenciez à vous poser des questions à propos de l'accouchement...

Marine : – Je ne savais pas trop comment cela allait se passer... est-ce que l'on allait me prendre tout de suite le bébé, me l'arracher des mains... je ne savais pas où est-ce qu'il allait aller, si on allait me le laisser un petit peu... s'il fallait que moi je prépare la séparation... je ne savais pas comment est-ce que j'allais faire ?

Sylvie : – Vous avez envie de quoi Marine ?

Marine : – Enfin moi... je désirerais bien qu'on me le laisse un petit peu... C'est très important pour moi... j'aurais aimé le voir, le prendre un petit peu... lui parler quoi... lui dire quelque chose quand même...ne serait-ce que bonjour...

Sylvie : – Mais c'est tout à fait possible ! C'est ce que l'on vous disait au tout début : C'est vous qui allez nous guider et nous on va vous suivre. Nous guider dans vos désirs, dans vos besoins, sachant que vous pouvez aussi changer d'avis et que l'on se réadaptera.

Marine : – D'accord.

Sophie : – Par rapport à ces images très violentes où on vous arrache ce bébé ?

Marine : – Oui, je me disais que si je vous le confie, cela veut dire que vous allez le prendre et partir avec lui. Il y a coupure, il n'y a plus rien, on ne se connaît plus... Cela me fait un peu peur cette manière de se séparer. Je ne voudrais pas que cela se passe ainsi, brutalement... que ce soit difficile pour moi... parce que j'imagine très mal un enfant tout seul sans sa mère.

Sophie : – Ce projet que vous avez de mener une vie séparée de cet enfant ne veut pas dire que vous ne voulez pas avoir un moment avec lui à la naissance. C'est ça ?

Marine : – Tout à fait, je le porte en moi, je ressens beaucoup de sensations, il y a beaucoup de choses qui se passent entre nous et donc j'aimerais bien pouvoir m'en occuper un petit peu...

Sylvie : – Vous lui parlez ?

Marine : – Oui, de temps en temps, quand il bouge beaucoup... Je lui dis : « doucement...doucement », je tapote mon ventre pour qu'il puisse y avoir un petit lien entre nous...

Sophie : – Quand vous dites, « vous en occuper » ?

Marine : – Je pense, enfin j'aimerais qu'il vienne un petit peu avec moi dans ma chambre, l'habiller, pouponner (petit rire gêné), le bichonner, enfin faire tout ce qu'il faut faire avec un bébé... Et puis lui dire qu'il aura d'autres parents, que je ne serais pas toujours là...

Sophie : – Pour vous, le préparer à la séparation c'est pouvoir lui parler et le lui dire vous ?

Marine : – Ben oui ! Je pense qu'il faut que je le lui dise moi, parce que je crois qu'il a vécu avec moi quand même, donc il faut que je le lui dise, que ce soit pas une autre personne, parce que ça c'est nul.

Plus tard, quand la tension se relâchera dans la pièce, quand mon regard cessera d'aller de Sylvie et Sophie à Marine, quand Michel devra couper pour changer de cassette, alors je regarderai Emmanuelle pour vérifier que je ne suis pas le seul à être ému, qu'elle aussi est sensible au décalage troublant entre le projet d'abandon que l'on sait et le discours que l'on entend. Quand on est réalisateur et que l'on filme on a sans cesse besoin d'être rassuré sur l'intérêt de ce que l'on « met dans la boîte ».

Mais Emmanuelle est bien plus émue que moi. Elle a complètement oublié que nous tournons un film et elle va mettre un bon moment à s'en souvenir. Elle me fait penser à moi, vingt ans plus tôt quand avec Daniel Karlin nous tournions « Le Portrait de Bruno Bettelheim ». Il n'arrêtait pas de me rappeler à l'ordre parce que j'étais constamment dans un état second. Emmanuelle est bouleversée, des larmes plein le visage, son apparente frivolité coutumière envolée.

B. M. : – Est-ce que l'on peut parler un peu de ces femmes qui abandonnent parce que vous disiez tout à l'heure que l'on ne les connaît pas et c'est vrai que le discours de Marine va en surprendre beaucoup ?

Sophie : – En général, ce sont des femmes qui arrivent avec un déni de grossesse, c'est-à-dire qu'elles arrivent, elles viennent de se rendre compte qu'elles ont un gros ventre et comme par hasard le délai des trois mois pour l'interruption légale de la grossesse est écoulé. Alors au début elles parlent de ce gros ventre, elles disent qu'elles sont enceintes mais elles parlent en termes très généraux...

B. M. : – Elles ne parlent pas du bébé ? Il n'existe pas ?

Sophie : – Non. Au début, et même lors des premiers entre-

tiens, il n'y a pas de bébé. C'est seulement après qu'elles commencent à parler du contenu du ventre, que tout doucement le bébé apparaît, cela prend du temps, c'est elles qui vont à leur rythme... Elles font vraiment prendre corps au bébé. A ce moment-là elles commencent à se projeter dans la séparation qu'elles tentent de maîtriser au mieux.

Sylvie : – Au début, elles poussent leur ventre avec violence, elles ont des gestes très brusques sur ce truc qui les gêne, et puis on remarque au fur et à mesure des entretiens que les gestes s'arrondissent, deviennent beaucoup plus doux, plus enveloppants, et vers la fin on a des femmes enceintes qui posent leur ventre à la consultation en l'entourant de leurs mains.

B. M. : – On s'imagine plutôt des pauvres filles ou de très jeunes adolescentes, Marine n'a pas bien le profil, elle a presque trente ans, elle n'est pas sans ressource, elle sait ce qu'elle dit, elle sait ce qu'elle veut...

Sophie : – On a des images toutes faites sur ces femmes qui ont des projets d'abandon. On veut qu'elles ne soient pas trop proches de nous donc qu'elles soient en difficulté sociale ou que ce soient de très jeunes adolescentes mais ces catégories ne sont pas représentatives de la population que l'on reçoit. Toutes les tranches d'âge sont concernées et tous les milieux aussi.

Sylvie : – Pour envisager un acte d'abandon, il ne faut pas être en trop grande carence affective – je parle des femmes que nous rencontrons –, il faut être assez bien construite à ce niveau parce que les femmes en trop grande carence affective n'arriveront pas à envisager l'abandon, elles vont essayer de se remplir avec ce bébé, de combler leurs manques avec ce bébé. C'est très rare de voir les femmes en grande détresse sociale, c'est vraiment pas la majorité, envisager l'abandon.

B. M. : – Ce serait presque une certaine qualité d'acte ?

Sylvie : – Oui.

B. M. : – Est-ce que cela veut dire que, dans votre esprit, les enfants en position d'être abandonnés ne sont pas dans la pire des situations ?

Sylvie : – Oui, je pense oui !

Sophie : – Ces bébés vivent avec leur mère une séparation et il y a une préparation à cette séparation. Et les mères qui viennent à la consultation viennent pour que cela aille le moins mal possible. Cela ne veut pas dire qu'il n'y a pas de souffrance, c'est impensable encore une fois qu'il n'y ait pas de souffrance dans une séparation comme celle-là, mais on est en présence d'un acte maternel douloureux, difficile, et cela aussi c'est quelque chose que l'on n'imagine pas encore dans notre pays, on ne peut pas imaginer qu'une femme, une mère puisse abandonner son enfant, immédiatement : « Ce n'est pas une mère » !

B. M. : – Et les femmes que vous rencontrez ?

Sophie : – Ce sont des mères. Ce sont des mères avant tout...

B. M. : – Elles le sont avant de vous rencontrer ou parce qu'elles vous rencontrent ? Ont-elles d'emblée cette attitude qui consiste à être des mères qui transmettent des bébés à d'autres mères ?

Sophie : – Quand elles viennent à la consultation, on les écoute et elles s'écoutent et elles découvrent ce qui se passe en elles.

B. M. : – Et c'est ?

Sophie : – Je vais avoir un bébé et ce bébé est un individu et cet individu je veux qu'il aille bien en dehors de moi. Ce que disait Sylvie est vrai, des mères extrêmement carencées ne peuvent pas supporter l'idée que leur bébé puisse aller bien en dehors d'elles. Elles ont besoin de ce bébé pour aller bien, ce qui n'est pas le cas des mères qui posent des actes d'abandon.

Dans le film, sur des images de Marine pendant le travail de l'accouchement, je fis ce commentaire : « A Nantes comme partout, avant que cette consultation ne soit créée, les femmes comme Marine n'existaient pas aux yeux des professionnels... Elles n'étaient qu'un *ventre* dont il s'agissait d'extraire au plus vite un bébé... Un bébé avec lequel elles n'avaient rien à voir puisqu'elles voulaient l'abandonner...

Mais, un jour, on mesurera à quel point mépriser ces femmes faisait souffrir leur enfant. »

Ce texte faisait écho à ce que disait Sophie mais synthétisait aussi la teneur de quelques autres rencontres que j'avais faites. J'avais appris par exemple que si le personnel féminin était soit méprisant soit agressif avec ces femmes, les obstétriciens eux-mêmes étaient totalement désemparés face à elles, ne sachant quoi leur dire, tous leurs points de repère habituels ayant disparu. Je savais que souvent, sans raisons médicales on endormait ces femmes – cela se fait moins paraît-il – ce qui ramenait cet accouchement insolite à une simple intervention où l'on est dispensé de tout contact humain. Quand la mère se réveillait, le bébé n'était plus là, le médecin non plus, tout était terminé.

Pourtant, après avoir entendu Marine et écouté Sophie et Sylvie, il me paraissait possible pour des accoucheurs de faire un bout de chemin avec ces femmes, qui soit gratifiant pour elles et pour eux et qui épargne au bébé à naître beaucoup de violences indélébiles. Pourquoi ? Comment ? D'abord ces mères, contrairement à ce que l'on aurait pu penser, n'étaient absolument pas des infanticides en puissance ; sur ce point Sylvie et Sophie disaient contredire Catherine Bonnet, psychanalyste et auteur de deux livres sur le sujet : *Geste d'amour* et *Les Enfants du secret*. Elles insistaient sur le fait que ces mères s'étaient arrangées pour ne pas se rendre compte qu'elles étaient enceintes tant qu'une interruption de grossesse était légalement possible. Une preuve s'il en était besoin qu'elles voulaient que cet enfant vive.

Et pour couronner le tout, si au lieu de les juger sans les entendre, si au lieu de leur enfoncer la tête sous l'eau, on leur donnait le temps et un espace pour s'exprimer, il s'avérait qu'elles étaient avant tout des *mères* très désireuses que tout se passe bien pour le bébé. N'y avait-il pas là une carte à jouer, un formidable terrain d'entente entre une sage-femme, un obstétricien et ces femmes ? *L'intérêt du bébé* n'était-ce pas une préoccupation qui pouvait souder positivement ces mères et les professionnels, leur permettre de jeter les bases d'une relation, le temps d'une visite gynécologique, d'une séance d'échographie, d'un accouchement, d'une rencontre même brève ?

Mais donner la parole à ces femmes, commencer à leur reconnaître le droit d'exprimer des désirs, voire même de se mettre à formuler des exigences, les « faire exister », je me rendis compte très vite que cela bousculait le bel ordonnancement du jeu de quilles social. Suscitant les réactions outrées de ceux à qui le silence traditionnel, la réserve « naturelle » que somme toute on était en droit d'attendre de « ce genre de femmes », avaient permis de prendre leurs aises et qui s'étaient benoîtement installés dans la prise de pouvoir sans partage sur ces bébés. Je veux parler des représentants des institutions chargées de les recueillir.

Dans la petite pièce, au rez-de-chaussée de la maternité de l'Hôtel-Dieu, Marine continuait de sa voix douce, en contenant pudiquement ses émotions. Elle abordait le chapitre de la transmission...

Marine : – Je vais faire une petite cassette, lui enregistrer quelque chose, et aussi lui laisser des petites affaires que j'ai préparées et voilà... Je ne veux pas écrire mais j'ai envie de lui laisser...ma voix. Et puis de lui laisser des petits conseils que j'aimerais bien qu'il suive...

Sophie : – Des conseils ?

Marine : – Oui, parce que j'aimerais bien qu'il soit sage, qu'il soit obéissant, qu'il pousse bien, qu'il poursuive bien sa route avec les parents qu'il aura. J'aimerais bien aussi qu'il leur fasse confiance, qu'il parle avec eux, qu'il n'hésite pas parce que souvent c'est très difficile de parler avec ses parents, toutes ces choses sont importantes pour moi... Et puis il y a moi, il y a mon origine, il y a ce que j'ai envie de dire de moi, ce que j'ai fait, qui je suis, quel a été mon parcours, donc j'aimerais bien qu'il le sache aussi; qu'il ait des éléments pour m'imaginer.

Sophie : – Lui expliquer pourquoi vous avez pris cette décision ?

Marine : – Tout à fait. Parce que cela a été très difficile pour moi.

Sophie : – Ça l'est encore...

Marine : – Oui toujours. Comme j'ai l'intention de ne laisser mon identité nulle part et qu'il lui sera impossible de me retrouver, je veux qu'il ait le plus d'éléments possible, pour qu'il soit heureux, qu'il n'aille pas chercher ailleurs...

Sylvie : – Chercher des réponses ?

Marine : – Oui, je vais le lui dire dans la cassette de ne pas chercher ailleurs. Qu'il se contente de ce petit plus que je vais lui laisser.

Sylvie : – Pour qu'il soit heureux ?

Marine : – Oui... Si je ne laisse rien, un jour ou l'autre il va dire à ses parents adoptifs : « Vous n'êtes pas mes parents, qui sont mes parents ? » Donc pour qu'il ne se pose pas cette question à laquelle ses parents ne sauraient pas quoi répondre, il y aura cette cassette...

Sophie : – Pour qu'il n'y ait pas de trous dans son histoire ?

Marine : – Voilà. Parce que c'est pas marrant pour quelqu'un de ne pas avoir de réponses.

Que faire de cette cassette ? Question simple, réponse compliquée. Marine ne voulait pas la joindre au procès verbal d'abandon. Elle ne voulait pas que les gens de la D.D.A.S.S. l'écoutent et elle avait peur qu'ils la remettent aux parents adoptifs avec le bébé et que ceux-ci considérant qu'il s'agissait d'une ingérence de Marine dans leur vie privée décident de la détruire. L'idée de Marine donc c'était de la confier à Sylvie et Sophie. Le problème c'était que Sylvie et Sophie n'étaient pas habilitées à garder un document concernant un bébé confié à l'adoption. L'auraient-elles fait qu'elles déclenchaient sur leurs têtes les foudres de l'institution de tutelle qui considère devoir tout savoir sur l'enfant et ne rien devoir lui échapper.

C'était l'impasse. Alors, considérant que cette femme avait le droit de vouloir que cette cassette parvienne à son enfant à sa majorité sans être écoutée ni détruite, j'eus l'idée, certainement calamiteuse du point de vue des gens de la D.D.A.S.S., de faire appel à un notaire. Je proposai de lui confier la cassette et de mentionner l'existence de ce document et le nom du notaire sur le procès verbal. En définitive, et comme Marine refusait aussi la solution du notaire, je lui offris d'être le dépositaire de la cassette ce qu'elle accepta aussitôt. A ce jour, je ne l'ai pas reçue.

Sophie : – On en est encore aux prémisses de la reconnaissance de cet acte d'abandon. Ce qui est reconnu c'est qu'il y a des femmes qui abandonnent, on s'interdit de plus en plus de les juger mais on n'en est pas à leur donner la parole ni à entendre ce qu'elles disent.

B. M. : – A prendre acte de ce qu'elles veulent?

Sophie : – Ce qu'elles veulent, ce qu'elles souhaitent. Quelque part il y a dans les têtes : Elles ont posé un acte d'abandon donc elles ne peuvent pas formuler de souhaits sans parler d'exigences par rapport à cet enfant. Alors qu'elles sont quand même biologiquement mais aussi légalement les mères de ces enfants pendant les trois premiers mois. Donc il va falloir passer à la vitesse supérieure et tenir compte de leur parole.

B. M. : – Ce qui ne va pas sans poser quelques problèmes...

Sylvie : – C'est vrai que nous sommes à l'heure actuelle confrontées à notre propre pratique à savoir que ce bébé prend corps pour ces femmes et qu'elles commencent à vouloir leur laisser des objets, des vêtements, des jouets, de l'argent, des lettres, des éléments de leur histoire. Et nous on sait que les lettres seront lues, que c'est la famille adoptive qui est garante des biens de l'enfant et que tant qu'il est mineur, elle a tout pouvoir sur ses objets. Alors nous on se sent tenues de prévenir les femmes que cela se passe ainsi et les femmes ne veulent plus rien confier aux autorités de tutelle et on commence à faire figure d'empêcheur de tourner en rond...

B. M. : – Mais que dit la loi ?

Sylvie : – Rien ! Là-dessus la loi ne dit rien, et notre sentiment c'est que l'on va se trouver confrontés à la nécessité de réaménager les choses...

Nous étions rentrés à Paris depuis quelques semaines quand nous reçûmes un nouvel appel téléphonique de Sophie : Marine allait accoucher dans les heures qui venaient, elle nous attendait. Emmanuelle et moi reprîmes le train, Michel et Thomas la route. Pour Thomas et Emmanuelle, l'accouchement de Marine constituait une première, ils n'en avaient jamais vu ni l'un ni l'autre.

On se retrouve tous à Nantes et l'attente commence. Emmanuelle et moi nous allons rendre visite à Marine dans sa chambre d'hôpital.

B. M. : – Vous avez imaginé votre accouchement ?

Marine : – Oui. Oh OUI *!*

B. M. : – Comment voudriez-vous que ça se passe ?

Marine : – Je veux être juste avec les gens qui m'ont suivie tout le temps, qui ont été là pour m'aider, lorsque... Enfin... Lorsque le moral a chuté, qui ont pu m'aider, donc je ne veux pas que ce soit d'autres personnes, à part les gens qui m'ont suivie.

B. M. : – Sylvie et Sophie ?

Marine : – Oui, quand je me suis retrouvée enceinte, je ne pouvais plus faire d'interruption, je ne savais plus du tout quoi faire, ça n'allait pas du tout dans ma tête, j'ai cherché de l'aide et elles étaient là... Elles m'ont expliqué ce que cela voulait dire abandonner un enfant, elles m'ont réconfortée, je me suis sentie très en sécurité avec elles.

B. M. : – Est-ce que vous n'avez pas envie par exemple d'être endormie au moment de l'accouchement ?

Marine : – Pas du tout. Non. Non quand même, j'ai envie de vivre les choses ! J'ai envie de voir mon bébé quand même hein...

B. M. : – Certaines femmes au contraire ne veulent pas le voir !

Marine : – Ah ben non, j'ai envie de le voir ! (long silence) j'ai envie de voir s'il a beaucoup de cheveux (petit rire), j'ai envie de voir s'il est gros, s'il est petit, si... Enfin...

B. M. : – Si vous avez bien fait votre boulot ?

Marine : – (Rires) Voilà !

B. M. : – C'est quelque chose que vous avez voulu : donner comme ça un beau bébé ?

Marine : – Mais bien sûr ! J'aimerais qu'il soit vraiment beau, merveilleux, j'ai tout fait pour ça, j'ai fait très attention...

Elle est très calme, elle maîtrise parfaitement la situation. Elle attend sereinement l'épreuve de la naissance. Elle affirme qu'elle se sent bien, qu'elle a fait le maximum pour mettre au monde un bébé en bonne santé et qu'il lui reste ce moment à vivre qu'elle veut vivre *pleinement* pour que tout soit consommé. Sans que je lui demande quoi que ce soit, elle déclare *a priori* ne pas vouloir de péridurale.

La journée se passe sans que Marine soit disposée à accoucher et l'on prend des chambres d'hôtel dont on communique les numéros à Sylvie et Sophie. A trois heures du matin, elles nous réveillent pour nous dire que c'est parti et qu'elles passent nous prendre ; rendez-vous dans le hall.

Un quart d'heure plus tard nous sommes en bas, Sylvie et Sophie arrivent. La première chose qu'elles nous apprennent, c'est que Marine est déjà en salle d'accouchement avec la sage-femme et qu'on lui a fait une péridurale.

Je suis fou de rage contre l'équipe obstétricale d'une part parce que j'ai l'impression qu'ils nous ont prévenus trop tard (bêtise ou malveillance ?) et que par leur faute ce tournage capital que nous préparons depuis des mois va capoter, d'autre part parce que j'ai l'impression, qu'une fois de plus, en lui faisant d'office une péridurale dont elle ne voulait pas, on n'a tenu aucun compte du désir profond d'une femme et qu'on lui vole son accouchement. Sur le chemin de la maternité, dans la voiture où je me trouve avec Sylvie, Sophie et Emmanuelle, habitué que je suis à ce que nous soyons sur la même longueur d'onde, je laisse éclater ma rage sans imaginer un instant les choquer : « Comme ça c'est parfait on aura un accouchement sans émotions ! » Pour moi j'énonce une évidence.

Mais toutes les trois me regardent totalement offusquées. Je m'en rends à peine compte tellement je suis furieux. Avec le recul je crois que derrière cette phrase, trop lapidaire pour n'être pas maladroite, il y a mon angoisse de passer à côté du moment clef de cette séquence mais plus encore, profondément enfoui dans mon inconscient, « trahi » par l'administration de cette maudite péridurale, il y a l'espoir diffus, insensé qu'à la dernière minute on va assister à un miracle; que sous l'empire de l'émotion justement, Marine va revenir sur sa décision présentée comme irrévocable et qu'elle va garder son enfant. Je pense aujourd'hui que péridurale ou pas, Marine ne serait jamais revenue sur sa décision. Mais, sur le coup, je ne pouvais m'empêcher de ressentir que faire une péridurale à cette femme-là c'était presque un crime : on enlevait sa dernière chance au bébé.

On arrive en trombe à la maternité. En fin de compte

tout va bien. Marine n'est pas encore à dilatation complète, l'accouchement n'est pas pour tout de suite. La sage-femme, Charlotte Raulin, est jeune, chaleureuse, sympathique, elle s'excuse de ne pas nous avoir fait prévenir plus tôt. Visiblement, elle n'avait pas la moindre intention de nous mettre des bâtons dans les roues. Sophie me souffle que l'on a de la chance que ce soit elle qui soit de permanence cette nuit-là. Elle n'a pas tort, je m'en rendrai compte le lendemain à la relève.

Quant à la péridurale, elle l'a proposée parce que Marine commençait à avoir mal, comme l'aurait fait n'importe quelle autre sage-femme dans n'importe quelle autre grande maternité et Marine l'a acceptée. Charlotte sûre de son bon droit ne comprend rien à ma colère froide qu'elle ne peut que constater. Elle se demande visiblement quelle mouche me pique. En ce qui la concerne, elle fait comme elle a toujours vu faire et comme elle a appris. Un accouchement très médicalisé avec les étriers, les champs opératoires, le monitoring constant, la perfusion avec le produit pour accélérer chimiquement le rythme naturel des contractions, et la péridurale en prime ! Point final. On ne va pas refaire l'obstétrique cette nuit-là !

L'accouchement suit son cours. Un accouchement calme, silencieux, tandis que la ville dort. Emmanuelle et Thomas se tiennent bien. Le second un peu blanc à certains moments, la première remuée de fond en comble. Un accouchement totalement insolite, profondément perturbant qui se déroule comme n'importe quel autre accouchement, avec une excitation qui grandit à mesure que se rapproche le moment de voir apparaître la tête du bébé, mais un accouchement sur lequel plane l'attente de ce dénouement inédit et menaçant qui s'annonce. Trois heures se passent, une dernière contraction, le bébé est là.

– Allez, viens ! Je sors son petit bras... Je dégage

l'épaule postérieure pour que ce soit moins large... voilà ! Regardez, c'est sa petite main, vous pouvez l'attraper si vous voulez... soufflez bien, soufflez bien... voilà mon petit père... voilà, vous pouvez l'attraper votre bébé... voilà comme ça... Bonjour maman, bonjour maman...

Marine a demandé qu'on lui pose son bébé contre la poitrine, sinon Charlotte ne se serait pas permis de le faire. C'est très violent de poser de force un bébé sur la poitrine d'une mère qui va l'abandonner si elle n'a rien demandé. C'est beau aussi que Charlotte ait appelé Marine, « maman ». Entre les deux femmes le courant passe. Charlotte s'approche du haut du corps de Marine, soulève le bébé pour l'essuyer un peu.

– Attends mon bébé, que je te regarde d'un peu plus près... que je te frotte un petit peu... bonjour chaton...

On entend Marine dire : « Il pleure pas ? »

– Mais si, il va pleurer (comme en écho le bébé à cet instant précis se met à pleurer. Encore un simple hasard ?) son cœur est bien rapide, comme il faut. Voilà !

– Il est 6h30, dit Claire Lemaitre, l'aide-soignante discrète et efficace qui s'approche de Marine. C'est elle qui va prendre et emmener le bébé dans quelques secondes, quand Marine va murmurer : « Prenez-le, ça suffit. » C'est elle encore qui donnera son premier bain au bébé après que Charlotte eut fini de l'aspirer pour lui dégager les bronches.

Sur toutes ces images du corps du bébé qui s'éloigne lentement du corps de la mère, passant de main en main, trop vite à notre gré nous qui aimerions que le temps s'étire pour freiner sinon empêcher cette séparation inéluctable, on entendra, off dans le film, la voix de Marine qui continue son dialogue avec Sylvie et Sophie :

Marine : – Je n'aurais pas envie qu'il soit un petit peu perdu comme un enfant qu'on a laissé là, petit jouet qu'on a laissé sur une table, n'importe qui peut le prendre en faire ce qu'il veut, non, je n'aimerais pas ça du tout.

S. : – *Ce sont des craintes que vous avez ?*

Marine : – *Oui, c'est quelque chose qui revient souvent dans ma tête. Je me demande tous les jours ce que vous allez en faire... Je n'aimerais pas qu'il soit laissé tout seul, qu'il passe de main en main, ce n'est pas une vie pour un enfant. Moi je n'ai pas été élevée comme cela, j'ai eu un père et une mère, donc je ne veux pas que lui soit ballotté de droite à gauche... Vous ne lui avez trouvé personne pour l'instant ?*

S. : – *D'abord vous savez qu'il y a un délai légal de trois mois pendant lequel il ne peut pas être adopté. Ensuite l'Aide sociale à l'enfance a une liste immense de parents qui attendent. Si vous avez des souhaits par rapport à cette famille adoptive, on peut essayer de les transmettre au maximum. Mais dans la semaine qui suit les trois mois, l'enfant est adopté.*

S. : – *Comment vous est venue l'idée qu'il pouvait être laissé dans un petit coin ?*

Marine : – *Lorsque l'on me dit qu'il sera par exemple en pouponnière, je pense qu'il y a beaucoup de gens qui y travaillent, donc ce sera un jour madame Untel ou mademoiselle Untel, ces gens-là, est-ce qu'ils vont s'en occuper ? Est-ce que ce ne sera pas un petit objet ? Il est là, il n'a pas de parents, sa mère on ne sait pas qui elle est, son père on ne sait pas qui il est, on l'a amené là, on s'en occupe comme, je ne sais pas moi...une petite poupée. Il mange, il boit, il fait pipi et puis au lit quoi ! Il n'y a pas de raison qu'on s'en occupe autrement..*

S. : – *Comme s'il n'y avait rien d'affectif, comme si cela allait être mécanique ?*

Marine : – *Oui. Ce sont des gens qui travaillent dans un service, donc qui ne s'impliquent pas vraiment. Il ne va pas naître de sentiments entre une femme qui travaille et un petit bébé qui est là... C'est une journée de travail quoi !*

S. : – *Alors contrairement à ce que vous imaginez, ce sont des bébés très entourés ces bébés-là... C'est eux qui sont pris les premiers, qui sont lavés ou nourris les premiers, qui sont consolés les premiers parce que justement on sait que personne d'autre ne viendra le faire...*

Marine a prénommé son bébé Alain. Elle est restée à sa demande un long moment seule, avec lui dans sa couveuse. Quand nous revenons dans la salle, elle nous dit avoir la sensation étrange que le bébé la cherche constamment du regard, et c'est vrai, il tord le cou dans sa direction. Deux heures se sont écoulées depuis la naissance d'Alain, la maternité s'anime, c'est l'heure du changement d'équipe. On entend une sage-femme (mérite-t-elle vraiment ce nom ?) qui vient d'arriver dire à voix haute : « Elle est encore là celle-là ? Elle l'abandonne ou elle l'abandonne pas son gosse, faudrait savoir » ? De la poésie à l'état pur ! Ce qui m'horripile avec ce genre de femmes, c'est qu'en plus elles se prennent pour de grandes professionnelles ! Pour moi c'est juste une imbécile nuisible qui commet cette erreur très répandue de se croire chez elle dans le service où elle travaille. Passons. Mais Sophie avait raison, on l'a échappé belle !

Marine regagne sa chambre. A cet instant on ne sait pas encore si elle reverra Alain une dernière fois. Elle dit qu'elle ne veut rencontrer personne, qu'elle ne supportera pas de voir d'autres femmes s'occuper de son bébé. Dans le couloir, tandis que Charlotte roule son lit vers sa chambre, elle jette un regard noir aux deux femmes du service de néonatalogie qu'elle croise et qui viennent chercher son fils. Elle ne sait pas encore qu'à deux heures du matin, en larmes, elle sonnera à leur porte pour le voir et le prendre dans ses bras.

Dans la salle d'accouchement, Alain est resté seul dans sa couveuse. Mais déjà se présentent les deux femmes entrevues par sa mère. L'une d'entre elles se nomme Nathalie

Buendia. C'est la première étrangère qui va le prendre en charge. Quand elle s'approche pour le changer de couveuse et le préparer pour son premier voyage, pas une seule seconde Alain n'ouvre les yeux... Dans le film, sur les images de la couveuse circulant dans des couloirs qui semblent soudain interminables et franchissant des portes dont l'ouverture bruyante évoque celles des prisons, on entendra une dernière fois Marine...

Marine : – Il fallait que je m'en occupe jusqu'au bout, pour qu'il soit bien, qu'il soit heureux. Il fallait que je fasse un petit bout de chemin, le petit bout de chemin qu'il y avait à faire, le faire correctement et puis bon après être... disons bien ! Savoir qu'il est heureux, qu'il est bien, qu'il a des gens avec lui, qu'il a des bons parents.

Sophie : – Alors vous savez qu'il y a le secret de l'adoption, est-ce que c'est clair pour vous ? Quand vous dites « je saurai qu'il va bien », est-ce que vous pensez le voir de temps en temps, avoir de ses nouvelles ?

Marine : – Avoir de ses nouvelles ce serait un peu difficile et puis je n'y tiens pas trop parce que cela gâcherait le parcours qu'il doit faire avec ses parents adoptifs...

Sophie : – Vous ne voudriez pas être une gêne ?

Marine : – Voilà, et puis je ne voudrais pas que ses parents adoptifs pensent que je m'introduis dans la relation avec lui, ce n'est pas quelque chose à faire.

Sophie : – C'est-à-dire la séparation que vous avez préparée est définitive, ce n'est pas une séparation, pour d'ici vingt ans reprendre une relation ?

Marine : – Tout à fait. Je suis sûre, je sais au fond de moi que j'ai pris mes responsabilités, que j'ai fait le bon choix, que j'ai bien préparé la séparation donc je me sens bien, je suis en règle avec ma conscience.

La nuit qui a suivi l'accouchement, Marine, bouleversée, s'est donc présentée à deux heures du matin devant la porte du service de néonatalogie pour voir son fils. Il faut saluer le fait qu'on lui ait ouvert et surtout qu'on ait assumé le risque de la laisser seule avec son enfant dans une petite pièce. C'est Nathalie qui a eu ce courage, mais cela s'explique par le fait qu'elle connaît Sylvie et Sophie, qu'elle comprend le sens de leur travail et partage leurs idées.

Marine a été soulagée de savoir le bébé entre les mains de Nathalie, « une femme gentille qui l'aime beaucoup ». Nathalie a installé le bébé et sa mère dans une petite pièce et Marine a pu « pouponner et bichonner » Alain selon son désir. Cette nuit-là, elle lui a dit pourquoi elle était obligée de l'abandonner mais elle ne lui a pas encore dit « au revoir » (elle n'emploie pas le mot « adieu ») et se réserve de le faire plus tard. Elle se dit très contente de lui : « Il est sage comme je le voulais, il est calme, il est doux. J'espère que cela va continuer ainsi. J'ai l'impression qu'il a entendu mes souhaits. Je voulais qu'il soit sage et gentil avec tout le monde. »

C'est effectivement ainsi qu'Alain va se comporter durant ces trois jours, notamment avec Nathalie. Mais sans entrer en contact avec elle, sans pratiquement ouvrir les yeux pour la regarder lors des changes et des biberons, au grand dam de la jeune fille. C'est ainsi, selon Sylvie et Sophie qui demanderont de ses nouvelles, qu'il se conduira également pendant son séjour de trois mois en pouponnière, « sage et gentil avec tout le monde » comme le lui a demandé sa mère. Avec tout le monde mais *avec personne en particulier,* même pas avec sa nurse de référence, celle qui s'occupe plus spécialement de lui, ce qui est un comportement inhabituel.

Alain nous semble suivre à la lettre les consignes de sa mère. Quand elle lui demande d'être « sage et gentil avec tout le monde », il entend parfaitement que, jalouse comme une tigresse, elle lui ordonne inconsciemment de ne se lier avec personne. Ce qu'il fait. Quand je demanderai à Marine l'autorisation de filmer le moment où elle va dire définitivement « au revoir » à Alain, pour filmer une éventuelle réaction indéniable de l'enfant, elle refusera. Ce qu'elle acceptera en revanche c'est qu'à la place nous filmions Sophie parlant à Alain de ce qui va se passer pour lui, mais en nous disant : « De toute façon, vous perdez votre temps, IL N'OUVRIRA PAS LES YEUX ! »

Et effectivement, Alain gardera constamment les yeux fermés tout le temps de la rencontre, se donnant beaucoup de mal pour avoir l'air d'être endormi alors que visiblement il écoute Sophie intensément. Pendant une fraction de seconde il condescendra pourtant à entrouvrir un œil. Très précisément quand Sophie lui dira : « Tu peux ouvrir les yeux un tout petit peu, juste pour me faire signe que tu m'entends ? » Un hasard de plus !

Pour Alain, durant ces trois jours, *seule sa mère compte.* Selon moi tout se passe comme si, psychiquement, Marine continuait à le mettre au monde. Ses désirs sont des ordres, IL N'A D'YEUX QUE POUR ELLE ! C'est d'elle qu'il doit apprendre très vite à vivre avant qu'elle ne s'éloigne le laissant seul. Alain n'a pas une seconde à perdre avec qui que ce soit d'autre. C'est certainement une terrible violence à faire à un enfant que de ne pas tenir compte de ses besoins fondamentaux dans un moment pareil. Une atroce violence de la part d'une employée de la D.D.A.S.S. que de venir quelques heures seulement après l'accouchement arracher un bébé à sa mère pour vite l'emmener en pouponnière. Pourquoi ? Pour qu'il soit dit qu'il n'a absolument pas pu vivre quoi que ce soit avec sa mère parce qu'il n'en a pas eu le temps ?

Catherine Dolto-Tolitch avec qui je parlais de ce que

nous avions filmé à Nantes, me raconta que Françoise Dolto, sa mère, s'était trouvée une fois en face d'un bébé littéralement « fou de rage » et qui semblait en vouloir au monde entier. Il s'agissait d'un bébé abandonné à la naissance qui n'avait pas supporté la brutalité avec laquelle on avait interrompu sa relation avec sa mère, qui ressentait qu'on ne lui avait pas laissé une chance. Il se calma, paraît-il, quand les circonstances de la séparation furent abordées.

Sophie : – Le bébé et la mère sont extrêmement liés quand les mères viennent nous voir et ils le restent dans les premiers jours qui suivent. On a été frappées de voir à quel point il y avait concordance entre la maman et le bébé. A quel point si la mère allait bien, le bébé allait bien ; si la mère allait mal, le bébé allait mal. Quelque chose que l'on ne sait pas expliquer de façon précise mais que l'on ne peut pas ne pas voir. C'est un constat. Il se passe quelque chose entre la mère et son fœtus, entre la mère et le nouveau-né. Je ne sais pas exactement quoi, l'avenir nous le dira sûrement...

B. M. : – Quelque chose de quel ordre ?

Sophie : – De l'ordre d'une communication, d'une transmission...

B. M. : – Quelque chose, quoi qu'il en soit, à respecter, à accompagner ?

Sophie : – Oui et c'est pourquoi cela nous paraît très important de permettre aux mères de parler à leur bébé, ou de les inciter à le faire. Pour qu'elles leur disent ce qui se passe ; leur dire qu'ils vont se séparer, poser des mots sur leur histoire à tous les deux. Si elles ne le font pas, je le fais.

B. M. : – Beaucoup de gens trouvent l'idée de parler à un bébé plutôt saugrenue, est-ce que vous croyez que les bébés entendent ces mots que leurs mères ou vous leur dites ?

Sophie : – Les bébés entendent *ces mots. Est-ce qu'ils les* comprennent, *c'est autre chose. Mais ils les entendent, ils les mémorisent et ces mots s'inscrivent dans leur histoire. Ces mots ne leur servent pas dans l'immédiat mais ils leur serviront plus tard et c'est fondamental.*

B. M. : – Il y a donc du sens à parler aux bébés ?

Sophie : – Absolument.

B. M. : – Quand on parle à un bébé, il manifeste qu'il entend, il se passe des choses troublantes ?

Sophie : – C'est toujours très troublant de parler à un bébé parce qu'en effet il écoute intensément, il manifeste qu'il est très présent, il réagit très fort.

B. M. : – Vous avez assisté à la dernière rencontre entre Marine et Alain, il s'est, je crois, passé quelque chose ?

Sylvie : – Il a ouvert les yeux ! Alors qu'il les fermait obstinément depuis sa naissance, il les a ouverts ! Ce qui a énormément troublé la maman d'ailleurs. Il a ouvert les yeux comme s'il voulait se remplir de sa mère.

B. M. : – Au moment précis où elle lui a dit au revoir ?

Sylvie : – Oui à ce moment précis !

B. M. : – Et donc là, au bout d'un moment, les praticiens que vous êtes ne pensent plus qu'il s'agit de simples coïncidences ?

Sylvie : – Non certainement pas, même quand Sophie parle aux bébés, on ne peut pas dire qu'il ne se passe rien, ce n'est pas possible.

Sophie : – Même les plus réfractaires sont en général extrêmement étonnés des réactions des bébés quand on va leur parler. Cela les fait réfléchir, ça fait bouger les équipes, ça les fait évoluer.

Pourtant du côté des institutions, on vit très mal, je l'ai dit, l'irruption des mères biologiques dans le paysage de l'abandon. Ces trois jours légaux qui précèdent la signature du procès verbal paraissent soudain interminables, sous tous les prétextes on cherche à les abréger. On vit presque comme une agression le fait que les mères se mettent, sans penser à mal, à formuler des souhaits. J'ai entendu raconter que dans une pouponnière quand on vit arriver un bébé avec des vêtements que sa mère avait tenu à lui acheter, la réaction fut : « Ben qu'est-ce qu'elle croit celle-là, qu'on laisse les bébés cul nu ici ? »

« Pourquoi tant de haine » ? Parce que l'on veut, à tout prix, récupérer des bébés « clean », vierges et « sans histoire », (on le verra dans le chapitre suivant, la même tentation se présente à l'issue du séjour de trois mois en pouponnière). Si la décision leur avait appartenu, les représentants des institutions de tutelle n'auraient jamais accepté que nous filmions la naissance d'Alain. Certains ont réagi très vivement quand ils ont appris que nous l'avions fait sans les consulter (Mais à quel titre les aurions-nous consultés ? Que cela leur plaise ou non et c'est bien là que le bât les blesse, ils n'étaient PAS ENCORE les ayants droit de cet enfant.) Quelqu'un alla jusqu'à dire qu'un bébé avec « un tel passé » n'était plus adoptable !

La main sur le cœur, ces personnes seraient prêtes à jurer qu'elles considèrent le bébé comme une personne mais, au quotidien, elles ne tiennent aucun compte de ce que cela implique et les bébés souffrent. A l'issue de ses trois mois passés en pouponnière, Alain, malgré son « passé », a été adopté par un couple paraît-il formidable, que l'on salue en leur souhaitant bonne route. Je souhaite qu'ils fassent leur ces images que nous avons tournées et que très probablement ils verront.

Sophie : – On ne peut pas gommer l'histoire d'un enfant. L'histoire de cet enfant-là commence avec la grossesse de cette femme-là...

B. M. : – Et pas le jour de son adoption ?

Sophie : – Non. Et l'on sait maintenant à quel point c'est pathogène de gommer l'histoire d'un enfant donc il va falloir apprendre à la respecter dès le début... Pour mener une vie normale, ces enfants-là ont besoin d'avoir toutes les cartes en main. C'est peut-être une difficulté.

B. M. : – Comment savez-vous que c'est pathogène ?

Sophie : – J'appartiens à une association qui s'appelle Affiliation et qui regroupe des adultes adoptés. Tous témoignent d'une violence qui leur fut faite et qui repose sur ce gommage. Quand ils découvrent que l'on s'est permis d'effacer des éléments de leur histoire que l'on jugeait « traumatisants », pour eux ou pour leurs parents adoptifs, au nom de leur bien-être psychique, défini par les uns ou les autres, en fonction des croyances ou des opinions personnelles, ils deviennent extrêmement virulents, on a pu le constater. C'est-à-dire que ça les conduit à développer une insécurité, une hargne aussi qui sont très nettes. Je pense qu'il faut tenir compte de leur parole pour, dans notre travail, apprendre à mieux respecter les mères biologiques, les parents adoptifs et l'enfant. Je devrais dire les parents biologiques puisque, très rarement mais cela arrive, on a des hommes qui sont présents ; extrêmement rarement encore...

B. M. : – Ce qui est « gommé », c'est ce qui appartient à des bébés de quelques mois ?

Sophie : – Oui, parce que personne n'a rien dit à ces bébés-là. Ils sont passés des bras de leur mère à une institution, de l'institution dans les bras des parents adoptifs, sans vivre forcément des événements traumatiques avec ces différentes personnes, pas du tout. N'empêche qu'ils se retrouvent avec des trous dans leur histoire et les trous c'est pathogène, ça fait de la maladie, ça fait de l'angoisse.

B. M. : – Et les « anciens bébés » adoptés en témoignent ?

Sylvie : – Les enfants adoptés le disent. On sent que la revendication d'accéder à leurs origines est très présente. Ne pas avoir de photos de sa naissance par exemple c'est très blessant parce qu'on n'a rien à montrer. Fabriquer un album photo à ces enfants depuis la « Néonat » jusqu'à son adoption cela nous paraît très important mais ce n'est pas toujours bien compris, on nous demande de couper les têtes pour que les personnes ne soient pas identifiables, d'enlever les indications de prénoms, de jour, de lieux, à la fin il ne ressemble plus à rien, notre album!

B. M. : – D'autant que vous n'êtes même pas sûres qu'il sera finalement remis à l'enfant, que les parents adoptifs ne le détruiront pas?

Sylvie : – C'est vrai.

Sophie : – C'est tout cela qu'il faut combattre. Il faut impérativement que les choses évoluent.

Pour les besoins du film et pour résumer tout ce qui précède, voici le commentaire que je fis : « Quand on vit, minute après minute, la naissance d'un enfant comme le petit Alain, le fils de Marine, on découvre quelque chose que l'on ne soupçonnait pas... quelque chose que nieront farouchement les institutions qui vont prendre en charge le bébé. C'est que ces trois petits jours pendant lesquels le procès verbal d'abandon n'est pas encore signé, pendant lesquels la mère peut encore se rétracter et partir avec son bébé, durent en fait une vie... Une vie avant la vie qu'il semble criminel de ne pas reconnaître comme telle. »

Chapitre 9

Avignon

Trois jours, trois mois. Les étapes légales par lesquelles une mère passe pour que sa décision d'abandonner son enfant soit définitive se calquent étrangement sur celles que la tradition ésotérique détermine pour entrer dans la mort. Ainsi, quand ils font retraite, les bouddhistes s'enferment dans un enclos pour une durée rituelle de trois ans, trois mois et trois jours. Le législateur était-il conscient, en fixant ces délais, qu'il établissait symboliquement une analogie entre mourir et abandonner son enfant ?

Les trois jours intenses que nous venions de vivre tous ensemble, autour de la naissance du petit Alain, me semblaient bien mettre en évidence, outre la nécessité de préparer et d'accompagner la séparation pas à pas, la différence immense qu'il y a entre ce que trois jours signifient pour nous adultes et ce que trois jours signifient pour un bébé.

Si les trois jours séparant la naissance de la signature du

procès verbal d'abandon pouvaient revêtir une telle signification pour le couple symbiotique formé par le bébé et par sa mère, que vivait alors le bébé pendant ces trois mois minimum séparant sa naissance de son adoption ? Ces trois mois que le bébé passe le plus souvent dans une pouponnière. Avait-on, là encore, tendance à les gommer en ignorant les besoins profonds des bébés ? Que se passait-il d'une manière générale dans une pouponnière et comment y traitait-on ces bébés contraints de vivre sans leur mère ?

Cinématographiquement parlant, la solution la plus évidente consistait à suivre le petit Alain dans la pouponnière où il irait, d'y filmer sa vie quotidienne et même la première rencontre avec ses parents adoptifs si ceux-ci nous faisaient l'honneur de tolérer notre présence. Mais légalement c'était impossible : aucun lien ne devant théoriquement exister entre les parents biologiques et les parents adoptifs. Avec notre caméra, nous aurions pu constituer un trait d'union là où le cloisonnement est la règle. Restait, pour continuer à explorer cette question de la séparation, la possibilité de filmer ailleurs, dans une autre pouponnière, des bébés *semblables* au petit Alain.

Une nouvelle fois consultée, Danielle Rapoport, dans la mesure où je ne souhaitais pas trop tourner en région parisienne, me conseilla de prendre contact avec la pouponnière d'Avignon où officiait, selon ses dires, une psychologue remarquable : Françoise Grégoire. Nous savions pertinemment, Danielle et moi, que les pouponnières françaises ne sont pas toutes devenues, loin s'en faut, des havres de paix pour les bébés. Il y a Sucy-en-Brie où Geneviève Appell a introduit la méthode hongroise et qui sert de référence, mais il y a aussi d'autres lieux dont les noms circulent et qui n'ont rien à envier en termes d'horreur, l'inconfort et le dénuement en moins, aux pouponnières roumaines que la télévision nous a fait découvrir.

Peut-être aurais-je pu, en dissimulant mes intentions, m'introduire dans l'un de ces lieux anachroniques, mais à part m'indigner et hurler au scandale, en quoi ma présence aurait-elle été durablement utile ? Danielle et moi étions d'accord pour trouver plus important de présenter au public un endroit où l'on essayait de faire du bon travail, où l'on essayait de progresser en s'affranchissant de l'héritage du passé ; plus constructif de montrer ce qu'étaient ce travail et ce progrès et vers quoi il était possible d'aller.

Le contact avec Françoise Grégoire fut d'emblée excellent. Sans le moindre calcul, sans la moindre hésitation, elle me fit cadeau de son soutien et don de sa confiance. Je lui en suis encore redevable aujourd'hui d'autant que je n'ai pas hésité à beaucoup la mettre à contribution et qu'elle s'est dépensée pour moi comme elle le fait toujours, sans compter. S'il est vrai qu'il y a en chaque homme quelque chose de Peter Pan alors Françoise c'est assurément la fée Clochette. J'espère que le film, qu'elle n'a pas encore vu fini au moment où j'écris ces lignes, remboursera en lui étant fidèle, une partie de ma dette.

Comme Sophie Marinopoulos, Françoise a de la psychologie une conception positive et concrète qui ne l'éloigne pas des préoccupations des gens, bien au contraire. Quand on a un nom formé comme le sien de deux prénoms, on sait en général dans sa chair ce que signifient des mots tels que, abandon, placement, pupille de l'Etat et foyer de l'enfance. Comme souvent les gens qui savent ce que souffrir veut dire, Françoise possède une précieuse connaissance de l'humain mais aussi un amour de la vie extrêmement communicatif. La première fois que nous nous sommes rencontrés, nous parlions de l'adoption, j'ai pu vérifier qu'elle aussi était sensible aux méfaits du « gommage » et qu'elle ne confondait pas le temps des adultes avec celui des bébés.

B. M. : – Très souvent les parents adoptifs débaptisent les enfants qu'ils adoptent ?

Françoise Grégoire : – Oui, c'est leur droit. La législation française est ainsi faite que c'est leur droit. Quand cela arrive, je leur demande gentiment de laisser le prénom du bébé en deuxième prénom et que peut-être un jour ils racontent l'histoire de ce deuxième prénom comme on raconte que l'on porte le prénom de la grand-mère, de la marraine ou de la tante Marthe. Cela fait partie de la rencontre, du croisement de leurs chemins...

B. M. : – D'autres parents brûlent tout ce qui vient de la pouponnière, les papiers, les photos ?

F. G. : – Leurs cahiers de bébé, oui.

B. M. : – Je sens que de votre point de vue cette volonté de « gommage », c'est une grave erreur mais pourquoi c'est une erreur ?

F. G. : – Eh, pourquoi c'est une erreur ? Parce que qu'est-ce que ça veut dire gommer les trois premiers mois de la vie d'un bébé ? Cela veut dire neuf mois de croissance intra-utérine et un peu plus de trois mois de vie institutionnelle, trois mois et quinze jours en moyenne. C'est comme si on nous enlevait dix ans de notre vie parce que pour un bébé c'est très long trois mois ! Quand un bébé tète six fois par jour, dort six fois, se réveille six fois cela lui fait comme six de nos journées et pour lui une journée, c'est beaucoup plus que pour nous parce qu'en trois mois il a énormément changé, il s'est beaucoup construit, il s'est beaucoup éveillé. Il a repéré son ours, la rayure de lumière qui est tous les jours au-dessus de son berceau, la voix de la nurse qui s'occupe de lui, l'odeur de la pièce, les pleurs des copains autour. Une semaine pour un bébé entre deux et trois mois cela n'a rien à voir avec une semaine pour nous et je trouve que c'est blessant et grave de l'amputer de ça... et qu'une histoire d'amour entre des parents et un bébé, ne peut pas se nouer en commençant par faire table rase. Le bébé il ne tombe pas du ciel, il n'arrive pas comme ça pour les parents adoptants. Il y a le chemin qu'ils ont dû faire, mais il y a aussi le chemin du bébé qui est arrivé à la vie, qui a eu des parents biologiques, qui a vécu dans une institution. Pour que la rencontre se fasse bien et qu'elle soit le point de départ d'une vie, il faut que les chemins soient respectés.

Grâce à Françoise, ma présence dans la pouponnière fut admise immédiatement par la plupart de ceux qui y travaillaient. Les visages ne se fermaient pas à mon entrée et je ne respirais à aucun moment sur mon passage ces relents d'hostilité ou de méfiance qui rendent le fait de filmer difficile, voire impossible. Mieux encore, Françoise avait des liens d'amitié avec certaines des nurses, des « auxiliaires de puériculture » pour leur donner leur titre administratif exact, qui étaient directement au contact des bébés. Elles se voyaient en dehors de la pouponnière, faisaient des sorties ensemble. Plusieurs fois je fus invité à dîner chez les unes ou les autres. Du coup, une invisible mais bien réelle barrière sauta et elles me permirent de venir observer leur travail avec les bébés de bien plus près que l'occasion ne m'en avait jamais été donnée.

A la pouponnière d'Avignon, tous les bébés n'étaient pas abandonnés et ne passaient pas seulement trois mois en attendant d'être adoptés. La plupart d'entre eux qui pouvaient y rester beaucoup plus longtemps faisaient l'objet de placements. Placements « volontaires », plus ou moins décidés, plus ou moins consentis de la part de parents défaillants qui avaient renoncé, en principe provisoirement, à se charger d'élever leur enfant. Placements d'office, sur décision de justice, à la suite d'un « signalement », quand le bébé était victime de sévices, de mauvais traitements ou de négligences graves.

Malgré leur très jeune âge, la plupart de ces bébés avaient déjà derrière eux un parcours chaotique rempli de traumatismes et de violences de toutes sortes. C'étaient des bébés qui avaient souffert, physiquement, psychiquement. Certains en portaient les stigmates. Les deux ou trois bébés que j'ai vus arriver, les « petits entrants », comme disent les nurses, faisaient peine à voir. A partir de là, on sentait que les nurses s'investissaient professionnellement mais aussi émotionnellement dans un patient travail de restructuration et de réparation de ces bébés qui leur étaient confiés. Elles les prenaient en main, les entouraient, les « couvaient » littéralement.

La souffrance de ces bébés était perçue douloureusement par les nurses mais elle n'était plus niée comme elle l'avait été pendant tant d'années. Il était reconnu aussi que cette souffrance était vécue par une personne dotée de conscience avec laquelle l'essentiel était de nouer maintenant une relation de confiance calme et continue. Sous l'impulsion de Françoise Grégoire qui était à n'en pas douter l'âme de cette maison tout était mis en œuvre pour contenir et envelopper ces bébés; tisser autour d'eux une enveloppe faite d'harmonie et de continuité; les préserver de tout nouveau choc, de toute nouvelle rupture, de tout événement imprévu qu'ils n'auraient pas la force de maîtriser et qui risqueraient de les submerger émotionnellement.

B. M. : – Quand je vous vois travailler, j'ai l'impression que votre souci majeur avec les bébés c'est la cohérence. La cohérence dans la prise en charge : tout se prépare, tout s'organise, tout est réfléchi, rien n'est laissé au hasard?

Françoise Grégoire : – Eh non, parce que la vie d'un bébé c'est lent, c'est précis et il n'y a pas de place pour des événements imprévus qui pourraient interrompre son travail de bébé, c'est-à-dire sa construction, et sa construction est quotidienne, moment par moment et on n'a pas le droit de la déranger.

La différence entre une collectivité et une famille, c'est que dans une famille, les parents c'est leur chair, c'est leur présence qui assurent la continuité pour le bébé. Et là on peut introduire des événements, des changements, parce qu'en fait cela ne change pas trop, quand on regarde bien, dans une famille. Il y a deux trois personnes maximum qui interviennent auprès d'un bébé et dans un espace relativement harmonieux, toujours le même. En collectivité, si l'on n'y fait pas attention, on est vite en faisant les « trois huit », quinze à seize adultes différents autour d'un bébé et le bébé n'a pas la force de s'y reconnaître. Si sa mère vient lui rendre visite le jeudi à 13h et que l'on n'a pas préparé l'événement pour qu'il se distingue du routinier et du quotidien, il n'aura pas la force de la reconnaître et ce sera un rendez-vous manqué.

L'occasion de filmer une rencontre entre une mère en visite et son bébé ne s'est pas présentée. Ces visites autant que j'ai pu m'en rendre compte étant plutôt exceptionnelles ; trop douloureuses sans doute. Par contre, nous avons filmé trois rencontres uniques, trois moments forts d'une vie institutionnelle dont la monotonie n'est qu'apparente : la première rencontre entre un bébé et ses parents adoptifs qui dans le film suit la séparation de Marine et d'Alain ; la première rencontre entre une petite fille handicapée de deux ans et le couple chez qui elle allait être accueillie, j'en parlerai plus loin, et enfin les retrouvailles entre un bébé de moins de trois mois et sa maman qui l'avait abandonné à la naissance.

Je suis avec Françoise quand on vient lui annoncer qu'une jeune femme se présente pour venir reprendre son enfant. Etonné, perplexe, je vois son visage d'ordinaire souriant et ouvert se fermer et se durcir. « De quel bébé s'agit-il ? » demande Françoise. « C'est la maman de la petite Sarah. » Un long silence et Françoise toujours aussi masquée : « Je la reçois dans mon bureau. » Tout naturellement, elle m'invite à la suivre. Tandis que nous enfilons le couloir, je m'interroge sur son attitude : mouvement d'humeur contre cette mère « indigne » qui brusquement refait surface sans crier gare ? Signe de dépit parce qu'un bébé lui échappe ?

Nos rapports sont trop francs pour que je ne lui pose pas honnêtement la question. Sans nier la possibilité qu'il y ait quelque chose d'un peu trouble dans sa réaction, Françoise m'explique qu'elle est surtout dictée par l'expérience souvent négative qu'elle a de ces retournements de situation en apparence féeriques. Sa crainte, c'est que la décision de la mère ne vienne pas vraiment d'elle, que son entourage lui ait forcé la main pour récupérer le bébé. Si tel est le cas, ce n'est pas bon du tout pour le bébé.

La maman entre, elle est toute jeune, vingt ans, timide mais pas gênée. Elle répond très simplement aux questions que Françoise lui pose. Le garçon, le père de Sarah, l'avait quittée. Elle avait ses examens, elle ne s'est pas sentie capable de s'occuper du bébé, elle a donc pris la décision de le confier à l'adoption. Mais depuis, elle n'a plus de goût à rien, elle ne peut plus se concentrer sur son travail, elle a un trou à la place du cœur, elle déprime, Sarah lui manque, elle a besoin de sa fille. Les raisons avancées par la mère peuvent paraître égoïstes mais il ne fait guère de doute que ce sont les siennes. Elle ne paraît pas manipulée. Un peu rassurée, Françoise se détend légèrement et lui propose de rencontrer sa fille.

Je suis seul à Avignon, en repérage, l'équipe de tournage n'arrivera que dans quelques jours mais c'est maintenant que la rencontre va avoir lieu. Il y a dans le service un petit camescope dont je sais à peine me servir. Jouant le tout pour le tout je me présente, explique très rapidement mon projet et demande à la maman l'autorisation de filmer la rencontre avec sa fille. A ma grande surprise, elle accepte aussitôt. Doutant qu'elle ait vraiment compris, je lui redis que la scène risque d'être diffusée sur TF1. Toujours sans la moindre réticence, elle me confirme son accord.

Françoise, la maman et moi filmant, nous entrons donc, au bout d'un long couloir dans la chambre où se trouve à côté de trois autres, le berceau de Sarah qui dort. Une jeune nurse à l'allure moderne est en train de changer un bébé. Françoise présente : « Armelle, la maman de Sarah » et la nurse qui n'était pas prévenue l'accueille pourtant comme si de rien n'était, avec un naturel parfait, exempt du moindre étonnement, du moindre soupçon de réprobation. Mentalement, je lui tire un grand coup de chapeau. Je ne peux m'empêcher d'imaginer la même scène dix ou vingt ans plus tôt (ou encore aujourd'hui dans certains endroits), qu'est-ce que la mère aurait entendu !

La maman n'a pas eu besoin qu'on lui montre son bébé, elle l'a reconnu tout de suite. Sarah s'est réveillée. Elle observe sa mère qui la regarde sans rien dire en lui caressant la main du bout des doigts. Un peu plus tard Armelle prendra Sarah dans ses bras, toujours sans rien dire (les mots entre ces deux-là viendront plus tard ou peut-être même jamais) et pendant plus d'une heure, comme si elles étaient seules dans la pièce, la mère et la fille ne se quitteront plus des yeux. Etait-ce l'absence de gêne de la mère, était-ce quelque chose de serein émanant du bébé, mais tout en filmant je me souviens m'être dit qu'Armelle et Sarah avaient certes été séparées mais qu'elles ne s'étaient jamais vraiment quittées. Aux dires des nurses, Sarah c'était un peu la belle au bois dormant et en ce qui me concerne jusqu'à ce que sa mère arrive, je ne l'avais jamais vue autrement qu'endormie. Etait-elle plongée inconsciemment dans un profond sommeil en attendant le retour de sa mère qu'elle « savait » devoir se produire ? Je me suis posé la question.

Armelle n'est pas repartie ce matin-là avec son bébé sous le bras. Théoriquement elle l'aurait pu, légalement je crois bien que rien ne s'y opposait. Mais il faut vivre ce genre de situations pour mesurer concrètement ce qu'il est possible de faire ou pas avec un bébé. Accepter, si tel avait été le désir de la mère, que Sarah quitte la pouponnière l'après-midi même c'était infliger au bébé une terrible violence, c'était l'arracher à tout ce qui constituait, à ce moment-là, sa vie. Il était évident pour tout le monde, y compris pour la maman que le départ de Sarah avait besoin d'être préparé.

Alors tout s'est passé en douceur. L'après-midi Armelle est revenue voir sa fille et elles ont repris leur conversation silencieuse là où elles l'avaient laissée. Puis elle est revenue le lendemain accompagnée cette fois de sa sœur aînée à qui elle a fait les honneurs de la pouponnière et présenté Sarah. Très bien la grande sœur, tout de suite à la bonne place, à la bonne distance, soutenant sa cadette chaleureusement mais discrètement, sans lui voler la vedette. Puis, c'est je crois le jour suivant, Sarah et sa mère ont quitté définitivement la pouponnière. Mais entre-temps l'équipe de tournage a eu le temps d'arriver et nous filmons une fort belle scène.

La nurse référente de Sarah, c'est-à-dire celle qui s'est principalement occupée d'elle pendant tout son séjour a pris son service et donc fait la connaissance d'Armelle. Geneviève Fligeat, c'est son nom, est une femme « lumineuse » dont le visage encadré de cheveux gris coupés très court rayonne littéralement quand elle s'approche d'un bébé. C'est une amoureuse des bébés particulièrement attachée à Sarah qu'elle a vue arriver de la maternité.

Dans ces conditions on pourrait s'attendre à ce qu'elle se montre plutôt froide avec Armelle ou qu'elle l'évite mais pas du tout. Elle passe son après-midi à la soutenir sans jamais s'imposer, pour les soins, pour la toilette, et la jeune maman s'appuie sur elle avec soulagement et confiance. Sous l'œil de la caméra, elles se transmettent Sarah tendrement, sans le moindre heurt pour le plus grand bénéfice du bébé. Une nouvelle fois, avec des frissons rétrospectifs, je ne peux m'empêcher de m'imaginer la même situation quinze ou vingt ans plus tôt.

Il est très difficile de bien rendre compte de l'aspect novateur du travail qui s'accomplit à Avignon sans constamment faire référence aux pouponnières d'antan ou à ce qui se passe encore ailleurs. Au départ, une pouponnière, c'est un haut lieu des vertus de la science médicale et de ses sacro-saints préceptes hérités de Pasteur. Le microbe voilà l'ennemi. Tout ce qui n'est pas strictement médical, tout ce qui vient de l'extérieur est pathogène. Les parents, éléments extérieurs incontrôlables, sont donc pathogènes et les « mauvais » parents le sont tout particulièrement. La seule solution « rationnelle » consiste à leur arracher leurs bébés pour les placer dans un lieu parfaitement aseptisé dont l'accès leur sera le plus possible interdit. Et à partir de là de faire bénéficier leurs rejetons, ces petits veinards, des derniers perfectionnements de la puériculture hygiéniste et scientifique. Une puériculture dont sont bannis comme une perte de temps et un signe d'inefficacité tous les « a-reu, a-reu » et les câlins dont les parents s'encombrent.

Un film accusateur de Danielle Rapoport et Janine Lévy, *Enfants en pouponnière demandent assistance,* qui date de 1975, montre bien ce qu'étaient ces lieux. Dans une grande salle dont le linoléum rutile, devant des dizaines de berceaux alignés au cordeau quelques nurses vêtues de blanc de pied en cap donnent le biberon à des bébés sans échanger avec eux un seul regard, tandis que d'autres les récurent d'une main experte avec une remarquable maestria sans prononcer un mot. Le bébé soudain transformé en l'un de ces cadeaux que des vendeuses fébriles emballent à toute vitesse une veille de Noël dans un grand magasin.

A propos de ces images, j'écrivis ce commentaire : « L'irrespect absolu de la personne du bébé. La négation fondamentale de ses besoins et de son rythme, on l'a sous les yeux. Les ravages que cela provoque, on les connaît...

« On sait que cette violence quotidienne qui leur est faite, leurs corps la gardera toujours en mémoire et que devenus grands, ils la rechercheront pour eux-mêmes ou qu'ils la rejoueront avec d'autres.

« Les colonnes des faits divers sont pleines des noms de ces bébés et nombre de parents maltraitants ont été ainsi maltraités... »

Comme Françoise Grégoire, la plupart des nurses de la pouponnière d'Avignon, dont Geneviève, avaient connu les pouponnières « avant ». Avant le film de Danielle qui fit beaucoup pour que les mentalités évoluent un peu. Avant « l'opération pouponnière » patronnée par le ministère de la Santé et des Affaires sociales en 1979 qui donna une impulsion décisive aux changements qui s'amorcèrent dans la plupart des établissements. Avant surtout que Françoise ne leur propose de transposer à Avignon les règles régissant le fonctionnement de pouponnières comme Sucy-en-Brie et qu'elle organise la venue de formatrices hongroises en provenance de Loczy.

Ces femmes avaient accueilli comme une délivrance l'invitation qui leur était faite de ne plus traiter le bébé comme un colis mais comme un être humain. Aujourd'hui, avec seulement quelques années de recul, elles se souvenaient, non sans effarement, de cette époque où leur rôle se limitait à assurer une hygiène irréprochable ; cette époque où on les appelait à tort des « berceuses ».

B. M. : – Cela fait combien de temps que vous faites ce travail ?

Geneviève Fligeat : – Vingt-huit ans, un petit bail !

B. M. : – Toujours avec les bébés ?

G. F. : – Non cela ne fait que cinq ans que je suis avec les bébés, avant j'étais avec les plus grands.

B. M. : – C'est vous qui avez demandé à changer ?

G. F. : – Oui, je crois que j'avais envie de pouponner.

B. M. : – C'est vrai que quand on vous regarde travailler on sent comme un bonheur ?

G. F. : – Ah, OUI *! Complètement !* COMPLETEMENT *!*

B. M. : – Le côté émotionnel de votre relation avec les bébés. Ce côté affectif que vous laissez paraître, c'était bien toléré avant ?

G. F. : – Non avant cela n'existait pas. Avant c'était un peu le travail à la chaîne, il fallait aller très vite, on faisait très attention à nos gestes, c'était beaucoup plus mécanique, alors parler aux bébés déjà... On ne savait pas parler aux bébés !

B. M. : – Comment ça, vous ne saviez pas parler aux bébés !?

G. F. : – Non ! A l'école cela nous était interdit.

B. M. : – Interdit !!?

G. F. : – Complètement interdit. Il ne fallait pas s'attarder sur le bébé. L'important c'était les tâches matérielles, le ménage, la propreté, le rangement. Lorsque c'était le moment du bain par exemple, on nous enseignait à vite prendre le bébé dans son lit, à le déshabiller, à le savonner vite, vite, à le tremper dans l'eau, à le sécher, le biberon, dans son lit, point final. Après la baignoire, les parquets...

B. M. : – Ce qui comptait c'était la technique, la vitesse ?

G. F. : – Voilà les bébés les uns après les autres, l'enfant ne comptait pas !

B. M. : – Mais qu'est-ce que vous ressentiez à travailler comme ça ?

G. F. : – Ben, on se demandait bien un peu pourquoi on venait s'occuper d'enfants parce que le contact c'est naturel, et puis c'est important, mais on était dans un milieu où c'était médical donc on prenait tout comme on nous l'enseignait et puis c'était des ordres, il y avait un peu la peur, alors on obéissait et on y réfléchissait pas du tout.

B. M. : – Qu'est-ce qui a fait que vous avez changé?

G. F. : – Françoise nous a beaucoup aidées déjà. Puis ensuite il y a eu les premières transformations, « l'Opération pouponnière ». En principe cela concernait d'abord les bébés et moi j'étais chez les plus grands mais quand même ça nous a fait réfléchir. On s'est dit que, bon sang! On travaillait un peu comme des robots... Et puis ensuite on a été jeune mère de famille et on a commencé à se dire que si c'était notre propre enfant qui était là, on réagirait différemment... ça a aidé, moi je sais que ça m'a aidée.

B. M. : – Pourtant dans certaines pouponnières, encore aujourd'hui, il y a des nurses qui travaillent quasiment comme vous à l'époque!

G. F. : – Oui.

B. M. : – Qu'est-ce que vous aimeriez leur dire?

G. F. : – Que le bébé c'est un être humain, pas un pion! Il faut lui prêter attention, l'écouter, le regarder vivre et je crois qu'il nous donne alors des leçons.

B. M. – Mais par rapport au plaisir que vous avez aujourd'hui, au déplaisir que vous aviez de travailler aussi mécaniquement, au déplaisir qu'elles ont forcément, que leur dire pour qu'elles bougent?

G. F. : – Je ne sais pas trop... Qu'elles se mettent à observer les bébés peut-être... Qu'elles les observent et qu'elles essaient de rentrer en contact avec eux, c'est je crois le plus difficile!

B. M. : – Qu'elles prennent le temps d'observer les bébés?

G. F. : – Voilà, qu'elles prennent le temps, parce qu'avant on ne prenait pas le temps.

B. M. : – Et là qu'est-ce qui se passe?

G. F. : – Le regard que l'on porte sur le bébé change et lui automatiquement il le ressent et quelque chose se passe, il entre en contact avec nous. Plus ou moins parce qu'il faut prendre le temps de se mettre à sa hauteur, pas le dominer...

B. M. : – Pas l'écraser?

G. F. : – Oui, pas le forcer, le laisser faire et c'est lui qui nous donne le signal.

Françoise Grégoire quand elle parle des pouponnières « avant », en parle comme des lieux en proie à une extrême violence. Violence, on l'a vu, qui s'exerce directement à l'encontre des bébés, violence dirigée contre les parents et qui rejaillit sur leurs bébés, violence en retour des parents dirigée contre l'institution et ceux qui y travaillent, violence et rivalités des institutions et des professionnels entre eux. Une atmosphère pestilentielle de suspicion, de méfiance et de haine généralisée.

« C'était terrible, me dira Françoise, au niveau de la violence que l'on vivait, de la violence que l'on sentait dans la raideur du corps du bébé, dans la violence verbale, dans l'agression. C'était pas triste des fois avec les parents, il y avait des bousculades, on s'arrachait les bébés ! On n'avait pas de relations avec les parents, parfois ils forçaient la porte mais ils n'étaient jamais attendus, jamais accueillis. Ils étaient contenus. On en avait peur d'une certaine manière et je crois bien qu'ils avaient peur de nous. Il y avait la violence, mais il y avait aussi la détresse parce qu'on pleurait devant ces bébés ! On se sentait très impuissant à les consoler. On ne savait pas comment s'organiser pour contenir et accompagner leur souffrance parce qu'on voyait bien qu'ils souffraient. Et puis la violence, au niveau du travail social, elle était entre les équipes, entre ceux qui s'occupaient des parents qui voulaient qu'ils voient leurs enfants et ceux qui s'occupaient des bébés et qui voulaient les protéger. Les bonnes institutions contre les mauvais parents ! C'étaient des réunions longues, houleuses où les arguments s'affrontaient de façon passionnelle. En fait dans tous ces conflits, ces peurs, cette violence, personne ne pensait au bébé, chacun pensait à soi. »

La grande révolution, celle conçue par des femmes comme Emmi Pickler en Hongrie, par Myriam David, Geneviève Appell ou Danielle Rapoport en France, celle réalisée par Françoise Grégoire à Avignon, va consister à remettre le bébé, ses besoins primaires, au centre de toutes les préoccupations. Accepter de s'oublier soi. Chercher en toutes circonstances, même les plus tragiques, quelle est au-delà des apparences, des préjugés, des évidences trop évidentes, la solution qui préservera vraiment l'intérêt vital du bébé, celle qui lui épargnera les plus graves souffrances. « Quand le bébé, dira encore Françoise, est présent dans notre tête et dans notre cœur, à ce moment-là on est tous d'accord. Bien sûr pas automatiquement, c'est pas si simple, mais il y a une vraie collaboration qui peut s'établir et avec les parents et avec les autres professionnels. »

Mais ce bébé qu'il faut, au prix d'une vigilance de chaque instant, « garder dans sa tête et dans son cœur » c'est un bébé qui est une personne. C'est-à-dire un bébé qui a prioritairement besoin de sa mère et qui ne peut pas ne pas souffrir s'il en est séparé. Un bébé qui est conscient du monde qui l'entoure et qui ressent ce qui se trame autour de son berceau. Un bébé que la violence même non dite rend malade et que l'harmonie retrouvée guérit et apaise. Un bébé dont l'intérêt exige de sortir de la routine et du confort d'être constamment inventif, subversif, à l'écoute, de risquer plus souvent que de juger.

Françoise juge très peu et risque sans arrêt, entraînant tout le monde dans son sillage. Mais elle a en commun, avec la plupart des gens que je filme, de se soucier du pouvoir comme d'une guigne. Elle a fait de la pouponnière d'Avignon un laboratoire du travail social et pour un cinéaste un inépuisable réservoir d'observations et de réflexions. J'ai pu m'y convaincre une nouvelle fois qu'un enfant peut survivre à peu près à tout, à la séparation, au rejet, à la folie de sa mère, aux mauvais traitements pour peu que tout soit mis en œuvre pour assurer au-delà des aléas de son existence ce que Françoise Grégoire appelle sa « continuité intérieure ». Une continuité qui ne peut pas reposer sur le rejet pur et simple des parents, sur leur exclusion *manu militari* du cœur de l'enfant. Si punissables soient-ils par ailleurs au regard de la loi.

Dans ce registre, un récit qui me fut fait à Grenoble par une femme médecin du SAMU m'est entré dans la tête pour n'en plus sortir. Cette femme qui avait été elle-même victime d'un fait divers tragique touchant ses enfants dut un jour intervenir sur le lieu d'un autre fait divers. Dans une crise de folie furieuse ou à l'issue d'une scène de ménage qui avait mal tourné, je ne sais plus exactement, un couple avait tenté d'assassiner tous leurs enfants à coups de couteau avant de retourner l'arme contre eux-mêmes.

La jeune femme du SAMU était donc arrivée en quatrième vitesse sur le lieu du carnage. D'un seul coup d'œil, en voyant tous les corps baignant dans le sang, elle en avait saisi l'étendue. Enjambant sans s'occuper d'eux le corps des parents qui vivaient encore, elle s'était précipitée vers les enfants pour tenter de sauver ceux qui pouvaient l'être. C'est alors, me raconta-t-elle, qu'elle s'était penchée sur le corps d'une petite fille égorgée, presque exsangue, dont, dans un murmure, les premiers mots avaient été : « C'est de ma faute, j'ai énervé ma maman » ! Le plus terrible pour cette petite fille, ce n'était pas de mourir, c'était qu'on la prive de sa mère. Avec le peu de force qui lui restait, elle essayait de protéger leur relation !

Il y avait à la pouponnière d'Avignon, confiée principalement à Monique Reynes, une des nurses avec laquelle Françoise était très amie, une petite fille ravissante aux belles boucles blondes qui s'appelait Tatiana. Agée de deux ans, Tatiana était encore chez les bébés. Une situation exceptionnelle qui s'expliquait par le fait que la petite fille n'était pas adoptable, ses parents ne l'ayant pas abandonnée, par le fait aussi que Tatiana étant assez gravement handicapée et ne marchant pas, il était plus simple de s'en occuper comme d'un bébé tant que l'on n'aurait pas trouvé la famille d'accueil parfaitement apte à bien prendre soin d'elle.

Le handicap de Tatiana était dû à la rencontre très violente de sa tête avec un mur. Les parents, qui avaient déjà perdu un premier enfant dans des circonstances mal élucidées, affirmaient qu'il s'agissait d'un accident, ce qui semblait pour tout le monde hautement improbable. Quelques mois plus tard la Justice devait d'ailleurs trancher en prononçant à l'encontre des parents un jugement de déchéance parentale – une disposition légale rarement appliquée que certains assimilent à une peine de mort symbolique –, et en condamnant le père à une lourde peine de prison.

Tandis qu'elle préparait Tatiana pour son bain, Monique accepta sans trop de gêne que nous les filmions. La petite fille qui nous avait vus filmer les bébés était ravie que cette fois on s'intéresse à elle. D'autant que ceux qui la filmaient était Michel Bonne dont elle aimait les yeux bleus et Jean Baron, l'autre éternel complice de notre petite tribu, dont la grosse barbe blanche la fascinait. Tant que Tatiana était dans l'eau, tout se passait bien. La petite fille souriait, contente, elle s'amusait à désobéir à Monique en buvant un peu l'eau de la baignoire et Monique faisait semblant d'être fâchée. C'était un petit rituel entre elles. Là où la scène devenait plus pénible, là où l'on se prenait à maudire les parents, c'était quand après l'avoir séchée et habillée, Monique s'évertuait à attacher Tatiana, à la fois lourde, encombrante et molle comme une poupée de chiffon dans un appareil de prothèse muni d'une tablette et destiné à la maintenir dans la position debout.

On avait soudain sous les yeux, non seulement la souffrance présente et à venir de Tatiana, son retour désolant à la pesanteur et à l'échec après la légèreté et la réussite du bain, mais aussi quelque chose qui jusque-là nous avait échappé : *la souffrance probable de la nurse* tenant jour après jour dans ses bras ce petit corps déformé. Une fois la petite fille attachée, la tablette rabattue devant elle, Monique lui présentait des jeux que Tatiana repoussait de la main.

A côté, dans son berceau, un bébé affamé, dont c'était le tour d'être nourri et changé, hurlait sa détresse pour attirer l'attention. Mais Monique continuait calmement à présenter des jeux à Tatiana. L'un d'entre eux, censé faire de la musique, un jeu qu'elle connaissait et que visiblement elle aimait particulièrement, retint son attention. Mais quand Monique voulut le faire marcher, le jouet refusa obstinément de s'animer. Le visage de Tatiana s'éteignit. Elle était plus que contrariée, elle était consternée. Monique s'en aperçut, tristement elle dit : « Elle est cassée la boîte, elle est cassée ! »

Michel filmant, moi regardant, nous ressentîmes la même chose : planant sur cette scène, sur ce beau jouet cassé inutilisable que plaignait Monique et que contemplait une Tatiana navrée, passa soudain le fantôme d'une petite fille en bonne santé à jamais disparue.

B. M. : – Est-ce que très souvent votre premier mouvement, sachant les conditions dans lesquelles les enfants ont été admis ici, abandonnés ici, placés ici, ce n'est pas un mouvement de répulsion ou de rejet envers certains parents, mouvement qui change quand vous les rencontrez ?

Françoise Grégoire : – Historiquement, oui, j'ai eu des grands élans de colère contre les parents du fait des souffrances qu'il fallait accompagner, les souffrances d'enfants très carencés ou maltraités. Mais ces parents ils sont comme ils sont parce qu'ils ont eux-mêmes un enfant comme ça en eux-mêmes enfermé. Donc quand on commence à les écouter quand on sait voir les choses aussi... non je n'ai plus de ces grands mouvements !

B. M. : – C'est-à-dire que quand vous êtes en présence de la souffrance des parents... Parce qu'ils souffrent même si beaucoup ont tendance à se dire : « Je ne veux pas le savoir qu'ils crèvent ! »

F. G. : – Oui, ils souffrent. Tous les parents sont atteints profondément dans leur chair et dans leur cœur d'être séparés de leur enfant. Même s'ils doivent convenir que la séparation est inévitable, ils souffrent. Alors je suis en présence de la souffrance des parents et de l'autre côté de la porte, je suis en présence de la souffrance d'un personnel qui tente de contenir les bébés de ces parents-là...

B. M. : – Des bébés dans un drôle d'état !

F. G. : – Oui, dans tous leurs états de bébé ! Alors la continuité, MA *continuité à l'intérieur de l'institution ou avec les parents, c'est le développement et l'état du bébé. Soutenir le meilleur de tout le monde et de chacun dans l'intérêt du développement du bébé et ça, comme je vous le disais tout à l'heure, c'est ce qui soude tous les morceaux du puzzle, on arrive à être tous d'accord là-dessus.*

B. M. : – C'est douloureux pour vous personnellement toutes ces violences autour des bébés ?

F. G. : – Oui et non. C'est douloureux mais à chaque fois j'essaie pour avancer de m'appuyer sur la partie vivante, sur ce qui reste de positif et de vivant chez les adultes et les enfants. Parce que la violence est un fait qui nous concerne tous et j'ai d'ailleurs du mal avec la mienne souvent et donc je m'appuie sur d'autres parties de moi parce que je ne sais pas trop quoi faire avec la violence sinon m'appuyer sur les autres parties de notre humanité. L'humanité des bébés, celle des parents et la mienne aussi.

Sur les images de Monique harnachant Tatiana en sollicitant patiemment et inlassablement son concours, « relève la tête Tatiana, relève la tête ! », je fis ce commentaire : « Prononcer contre les parents des jugements définitifs, s'indigner parce qu'on a, sous les yeux, le spectacle d'enfants blessés et refuser par la même occasion de voir que leurs parents sont aussi, comme le dit Geneviève Appell, des parents profondément meurtris qu'on ne peut pas évincer purement et simplement, c'est très tentant, c'est facile et ça soulage, mais ça ne fait aucun bien aux enfants. On réalise aujourd'hui que cela les fait seulement souffrir davantage...

« Françoise Grégoire le sait bien, qui sait aussi que finalement, dans ces situations, tout le monde souffre... et qu'il n'est d'autre choix que de reconnaître toutes ces souffrances sans en oublier une seule. Sinon cela risque de rejaillir sur l'enfant, sous une forme ou sous une autre. »

Comme l'écrivait le psychanalyste René Clément dans son superbe livre intitulé, *Parents en souffrance : « Nul être humain, si petit soit-il, ne saurait rester indifférent ni passif devant la souffrance de ses géniteurs, vis-à-vis de qui, il cherche désespérément à adopter une position soignante. (...) On peut dire en ce sens que les parents sont bien en souffrance dans le psychisme de l'enfant.* Si elle n'est pas prise en compte, c'est de cette souffrance aussi que l'enfant pâtira sa vie durant, mettant en péril son propre accès à la parentalité. » Dans ce genre de situations complexes les attitudes vengeresses sont fondamentalement nocives, comme l'écrit Pierre Grelley cité par René Clément : « Les enfants battus et victimes de sévices ont davantage besoin d'adultes au regard discret mais vigilant que de *redresseurs de torts*. » Le bébé a besoin de tout son petit monde et ceux qui veulent VRAIMENT l'aider sont condamnés à s'entendre.

Par l'entremise de Françoise, je pus rencontrer deux mères dont les bébés étaient placés en famille d'accueil après avoir séjourné à la pouponnière. La première, Nacera, qui n'avait pas vingt ans, une jeune femme visiblement très intelligente, me parla de tout sauf de sa fille pendant les deux heures que dura notre rencontre. Elle me fit l'effet d'une adolescente, encore très liée à sa famille ; plus préoccupée par le sentiment d'avoir déçu, en « tombant enceinte », les grands espoirs que son père plaçait en elle que par le sort de son bébé.

Alors que j'étais parti dans l'idée de dialoguer avec une mère, je me retrouvais, plus ou moins manipulé, en train de tendre à une adolescente qui cherchait à démêler son image, un miroir paternel. J'étais furieux contre moi-même de me laisser ainsi embarquer et d'un autre côté je trouvais que cette expérience illustrait bien la complexité du travail à faire avec ces femmes. Il fallait certainement les aider à rester les mères de leurs bébés quand elles en étaient séparées « à leur corps défendant » mais comme le disait très justement Françoise : « On ne pouvait pas non plus greffer de force un bébé dans la tête d'une femme qui n'en voulait pas. » Les choses ont pu bouger depuis, tout peut changer très vite en matière d'attachement, mais à l'époque j'ai vraiment le sentiment que s'acharner à parler de son bébé à Nacera était parfaitement inutile ; presque hors sujet.

Avec Nadia, en revanche, il est parfaitement inutile d'essayer de parler d'autre chose. La jeune femme a presque trente ans, sa fille Déborah qui vit dans une famille d'accueil en a huit. Nadia a été ce qu'il est convenu d'appeler une mère maltraitante. Elle reconnaît, à mots couverts, que ses accès incontrôlables de violence ont mis en danger jusqu'à la vie de sa petite fille. Une vie qui aurait très bien pu, comme celle de Tatiana, venir s'écraser contre un mur.

Heureusement, jouxtant la pouponnière, il y a ce foyer où Nadia enfant a été placée et où elle a passé de longues années. Il y a Françoise Grégoire qui l'a connue toute petite et que Nadia considère un peu comme sa maman de cœur. Alors, *in extremis*, c'était il y a quatre ans, Nadia s'est résignée à lui confier sa fille pour que d'autres l'élèvent. Depuis, régulièrement, Nadia se met sur son trente et un pour rendre visite à Françoise, un bouquet à la main.

Françoise Grégoire : – Merci ! Il faut toujours que tu m'apportes quelque chose ! Tiens, tu vas t'asseoir là. Alors j'ai vu Déborah la semaine dernière...

Nadia : – Elle va toujours aussi bien ?

F. G. : – Mieux, encore mieux !

Nadia : – Encore mieux c'est bien !

F. G. : – Tu l'as vue quand, toi ?

Nadia : – Moi, je l'ai vue il y a quinze jours...

F. G. : – Pour les Pâques ?

Nadia : – Oui ! Je l'ai gardée un peu plus que d'habitude...

F. G. : – Pour marquer... Pâques ?

Nadia : – Pas seulement pour marquer Pâques mais pour tenter aussi de la prendre un peu plus longtemps que d'habitude... chaque fois la prendre un peu plus longtemps que d'habitude...

F. G. : – Et ça s'est passé comment ?

Nadia : – Bien !

F. G. : – Mais pour toi ?

Nadia : – Ben, elle grandit, hein ! C'est pas simple, mais il faut comprendre...

F. G. : – Quand, tu dis qu'elle grandit, tu veux dire quoi ?

Nadia : – Ben, elle grandit, quoi, sans moi...

F. G. : – Tu as l'impression qu'elle t'échappe ?

Nadia : – Oui ! A cause des distances qu'on a entre nous dans la vie... Bien qu'on sache qu'on n'a pas de distance entre nous dans la tête, mais dans le réel, on peut dire qu'il y a des distances pour se voir...

F. G. : – Oui, tu la vois pas tous les jours, tu l'amènes pas à l'école, tu la fais pas manger tous les jours. Mais dans ton cœur et dans ta tête, elle est bien placée, et toi aussi tu es bien placée dans sa tête et dans son cœur... Moi chaque fois que je vais la voir c'est « comment va maman » ?

Nadia : – Oui c'est important ça !

Nadia c'était le mal de vivre et la souffrance, poussés presque jusqu'à la caricature. Nadia c'était le suicide constamment au bord des lèvres et l'absence de sa fille, le cancer qui lui rongeait les entrailles, le symbole de sa déchéance et de sa flétrissure, la fleur de lis imprimée sur son cœur au fer rouge. Le placement de Déborah c'était le point d'orgue de tout ce qu'elle appelait le « whouaïe » ! La somme d'une vie d'errance et de « galère ». Et puis, pour couronner le tout, il y avait le regard accusateur, méprisant, impitoyable des autres qui ne comprennent rien, qui ne veulent rien comprendre. Nadia qui nous recevait chez elle dans son petit appartement agencé avec beaucoup de goût. Nadia qui se donnait un mal de chien pour avoir l'air comme tout le monde.

B. M. : – Ce que les gens ne peuvent pas comprendre, c'est qu'une jeune femme comme vous, Nadia, qui a l'air apparemment bien, qui vit dans un bel appartement ne soit pas capable de vivre avec sa fille et qu'elle soit obligée de la confier à d'autres personnes. Qu'est-ce que vous aimeriez leur dire pour qu'ils comprennent ?

Nadia : – Ce que j'ai envie de leur dire c'est qu'ils arrêtent de nous juger comme ça, que ce soit moi ou que ce soit les autres. Qu'ils arrêtent de dire qu'on a placé un enfant, donc qu'on s'est débarrassé de cet enfant, quoi. Qu'ils arrêtent de nous faire souffrir plus que ce qu'on souffre, parce qu'on en crève, tous les jours c'est un jour de trop, de ne pas avoir son enfant à côté de soi. Et pourquoi on n'a pas son enfant avec soi ? Parce qu'on peut pas ! On peut pas parce qu'il y a les événements de mon enfance qui font que c'est le « whouaïe », que ça a été le « whouaïe », que ça a été une souffrance terrible et que je souffre encore même si les apparences n'y sont pas. Si je racontais l'histoire de ma vie, je serais défigurée, je ne pourrais plus sortir dehors. Alors je me camoufle pas vraiment mais j'ai pas envie non plus que l'on me pose sans cesse des questions : « Qu'est-ce qui se passe ? » « Qu'est-ce qui ne va pas ? »

B. M. : – Si les gens vous voyaient comme vous vous sentez dedans !

Nadia : – Oui ! C'est à s'arracher tout. Comme si on vous avait enfermé vivant dans une boîte parce que l'on croit que vous êtes mort.

B. M. : – Dans un cercueil ?

Nadia : – Oui, dans un cercueil fermé comme ils en faisaient avant. Et ils se sont trompés, on est encore vivant alors on gratte, on gratte, on y arrive pas mais on continue. On s'accroche tant qu'on peut mais les gens ils nous cognent dans la tête. Putain ce que c'est dur ! Tout ce que les gens nous balancent dans la gueule, comment ne pas devenir violente : « Ouais elle s'en fout, elle va danser en boîte ! » NON, c'est pas ça, pas ça du tout. STOP LES GENS ! C'est terrible ! Moi je le dis parce que l'on m'a assez salie, assez traînée dans la boue. Les gens, ils jugent tout de suite : « L'enfant n'est pas là, elle la voit de temps en temps... J'ai compris elle est D.D.A.S.S., c'est une enfant de la D.D.A.S.S. ! » Eh bien, moi, les enfants de la D.D.A.S.S. c'est super parce que moi je suis saine et sauve, je suis encore vivante grâce à la D.D.A.S.S. Mais c'est difficile croyez-moi de vivre seule et d'avoir à affronter seule toutes ces douleurs, toutes ces frayeurs, tout ce désespoir d'être par terre et que personne ne vous ramasse. Qu'ils ne sachent que dire : « Elle a pas sa fille » et puis c'est tout. Mais moi quand je ferme la porte de chez moi on sait pas dans quel état je suis et ça il y a personne qui le comprend.

Quand je fis la connaissance de Nadia, j'étais avec Françoise. Elle m'avait prévenu que Nadia souffrait beaucoup, qu'elle avait énormément de mal à vivre et que son passé d'enfant rejetée par sa mère et trimballée de familles d'accueil en foyers de la D.D.A.S.S. pesait lourdement sur ses épaules et la paralysait. Les violences d'abord parentales puis ensuite institutionnelles qu'elle avait dû subir étant enfant faisaient d'elle un véritable catalogue ambulant de ce qu'un enfant ne devrait jamais subir. Tout ce qu'une nouvelle manière de concevoir les pouponnières et le travail social autour cherchait à réparer et à éviter pour les futures petites Nadia.

La jeune femme était suivie par un bataillon de psychologues et de travailleurs sociaux. Elle ne travaillait pas. Ses seuls revenus provenaient d'une petite pension d'invalidité versée par un organisme social qui faisait d'elle, comme de beaucoup d'autres, des infirmes civils ; des accidentés de la vie, des blessés sur le front de toutes les misères. C'est ainsi, en leur offrant un statut d'invalide, qu'au bout de quelques années notre société fait disparaître des statistiques les chômeurs de longue durée et les Rmistes les plus impénitents. C'est également ainsi que la société « honore » les victimes les plus voyantes de l'action sanitaire et sociale. Nadia parlait d'elle-même comme d'un « cas lourd ».

J'avais dit à Françoise que je souhaitais rencontrer Nadia chez elle, ce que la jeune femme avait accepté. Quand nous nous rendîmes au rendez-vous fixé, Nadia avait fait le grand ménage en notre honneur. Elle nous fit visiter son appartement que Françoise n'avait jamais vu. Un appartement comme elle disait, « clair » ; en ajoutant aussitôt « j'adore les choses claires » ! Un appartement plein de l'absence de Déborah avec partout ses petites poupées, ses disques, ses photos. Dans la chambre de Nadia, sur une étagère, il y avait tous les objets « d'art » fabriqués par la petite fille à l'école et dont elle avait fait cadeau à sa maman. Ce que je trouvais particulièrement émouvant, c'est les deux petites lettres expédiées par Déborah en vacances à sa maman. Des lettres « protocolaires » comme en reçoivent tous les parents du monde, « je vais bien, il fait beau, je m'amuse », que Nadia avait religieusement épinglées sur sa porte.

Mais le plus bouleversant, c'était la chambre de Déborah. Parce que la petite fille qui n'y dormait quasiment jamais avait une chambre dans cet appartement qui n'en comptait que deux. Et quelle chambre ! Un décor de film ! La vitrine alléchante d'un magasin pour enfants avec le lit impeccablement fait, recouvert d'un couvre-lit aux jolies couleurs et dessus tous les nounours alignés comme à la parade. Sur des étagères en bois clair, les jeux bien rangés, les cassettes des dessins animés bien alignés. Au pied du lit, un théâtre de marionnettes qui semblait ne plus attendre que les trois coups. Une chambre fin prête pour un bonheur qui ne venait pas. Il ne manquait en effet à ce décor de rêve que le joyeux désordre que n'aurait pas manqué d'y mettre la petite fille qui l'aurait investi.

Parents qui pestez si souvent contre ces maudits enfants qui ne rangent jamais rien, imaginez un instant la chambre de Déborah. On dit souvent que l'ordre, qu'il soit nouveau ou pas, c'est la mort ; on en avait l'illustration sous les yeux. La chambre de Déborah, c'était aussi la chambre dont Nadia avait rêvé et qu'elle n'avait jamais eue. Un mausolée dédié à son enfance irrémédiablement perdue.

B. M. : – Comment cela s'est passé la séparation d'avec Déborah ? Comment ? Pourquoi ?

Nadia : – Déjà en l'ayant fait, j'avais eu peur. J'avais dit que j'étais pas prête. Je ne voyais pas très bien, avoir un enfant comment c'était. On m'avait demandé si je voulais signer une décharge. Cela se passait en dehors du père qui ne savait rien de tout ça. J'avais beaucoup eu ma petite nièce avec moi mais, c'était pas la mienne c'était plus simple, c'est pas moi qui faisais tout le travail. On aime les enfants mais au départ on voit pas tout ce qu'il y a à faire tous les jours, les rots, les pleurs. Il faut être vachement disponible dans sa tête et dans son cœur. Bon le cœur y est mais c'est dans la tête que ça suit pas. Alors au début tout ce que je voulais c'était ne pas en arriver au placement. D'abord je refuse ce terme, il ne sera jamais dans ma tête. Placement, c'est brutal, c'est un peu comme on l'a fait pour moi quand j'étais jeune. Placement, ça vous suit toute votre vie, on a des trucs dans la tête des violences, des habitudes et c'est difficile après de rattraper pour arriver à faire quelque chose. Placement, c'est comme si on avait fait des fautes graves alors que moi, c'était quand même l'inverse de ces personnes qui gardent l'enfant et qui font n'importe quoi avec. Moi ce que je voulais, c'était une aide, un parrainage, quelqu'un qui puisse la prendre de temps en temps pour que je souffle, moi. Je la portais toujours chez le docteur, on m'avait piqué la poussette, une jolie poussette, j'avais plus un sou, c'était l'horreur. J'avais été voir l'assistante sociale pour lui dire que j'avais besoin d'un parrainage, mais elle le comprenait pas bien parce que je criais pas et puis elle nous voyait toujours impeccables, on sortait toujours impeccables, les gens disaient : « Ben, dites donc, elle tient bien sa fille ! » mais tout ça c'est des choses superficielles.

B. M. : – Le père, il disait quoi ?

Nadia : – Il m'avait abandonnée. Il a abandonné sa propre fille, c'est atroce ça. Ce gars-là il a pas de figure. Il m'a même pas donné du fric, même pas un litre de lait ou des petites godasses...

B. M. : – Alors qu'est-ce qui se passait dans votre tête quand vous étiez seule avec votre fille ?

Nadia : – On n'avait pas d'argent, alors on ne faisait rien et moi j'en faisais rien de ma fille. J'avais idéalisé une vie et je me heurtais à... j'arrivais pas à concrétiser. Je suis perfectionniste, il faut toujours que ce soit bien et ma fille n'était pas comme il fallait. C'est pas que je voulais qu'elle soit absolument comme ci ou comme ça, bien droite, mais quand même qu'elle tienne pour arriver à lutter dans la vie contre toutes les peurs, les frayeurs, l'angoisse qu'on peut avoir. Et le plus douloureux c'est que, au lieu de ça, j'ai senti qu'elle souffrait, qu'elle était pas bien par rapport aux autres enfants. Elle avait du mal à parler, elle était recroquevillée sur elle-même. Les personnes me disaient : « Tiens, elle a l'air un peu fatiguée ! » mais moi je voyais pas tout ça. Je l'habillais, je voulais qu'elle soit... je lui mettais des habits « branchés » mais c'était pas ça, elle était pas comme les autres. Pour moi c'était affreux, c'était effrayant, le pire c'est QUAND ELLE ME REGARDAIT AVEC SES GRANDS YEUX BLEUS, SON REGARD FIXE...

Ce que Nadia décrit c'est la montée en puissance d'une angoisse fondée sur l'isolement et le sentiment d'impuissance, la mise en place des conditions propices à la survenue de la violence, une sorte de prélude à des mauvais traitements qui peuvent aller jusqu'aux sévices quand la mère ou le père ne parviennent pas à garder une lucidité suffisante pour comprendre que la source de leurs angoisses est uniquement en eux-mêmes. Quand perdant tout contrôle les parents se mettent à croire que l'enfant « le fait exprès », « les cherche », que par son comportement il les nargue et les provoque. Au bout de cette sorte d'égarement, il y a des bébés de quelques mois, voire de quelques semaines, victimes de sévices pouvant aller jusqu'à entraîner la mort.

Le temps fort de cette partie du récit de Nadia, ce fut le moment où elle évoqua le regard fixe de son enfant posé sur elle ; regard vécu sans doute comme accusateur. En disant cela, Nadia elle-même me regardait fixement avec ses grands yeux bleus, naturellement exorbités, très beaux d'ailleurs, qui lui sortaient carrément de la tête. J'avais ressenti très fort ce qu'elle me disait là. Je me souvenais de ma fille contre qui je m'étais énervé certains jours uniquement parce que j'avais peur ou que je me sentais en échec, me regardant un peu de cette façon accusatrice décrite par Nadia. Je reconnaissais aussi ses yeux à elle : ces yeux exorbités, c'étaient ceux d'une des femmes de mon père qui ne portait pas l'enfant que j'étais dans son cœur.

Plus tard, Françoise m'emmena dans la famille où était accueillie Déborah, un couple de travailleurs sociaux, Aline et Michel, chez qui visiblement la petite fille se sentait bien. Quand je franchis le seuil de la maison, l'enfant me regarda à la dérobée, de façon fugitive. J'avais présent à l'esprit l'impact de son regard sur sa mère et en le croisant j'eus un choc : Déborah avait les yeux de sa mère. Quand Déborah, certainement paniquée par l'angoisse de sa mère, la regardait fixement, Nadia devait se voir enfant regardant sa propre mère. Cela devait être épouvantable pour elle : se dire qu'elle était en train de refaire subir à son enfant ce qu'elle avait subi elle-même. Je me souvenais avoir au Canada rencontré des femmes maltraitantes qui toutes disaient que l'enfant sur lequel elles s'acharnaient était l'enfant qui leur ressemblait le plus.

B. M. : – Mais, je voudrais que vous m'expliquiez, quand vous étiez en présence de votre enfant il y avait une violence qui montait ?

Nadia : – Oui, oui.

B. M. : – Vous sentiez que vous faisiez courir un danger à votre enfant ?

Nadia : – Oui, oui, OUI. Je lui faisais courir un danger mais comme beaucoup de mères que je connais et qui ne le disent pas, qui le camouflent. Moi je suis allée dans bien des familles, c'était terrible. Je disais aux mères : « Pourquoi tu fais ça ? Pourquoi tu n'arrêtes pas ça ? » et elles me répondaient : « Non, non, on va me couper les allocs ! » Son propre enfant, putain, s'il faut penser aux allocs ! C'est affreux, c'est un truc que je comprends pas.

B. M. : – Mais cette violence, elle venait d'où?

Nadia : – De mon enfance déjà moi qui avais été enfant martyr, et justement j'avais peur de faire avec ma fille comme ma mère elle avait fait avec moi... Et puis il y avait le regard des autres. Parce que les handicapés, on les regarde aussi, mais nous on a notre propre handicap qui ne se voit pas. Les handicapés, ceux à qui il manque un bras, les gens les regardent. C'est de la folie comme ils les regardent mais ils les regardent. Alors moi il faudrait que je sois tordue pour qu'on me regarde mieux et pour qu'on comprenne ; pour qu'on se dise « oui c'est vrai elle est tordue donc elle peut pas élever sa fille » ! Je pouvais élever ma fille mais dans de telles conditions de souffrance...

B. M. : – Vous avez parlé d'une peur qui s'est emparée de vous dès la naissance.

Nadia : – J'avais peur qu'elle souffre et qu'elle souffre de plus en plus et que cette souffrance la déforme d'abord physiquement puis jusque dans sa tête. Après cela aurait été de l'ordre de la psychiatrie et de toute façon à la longue elle aurait touché à ça : on l'aurait mise dans un hôpital spécialisé où l'on met les enfants. Parce que la souffrance que moi je traînais depuis longtemps elle était pas tout à fait traitée et en plus la psychothérapeute que j'avais elle est décédée donc j'avais un peu rompu les choses, j'avais personne pour m'épauler.

B. M. : – Vous aviez l'impression que votre « folie » à vous pouvait la rendre folle?

Nadia : – Ah! oui absolument! Alors là OUI*! A la longue je pense qu'elle serait devenue, pas folle à avoir des anomalies comme certains jeunes, mais...*

B. M. – Et vous quand vous la regardiez, vous guettiez des signes? Qu'est-ce qui vous faisait peur quand vous la regardiez?

Nadia : – C'était son regard. Parce qu'elle a de grands yeux bleus, son regard était très brutal. Donc ça me renvoyait à l'image de ma frayeur à moi, peut-être de mon visage à moi d'enfant, certainement A MON VISAGE A MOI. *Elle avait le même visage que moi. Je voyais cette frayeur, cette douleur cela me mettait dans un état de nervosité, de violence, tout devenait confus.*

B. M. : – De la violence dirigée contre votre fille ?

Nadia : – Parfois oui ! Mais pas plus qu'il ne fallait parce que j'ai eu très peur et j'ai tout arrêté...

B. M. : – Peur de vous-même ?

Nadia : – Peur de moi-même, peur pour elle de la mettre en danger plus qu'elle ne l'était, parce que c'est ça qu'il faut voir avec le recul, elle était hyper en danger, elle était carrément en train de mourir... C'est affreux ça, c'est terrible quand on s'en rend compte, quand petit à petit on vous parle de votre enfant tel qu'il était. Je le sentais à vrai dire mais les mots, je les trouvais pas.

B. M. : – Vous pouvez comprendre les mères qui à un moment tuent leur enfant ?

Nadia : – Cela, par contre, non je peux pas le comprendre, un moment de folie peut-être. Moi je l'ai tapée, c'est vrai. Alors ça suffisait pas aux fesses après c'étaient des gifles. Après on ne sait plus ce que l'on fait de toute façon. On gifle, ça écoute pas, on gifle on pense que c'est un poupon, qu'il doit se taire. Mais non un bébé c'est pas un poupon, il faut qu'il s'exprime. C'est pas un jouet qu'on pose dont on se dit « Tiens elle est bien là, elle s'assoit, elle bouge plus » comme j'en ai vu certaines : « Le ménage est fait tu bouges plus »... Et puis moi, comme je disais, j'idéalisais trop les choses : JE VOULAIS TELLEMENT QU'ELLE SOIT MIEUX QUE MOI, enfin qu'elle n'ait surtout pas cette souffrance dont je crevais et dont je crève encore. C'est là qu'au bout d'un moment tout se mélange, il faut se séparer, il faut une séparation.

« Il faudrait que je sois tordue pour que l'on me comprenne », disait Nadia. En fait je l'ai ressenti, malgré tous les coups vicelards que la vie lui avait réservés, comme une jeune femme d'une extrême « droiture », d'une scrupuleuse honnêteté. Je trouvais fondamentalement injuste que le comportement de cette femme la fasse apparaître comme un « monstre » d'insensibilité et d'égoïsme alors qu'en acceptant que sa fille lui soit enlevée, le moteur de son action c'était la générosité et l'amour. Elle ne pensait qu'à la mettre à l'abri, à la protéger d'elle-même. Il me semblait très important pour Nadia mais plus encore pour Déborah que cela soit souligné.

Je me souvenais d'un garçon incarcéré ou plutôt hospitalisé pour le meurtre d'une femme dans un service psychiatrique très fermé, ce que l'on appelait dans le temps « les hôpitaux de force » et que l'on appelle aujourd'hui les unités « pour malades difficiles ». Il me parlait de sa mère qui à près de soixante ans était encore obligée de se prostituer dans les allées de je ne sais plus quel bois pour survivre ; une femme qui l'avait eu très jeune et qui ne s'était pas beaucoup occupée de lui. Je ne sais pas à quel type de réactions il s'attendait de ma part, peut-être à une vague pitié, mais en tout cas je vis bien que la réaction que j'eus spontanément le surprit et le toucha profondément. Je lui répondis qu'il avait probablement fallu à sa mère beaucoup d'amour et de courage, compte tenu de la dureté de sa situation, pour simplement lui donner la vie. J'eus l'impression qu'il n'y avait jamais pensé et surtout que l'on n'avait jamais évoqué positivement sa mère devant lui.

Heureusement pour elle, Déborah était bien consciente de ce qu'elle devait à sa maman et elle rêvait de le lui rendre. Elle voulait devenir infirmière ou chirurgien et parlait souvent de soigner sa maman.

Nadia : – Ce que je veux dire aussi, c'est que moi je n'abandonne pas ma fille. J'ai demandé une aide, on me l'a accordée. Je rencontre des gens formidables, Aline et Michel qui la gardent chez eux. C'est un lieu de vie, c'est super mais elle est à moi avant tout et à aucun moment Aline et Michel ne se substituent au père et à la mère ce qui est formidable, c'est des gens exceptionnels. Dans ma grande souffrance et mon gros malheur de toute ma vie, je crois que j'ai eu beaucoup de chance.

B. M. : – *Jamais vous ne vous êtes dit : « Peut-être faudrait-il mieux que je donne ma fille en adoption ? »*

Nadia : – *Non, non. Je me le suis dit, mais au plus profond de moi-même, non, je veux ma fille. Jamais on me la prendra, elle reste en moi et les papiers sont bien conformes, il y a rien qui dise qu'on m'a pris ma fille et on me menace pas non plus. Non, non, tout est fait en fonction de ce qui se passe, des frayeurs de l'une et de l'autre parce qu'elle a ses frayeurs aussi, elle se fait beaucoup de soucis pour moi, elle a peur encore.*

B. M. : – *A votre avis, qu'est-ce qu'elle comprend à toute cette situation, votre fille ?*

Nadia : – *Elle comprend que j'ai un traitement parce qu'elle voit mes cachets, mais c'est pas évident pour elle. Maintenant qu'est-ce qu'elle comprend vraiment ? C'est difficile à dire.*

B. M. : – *Qu'est-ce qu'elle vous dit quand elle est avec vous ?*

Nadia : – *Elle me dit qu'elle voudrait revenir à la maison mais en même temps, quand la nuit tombe, elle a peur, elle veut retourner chez Aline et Michel. Parce qu'elle sait que quelque part elle n'est pas en sécurité ici, mais elle ne risque pas de mourir hein ! Parce qu'elle en est plus là... C'est ça en fait, elle en est plus là...*

B. M. : – *Elle vous aime ?*

Nadia : – *Oui. Elle m'aime et je l'aime aussi, oui c'est fabuleux.*

B. M. : – *Et comment elle vous le dit ?*

Nadia : – *Ah ben, elle me fait des dessins, on parle, on discute, on tape des conversations super, c'est super mais ça c'est notre secret, c'est à nous ça, quand elle vient...*

B. M. : – *Est-ce que vous avez l'impression que votre fille va bien maintenant ?*

Nadia : – Ah oui ! Elle va beaucoup mieux. Aline a fait un travail superbe...

B. M. : – Est-ce que ce n'est pas une souffrance de la voir aller bien ?

Nadia : – Quelque part oui, parce que c'est pas... enfin c'est grâce à moi, grâce à l'aide que j'ai demandée, mais c'est vrai qu'Aline, le travail qu'elle a fait, j'ai pas le droit de le bousiller. Je vais pas bousiller deux fois ma fille. Je ne vais pas enlever ma fille à cette famille qui lui a donné tant d'amour, tant de... Non, non, jamais.

B. M. : – Mais ça fait mal ?

Nadia : – Ça fait mal oui ! Ça fait mal, parce qu'il faut se dire quand même qu'on ne l'élève pas ! Et ça c'est vrai, je ne l'élève pas. Je l'élève pas, mais en même tant elle me ressemble beaucoup, elle a toutes mes expressions, elle est comme moi, c'est ma fille. Mais ça fait mal, c'est vrai et plus le temps passe plus ça fait mal, parce qu'elle grandit et ça c'est difficile quoi ! J'en ai les mains moites à quel point c'est difficile. Quand est-ce que ce sera fini tout ça ? Quand ? Quand ?

L'histoire de Nadia et de sa fille, comme d'une manière générale ces situations où la séparation apparaît comme la solution la meilleure, nous invitent à reconsidérer collectivement la question de la « possession » d'enfants. On pense à Khalil Gibran l'auteur du *Prophète* à qui Jean-François Mattei faisait référence : « Vos enfants ne sont pas vos enfants... » On pense à cette notion de « parentalité élargie » dont parle Geneviève Delaisi de Parseval ou de parentalité collégiale. Au lieu de garder sa fille pour elle toute seule au risque de la tuer, Nadia a eu ce réflexe salvateur de se tourner vers les autres. Au lieu de se faire avorter, Marine a tout fait pour accoucher d'un beau bébé qu'elle a rêvé heureux avec de « bons parents ». Ne faut-il pas réhabiliter ces circuits d'échanges et de circulation, revaloriser ces actes ?

Poser dans l'intérêt de leurs enfants un autre regard sur ces femmes ?

Quant à moi le « réflexe » de Nadia m'a fait me souvenir d'un autre réflexe de mère auquel je n'ai pu m'empêcher de le comparer. Un réflexe admirable dont on me fit un jour le récit. Un journaliste que je connaissais était juif et avait échappé de justesse à la fameuse rafle du Vel d'hiv. Il était très jeune, il devait avoir neuf ou dix ans, quand les policiers parisiens avaient débarqué chez lui pour embarquer toute sa famille. Il s'était retrouvé dans un autobus, assis sur les genoux de sa mère, tassé contre d'autres juifs. Toutes les mères serraient leurs enfants contre elles presque à les étouffer. La sienne au contraire, à voix basse, le préparait à la séparation. Elle voulait qu'il se tienne prêt à fuir sans se retourner dès qu'elle lui en donnerait le signal.

Les autobus arrivaient devant le Vel d'hiv. Les gens étaient invités à en descendre entre deux rangées de gardes mobiles qui allaient de l'arrêt des autobus jusqu'aux grilles du stade. Les femmes descendaient terrifiées serrant encore un peu plus fort leur enfant contre leur corps et franchissant ainsi les grilles. Sans savoir que par ce geste protecteur, éminemment « maternel », elles entraînaient leur enfant avec elles dans la mort. Au contraire l'autre mère, celle de ce futur journaliste, avait placé ses mains sur les épaules de son fils en descendant de l'autobus, guettant à l'occasion de la bousculade la moindre seconde d'inattention, la moindre faille dans le cordon de gardes. Quand elle vit une brèche : des gardes qui ne faisaient pas attention à elle ou qui lui tournaient le dos, sans aucune hésitation, sans prendre le temps de l'embrasser une dernière fois, elle poussa son fils en avant. Il fila comme une flèche, ne se retourna pas et ne revit jamais sa mère. En l'expulsant hors d'elle, là où la plupart l'auraient emprisonné dans leurs bras, elle lui sauvait la vie.

Un jour Françoise vint m'avertir que pour Tatiana, cette petite fille handicapée qui avait eu beaucoup moins de chance que Déborah, l'heure de faire connaissance avec le couple qui allait l'accueillir chez eux était enfin venue. Un couple très chaleureux. Le mari adorait visiblement les enfants et aimait jouer avec eux. La femme était éducatrice dans un foyer pour enfants handicapés. Elle avait l'habitude des enfants comme Tatiana. Eux aussi acceptèrent très simplement que la rencontre soit filmée.

En ce qui concernait la gravité du handicap de Tatiana, on avait dû beaucoup noircir le tableau à leur intention parce que, quand ils la virent, ils parurent trouver que « ce n'était pas très grave », beaucoup moins grave en tout cas que ce qu'on leur avait annoncé. Mais surtout, dans les premiers instants de la rencontre, la question du handicap ne se posa même pas. Le mari et la femme furent éblouis par la blondeur resplendissante de Tatiana et surtout très émus par le fait qu'il fallut, montre en main, moins d'une minute à la petite fille pour comprendre l'importance de l'enjeu et qui étaient ces gens qu'on lui présentait comme « une nouvelle tata et un nouveau tonton ». Elle les conquit en un seul sourire.

L'atmosphère évoquait plus une adoption qu'une simple rencontre. On avait l'impression d'assister à la naissance d'un coup de foudre réciproque, Tatiana se redressant tant qu'elle pouvait dans son berceau pour se rapprocher d'eux, souriant et gazouillant de joie, lui commençant des chatouilles, elle se penchant pour embrasser tendrement la petite fille. Passé les premiers moments des « accordailles », Tatiana se mit soudain à jouer à un jeu bien étrange : Elle commença à se cogner la tête contre les barreaux de son berceau. « Boum ! Attention tu vas te faire mal ! Boum ! Tu aimes ça, te cogner la tête ? Boum ! C'est amusant ce jeu ? Boum. » A chaque choc, Tatiana riait brièvement puis son visage redevenait grave. Elle semblait se concentrer jusqu'au choc suivant. C'est en relisant ces images qu'il me parut certain que ce jeu n'avait rien d'innocent. J'écrivis alors ces quelques lignes de commentaire : « Une fois passé les premiers instants de la rencontre, Tatiana va commencer un jeu bien étrange... Elle va se mettre à se cogner la tête contre les barreaux de son lit... Une manière peut-être de rappeler à ce tonton et à cette tata, au moment de démarrer avec eux une nouvelle vie, comment la première avait failli s'arrêter. »

Françoise Grégoire assistait comme moi à cette rencontre.

F. G. : – A chaque fois qu'un bébé est préparé pour son départ, que ce soit un retour dans sa famille d'origine ou un départ dans une famille d'accueil ou dans une famille d'adoption, je suis à chaque fois émerveillée de voir comment, très rapidement, quand je dis très rapidement, ça chiffre en petites minutes, le bébé se met à faire des choses extraordinaires, à montrer tout ce qu'il sait faire, à montrer qu'il a compris ce que ce moment était pour lui, que c'était un moment exceptionnel, que c'était un moment de retrouvailles pour un départ, parce qu'ils ne le font pas quand c'est pour une simple visite par exemple, ce moment-là, comme ça un peu suspendu...

Et, je ne suis pas la seule à le voir, parce qu'on pourrait penser que je suis farfelue, mais pour l'auxiliaire qui connaît bien ce bébé et pour moi qui le connais bien aussi, on est à chaque fois émerveillées et émues de voir qu'il a bien compris ce qui allait se passer pour lui.

B. M. : – C'est presque magique ?

F. G. : – Non ça n'a rien de magique, c'est le résultat d'un long travail avec les différents adultes qui s'approchent du berceau pour bien unifier les émotions. C'est pas magique au sens de « voilà Maman » coup de baguette et hop ! ça marche. Mais c'est quand même merveilleux, pas magique mais merveilleux, de voir jusqu'où peut aller la communication avec un bébé.

Quelques mois plus tard, je reçus de la famille d'accueil de Tatiana un petit mot accompagnant leur autorisation de diffuser les images. J'en extrais ces quelques phrases : « Comme vous le savez un procès a eu lieu et les parents de Tatiana ont été déchus de leur autorité parentale. De ce fait Tatiana devient adoptable et c'est avec grand bonheur que nous entamons les démarches afin qu'elle devienne notre fille à part entière. Encore merci de l'intérêt que vous nous avez porté surtout pour Tatiana. »

Chapitre 10

La Roumanie

Françoise Grégoire avait, par son action, contribué à faire de la pouponnière d'Avignon un exemple. Je savais qu'elle puisait son inspiration dans le modèle hongrois que constituait la pouponnière de la rue Loczy à Budapest. Cette pouponnière que j'avais filmée dix ans plus tôt à l'époque où Judith Falk en était encore la directrice. Je savais aussi que régulièrement une des responsables de Loczy se rendait à Avignon pour approfondir la formation des nurses et de l'équipe.

Mais ce que je ne savais pas et que j'appris tout à fait par hasard, c'est que Françoise était elle-même sollicitée pour aller faire de la formation à l'étranger. Comme elle ne voulait pas qu'il soit dit que, comme d'habitude, les détenteurs de la parole monopolisaient le devant de la scène, elle s'était débrouillée pour qu'à tour de rôle des nurses d'Avignon l'accompagnent pour l'aider à former leurs collègues.

C'est ainsi qu'elle se rendait très prochainement en Roumanie au titre de l'aide humanitaire pour former les nurses roumaines.

Quand elle me l'annonça, l'image de cette femme roumaine indignée entrevue au congrès de Chicago me revint en mémoire et mon envie d'aller y voir de plus près avec. Je pris alors, toutes affaires cessantes, la décision de suivre Françoise en Roumanie. Je voulais voir comment elle intervenait, qu'est-ce qu'elle exportait comme modèle. Quand je lui fis part de mon intention, Françoise me regarda un peu effarée. Elle commençait à se demander dans quelle galère elle s'était embarquée en acceptant de collaborer avec moi. Il faut dire que jusque-là elle avait fait sa petite révolution en silence, tranquillement dans son coin et que d'un seul coup elle était menacée de se retrouver sous les feux de la rampe.

Eut-elle un peu l'impression que je lui volais sa vie pour en faire un film ? Toujours est-il que sur le mode de la plaisanterie elle commença à me dire que j'étais un suceur de sang et comme nous nous rendions ensemble au pays de Dracula, elle me surnomma en riant « Le vampire des Carpates ». Cela ne me plaisait qu'à moitié. Je me demandais dans quelle mesure elle le pensait vraiment. Il est exact que derrière chaque cinéaste il y a un prédateur qui sommeille et certains d'entre nous se conduisent parfois comme s'ils étaient en terrain conquis et que tout leur était dû. Etais-je en train, sans m'en rendre compte, d'abuser à ce point de sa gentillesse ? Le fait que c'était pour « la bonne cause » n'était peut-être pas, après tout, une excuse suffisante pour la solliciter sans cesse.

Françoise intervenait en Roumanie à la demande d'une organisation humanitaire : Handicap International. J'avais *a priori*, sans vraiment la connaître, une très bonne image de cette organisation. J'avais entendu une fois son président s'exprimer à la télévision, c'était lors d'un Téléthon, et j'avais trouvé ce qu'il disait d'une haute tenue. Et puis le fait qu'ils étaient moins médiatiques que Médecins sans frontières me les rendait plutôt sympathiques : « Ils n'en faisaient pas trop ! »

La pouponnière dans laquelle Handicap s'était implanté se trouvait au fin fond de la Roumanie, en Moldavie, dans une ville proche de la frontière russe : Botosani. Je m'y rendis en avant, tout seul, pour rencontrer sur place les responsables de Handicap et les responsables roumains de la pouponnière. C'était au mois d'avril et il faisait encore un froid de canard. La ville était sinistre, l'hôtel privé d'eau chaude et de chauffage. Les conditions paraissaient réunies pour faire de mon séjour un cauchemar mais c'était sans compter sur la gentillesse incroyable des gens.

Celle d'abord de Didier Corbel le permanent de Handicap qui était installé à Botosani depuis deux ans. Il m'ouvrit grand sa maison et eut l'élégance de m'éviter les difficultés que lui avait dû connaître en arrivant. Celle des Roumains ensuite, les responsables de la pouponnière, Rodica Tanasache et Rosica Filip, les interprètes Carmen Tudosei et Irina Unguréanu, qui affrontaient les difficultés innombrables de la vie quotidienne avec un humour superbe et une dignité admirable. Des Roumains toujours prêts à vous aider et qu'il fallait supplier d'accepter quelques dollars.

La vie était dure à Botosani et bien évidemment la pouponnière n'échappait pas à cette réalité. Dans un premier temps on ne voyait que ça, la misère. La misère des lieux, la misère des enfants, la misère des femmes qui s'occupaient d'eux sans oublier la misère des quelques parents que l'on croisait. Rodica la directrice avait semblé accepter ma venue avec une sorte de fatalisme qui m'avait gêné, comme si la décision d'autoriser ma visite et plus encore de l'interdire ne lui appartenait pas. Les lieux d'extrême pauvreté semblent n'appartenir à personne, sont ouverts aux quatre vents et ceux que la pauvreté intéresse ont tendance à s'y installer un peu trop comme chez eux pour y faire n'importe quoi. Je ne voulais pas que notre présence soit perçue ainsi mais je ne voyais pas trop comment faire entendre notre différence.

Il faut dire que depuis qu'avait éclaté, après la mort de Ceausescu, le scandale des pouponnières roumaines, Rodica en avait vu passer des humanistes ! Des convois entiers de bienfaiteurs qui débarquaient sans crier gare et se répandaient dans les chambres. On en retrouvait, paraît-il, partout en train de se faire photographier avec des enfants qu'ils sortaient de leurs lits pour les prendre dans leurs bras. Si on leur expliquait que cela perturbait les enfants, ils se mettaient en colère. Ils débarquaient avec l'idée que tous ceux qui s'occupaient des enfants dans les « leagans » roumains étaient des meurtriers en liberté que l'on aurait dû emprisonner depuis longtemps et qui n'avaient, en tout état de cause, que le droit de se taire.

Eux étaient dans le camp des braves, ils arrivaient se prenant pour mère Teresa en personne, avec des camions entiers de couches-culottes sans réaliser que cela ne résolvait rien, que cela ne couvrait les besoins de la pouponnière que pour un mois et que les onze autres, les femmes recommenceraient à laver les langes. Certaines nationalités étaient plus redoutées que d'autres. Les Français s'en tiraient plutôt bien, les Anglais plutôt mal, la palme revenant, paraît-il, sans discussion possible aux Allemands qui dans la goujaterie semblaient accéder à des sommets.

Loin de tout ce tintamarre, les permanents de Handicap qui s'étaient succédé jusqu'à l'arrivée de Didier avaient fait leur trou, s'installant pour des années, apprenant la langue, observant longuement avant de suggérer quoi que ce soit. Avec d'emblée une idée forte : rien ne changerait pour les enfants sans que les nurses y collaborent de leur plein gré. Et pour la plupart des nurses roumaines, dans un pays où les êtres humains étaient eux-mêmes maltraités, le bébé n'était pas une personne. Et s'il l'était, alors il était logé à la même enseigne que tout le monde, traité avec le même irrespect, la même brutalité. Pour les permanents de Handicap, les « expats » comme on les surnommait, la stratégie choisie imposait de supporter longtemps l'insupportable.

Parlant d'une permanente, Françoise Léger, qui était l'une de ceux, avec Didier, qui étaient restés le plus longtemps, Rosica Filip racontait : « Nous faisions notre travail sans réaliser qu'il était mal fait. Nous croyions bien faire car l'enfant ne nous semblait pas en souffrir. Quand les bébés arrivaient de la maternité par exemple, ils ne faisaient l'objet d'aucune préparation avant d'être montés dans la salle et donc ils n'étaient familiarisés ni avec leur nouveau foyer ni avec le nouveau personnel. Nous décidions par exemple que Pétronella intégrerait la salle n° 3 sans se soucier de son âge et de ses besoins simplement parce qu'il y avait un lit de libre dans cette salle. C'est ainsi que nous procédions lorsque Françoise est arrivée et je me souviens que le lendemain, à la réunion avec les Français, Françoise était tellement bouleversée qu'elle en pleurait. C'est seulement quand nous avons pu commencer à nous mettre à la place de l'enfant et penser à sa situation, que nous avons pris la mesure des erreurs que nous commettions. »

Il y avait deux « leagans » à Botosani. Celui dans lequel était implanté Handicap comptait environ cent quarante enfants de quelques jours à six ans. Le leagan était divisé en plusieurs parties. Au rez-de-chaussée trois salles accueillaient les bébés les plus jeunes. Une salle minuscule avec deux berceaux et une table à langer où l'on mettait les entrants en observation et deux salles hébergeant chacune huit bébés. Dans les étages les autres enfants étaient répartis plus ou moins, semblait-il, en fonction de l'âge. Mais, sans doute par manque de place, des bébés qui ne marchaient pas et que l'on aurait mieux vus en bas côtoyaient des plus grands. A l'évidence l'ambiance était trop fébrile, trop bruyante pour leur convenir. Il devait notamment leur être très difficile de dormir autant qu'il l'aurait fallu.

En étage, dans les salles, le visiteur était assailli par les enfants qui voulaient tous le toucher ou être pris dans ses bras. Comme ils étaient une vingtaine par salle et que l'épreuve se répétait dans chaque salle, on hésitait à pousser une porte. Quand des enfants se comportent comme cela, ce n'est pas très bon signe. Cela veut en général dire qu'ils ne sont pas encadrés, qu'ils sont livrés à eux-mêmes. L'autre chose pénible dans ces salles, c'était le grand nombre d'enfants totalement repliés sur eux-mêmes ou présentant des signes de troubles mentaux qui auraient nécessité une attention particulière, une prise en charge spécifique qu'à l'évidence personne ne pouvait ni ne savait leur donner.

Didier Corbel qui me faisait les honneurs de la maison était lui comme un poisson dans l'eau dans ces salles. Il connaissait toutes les auxiliaires et la plupart des enfants par leur prénom, prenait les enfants dans ses bras et jouait avec eux ce que je m'interdisais de faire. J'ai depuis longtemps adopté la règle, en vigueur dans toutes les bonnes institutions, qui veut qu'un visiteur ne s'autorise pas, pour sa satisfaction personnelle, une relation forcément brève et vide de sens avec les enfants. Faire quelques risettes ou un petit câlin, jouer à la poupée en somme, avec un enfant dans sa famille ne porte pas à conséquence. Mais pour les enfants des institutions qui courent le danger de perdre leurs repères corporels et psychiques à force de passer de main en main, ce type de relations éphémères ne peut qu'ajouter à leur désarroi.

Didier pouvait se le permettre, il ne faisait pas que passer. Infirmier psychiatrique de formation, il connaissait assez la maladie mentale pour pouvoir aider certains enfants que les auxiliaires avaient laissés de côté. Simplement en leur accordant un quart d'heure ou une demi-heure d'attention tous les jours, il avait réussi à ramener quelques enfants prostrés, silencieux et grabataires, dans le monde des vivants. Une manière comme une autre de réveiller la curiosité des auxiliaires et de leur donner l'envie d'essayer à leur tour.

Sinon, dès le départ, les permanents de Handicap avaient compris qu'il était illusoire de penser transformer toute l'institution. Ils avaient renoncé à intervenir dans les étages autrement que ponctuellement comme le faisait Didier. Ils avaient même renoncé au projet trop ambitieux de transformer tout le rez-de-chaussée. Ils avaient donc fait de l'une des deux salles de huit lits un « groupe expérimental » dans lequel, avec l'accord des auxiliaires, ils mettaient en pratique le modèle hongrois.

Chaque changement – le plus important avait consisté à abattre les cloisons qui enfermaient les enfants dans des boxes – s'était accompagné de beaucoup de résistances à vaincre. Au moment de ma visite, le groupe expérimental était sur ses rails et nombre de celles qui travaillaient dans la salle d'à côté en avaient compris et intégré les principes. Même si les cloisons qui isolaient les enfants les uns des autres, prétendument pour les protéger d'une contamination, étaient encore en place.

Didier Corbel : – On fait vite un bilan. Quand on voit que sur cent quarante enfants, une quarantaine sont dans un grand état de souffrance psychique, on réalise que seul on ne va pas pouvoir faire. Et puis on n'est pas là pour faire à la place des autres. On est là pour sensibiliser le personnel, l'aider à se professionnaliser, à revoir l'enfant sous un autre angle pour mieux s'en occuper et lui procurer un cadre de vie structurant, plus en continu. Leur expliquer, leur montrer éventuellement que eux peuvent faire des choses pour soulager ces enfants.

B. M. : – Donc à partir de ce constat, vous avez fait le choix de vous concentrer sur une seule salle ?

D. C. : – Oui, on a mis en place ce groupe pilote que l'on appelle « expérimental » avec un petit nombre d'enfants et quelques membres du personnel et l'on a travaillé avec l'équipe de direction pour les sensibiliser à ce qu'est la petite enfance et à d'où proviennent les troubles de « l'hospitalisme » et comment les prévenir. En fait on a un peu concrétisé tout le travail déjà entamé mais en se focalisant sur un petit groupe pour que les femmes se professionnalisent vraiment et apprennent de quoi un bébé a besoin exactement pour vivre dans de bonnes conditions quand il n'a pas sa famille.

B. M. : – Quand vous faites votre petit tour dans les étages et que vous entrez en relation devant les auxiliaires avec ces enfants perturbés sur lesquels elles avaient plus ou moins fait l'impasse, comment réagissent-elles ? Quand vous montrez l'exemple, est-ce que cela les réveille, les stimule ?

D. C. : – C'est vrai qu'il y a l'idée de montrer l'exemple même si l'expression n'est pas très jolie, mais ce qui est sûr c'est que cela réveille surtout beaucoup d'angoisse chez ces femmes.

B. M. : – Qu'est-ce qu'elles trouvent d'angoissant à cela ?

D. C. : – Le fait que je puisse simplement m'asseoir à côté de l'enfant sans rien faire, juste attendre... attendre. On ne peut pas intervenir directement sur un enfant qui est dans une situation de souffrance et de repli, d'enfermement. On ne peut que s'asseoir à côté de lui et attendre qu'il se passe quelque chose, qu'il fasse un mouvement dans notre direction et là travailler la relation à partir de ce qu'il nous donne. Mais me voir rester immobile, en attente devant un enfant qui se balance, qui a les yeux dans le vide et qui ne vous voit pas, qui se tape dessus – il y a tous les stéréotypes possibles et imaginables – c'est très angoissant pour elles. Et penser que ça peut être ça s'occuper d'un enfant, c'est inconce-

vable. C'est pas ce qu'on leur a appris, c'est pas pour ça qu'on les paie. Elles sont pas là pour ça, elles sont là pour donner à manger aux enfants, les changer, les laver, les coucher. Avec les autres enfants, ceux qui ont une maladie « génétique », comme elles disent, une maladie incurable, elles font le minimum. Moi je leur ai montré que ces enfants, contrairement à ce qui les arrangeait de croire, n'était pas soumis à un destin inexorable, n'était pas définitivement fermé. Alors la levée d'angoisse, les discussions qui ont suivi sur le sens de ce travail ont permis d'établir que c'était difficile d'aider ces enfants, que c'était pas valorisant, que cela demandait des efforts continus et constants, mais qu'il fallait le faire. Parce que si l'adulte ne s'investit pas dans ce travail, il abandonne l'enfant. Mais en même temps qu'il l'abandonne, l'adulte sombre lui aussi dans la souffrance parce que cet enfant-là témoigne de cet abandon.

B. M. : – Est-ce là que vous avez découvert que si l'on veut aider les bébés roumains, il faut aider les adultes qui s'en occupent ?

D. C. : – Oui, ce n'est pas une idée que j'avais en arrivant. C'est une idée qui s'est forgée sur le terrain très rapidement.

B. M. : – Quand avez-vous ressenti le besoin de faire appel à une équipe de formation ?

D. C. : – Quand après avoir mis en place la structure, les grands éléments du groupe expérimental, sont apparues les demandes plus précises sur des détails de prise en charge des bébés. Je ne savais plus répondre, j'étais dépassé, il fallait passer la main.

B. M. : – Et pourquoi n'avez-vous pas choisi de faire venir un pédiatre ou un pédopsychiatre ? Pourquoi avez-vous fait appel à des personnes qui travaillaient dans une pouponnière ?

D. C. : – C'était intéressant de faire appel à des gens qui pouvaient témoigner qu'ils étaient passés par les mêmes problèmes. Grâce à cette expérience, ils ne venaient pas en disant : « On sait mieux que vous, on va vous apprendre » mais : « Tra-

vaillons sur votre vécu, on a vécu ces étapes, on les vit toujours, on y travaille encore, on peut échanger sur nos difficultés. On peut avancer ensemble en travaillant à partir de votre réalité à vous. Elle est tout aussi riche que la nôtre. »

L'effort qu'il avait dû faire pour être « juste », pour ne pas s'indigner à tort et à travers, avait conduit Didier à être assez critique vis-à-vis de la manière « sensationnelle » dont les médias avaient abordé le « scandale » des pouponnières roumaines. Il suspectait une manipulation bien orchestrée par le pouvoir roumain pour faire affluer les aides européennes et les dons. Ainsi les lieux où l'on avait laissé les journalistes filmer n'étaient très souvent, pas des pouponnières, comme ils l'avaient sans doute cru, mais des services de psychiatrie infantile ou des services pédiatriques en fait de véritables dépotoirs, où les enfants étaient vaguement encadrés sur le plan médical mais totalement abandonnés sur le plan affectif. Les visages qui nous avaient tant émus n'étaient pas ceux d'enfants en bonne santé mais malheureux, c'étaient ceux d'enfants malades ou déjà très perturbés.

Pour nous, spectateurs français, cette confusion n'avait strictement aucune importance mais pour le personnel des pouponnières elle en avait une très grande. Découvrir la réalité de ces sortes de mouroirs avait aussi été un choc pour les femmes travaillant dans les pouponnières. D'une part elles y envoyaient depuis des années ces enfants que Didier les invitait à repêcher et dont elles avaient cessé de s'occuper. D'autre part, alors qu'elles avaient réussi à se persuader que ces enfants, pris en main par des gens plus compétents, plus spécialisés, recevraient de meilleurs soins ailleurs, elles découvraient qu'il n'en était rien, bien au contraire. Enfin, on les accusait d'un crime qu'elles n'avaient pas commis : même si les pouponnières roumaines étaient loin d'être des havres de paix, elles n'avaient jamais été ces mouroirs que nous montrait la télévision. A Botosani, avant l'arrivée de Handicap, on s'occupait sans doute mal des enfants, mais on s'en occupait.

Didier m'apprit que l'on pouvait encore à Botosani même, trouver des lieux où la réalité correspondait aux images recueillies par la télévision. Il me parla d'un service médical, le service des enfants contagieux qui était, paraît-il quelque chose comme l'Everest de la maltraitance institutionnelle mais il me proposa d'en visiter un autre qui sans atteindre l'altitude du premier culminait largement au-dessus des huit mille mètres. C'était l'hôpital des dystrophiques.

On a beau y être préparé, quand on entre dans ce genre d'endroits, le sentiment qui domine c'est la colère. Dans de grandes salles désertées par les adultes, trente à quarante lits-cages répartis dans six compartiments vitrés. De très nombreux lits vides et dans les autres des bébés enveloppés dans des langes souillés. Certains pleurent, d'autres dorment. La plupart sont emmaillotés serré, à l'ancienne, bras et jambes immobilisés, on dirait les fèves d'une monstrueuse galette des rois. De temps à autre une auxiliaire entre pour changer un bébé. Elle arrive près de son lit sans le prévenir, sans le nommer, descend la grille du lit dans un grand fracas métallique, déshabille le bébé à toute vitesse sans lui adresser la parole, l'emporte jusqu'à un lavabo, ouvre à fond l'unique robinet d'eau froide et place le dos et les fesses du bébé qu'elle frotte sous le jet. Le bébé hurle. Elle revient au lit, sèche le bébé, le rhabille toujours très vite et en silence, puis elle cale le bébé sur son oreiller, referme la grille du lit dans un nouveau fracas métallique et s'en va sans même un regard.

Dans d'autres salles, les bébés sont plus grands, ils se tiennent debout en s'agrippant aux barreaux. Ni nounours ni jouets dans les lits. Aucun adulte en vue. Un silence de cathédrale. La plupart des enfants se balancent frénétiquement sans émettre le moindre son. Ils pourraient sortir de leur lit mais cela leur est interdit. Handicap International a fourni des jouets à condition qu'un compartiment par salle soit transformé en espace de jeux. Les espaces existent mais, pour le moment, aucun enfant n'y joue : il faudrait pour cela qu'il y ait des adultes pour les accompagner.

Qui sont ces enfants ? Pourquoi sont-ils là ? Didier qui m'accompagne me suggère, un peu pervers sur les bords, de poser ces questions et quelques autres au médecin-chef de l'établissement : le Dr Petrovici qui nous attend. Va pour le Dr Petrovici que j'accuserais volontiers de crime contre l'humanité après l'électrochoc que je viens de subir. Ce n'est pas de sa faute mais il a vraiment le physique de l'emploi : une carrure massive, des mains et des bras énormes dont l'un dans le plâtre et un visage que l'on verrait mieux dans un abattoir que dans un service de pédiatrie. Comble du comble, le monsieur nous présente son chien, un molosse à qui va toute sa réserve de tendresse et qui doit bien dévorer un kilo de viande par jour dans un pays où les gens crèvent de faim. La seule chose qui me console un peu c'est qu'il n'en mène pas large, le bon docteur. Il se doute bien que je ne suis pas là pour applaudir. Les difficultés de la traduction simultanée rendent l'interview un peu aléatoire d'autant que je soupçonne Monica, l'interprète, d'édulcorer quelque peu mes questions.

Dr Petrovici : – Il s'agit d'enfants qui ont un handicap pondéral, qui ne grossissent pas, et le but de notre action est de corriger ce handicap. Le handicap pondéral est associé à divers autres handicaps. Il existe des handicaps biologiques, rachitisme, anémie, baisse des défenses immunitaires, combinés avec des handicaps sociaux.

B. M. : – Des handicaps sociaux ?

Dr Petrovici : – Ces enfants sont issus de familles nombreuses à petit budget, pratiquement dépassées par les soins à donner à ces enfants. Ces enfants arrivent dans des unités pédiatriques avec des affections diverses : respiratoires, digestives et ils sont abandonnés par leur famille dans ces unités. Les affections seront guéries, mais leur séjour prolongé dans ces unités hospitalières implique le risque énorme que ces enfants rechutent. Donc notre unité fonctionne comme un lieu de postcure (!). Les enfants sont pris en charge après hospitalisation ; nous leur assurons la continuation des soins médicaux et essayons aussi de leur prodiguer des soins parentaux. Nous veillons à leur développement psychomoteur comme s'ils étaient dans leur famille. Nous tenons lieu de famille (!). Nous les récupérons sur le plan pondéral, traitons leurs handicaps biologiques, et pratiquement, avec une alimentation meilleure que celle qu'ils recevraient dans leur famille, leur résistance s'accroît. Ils deviennent plus forts et, après une certaine période, ils sont aptes à retourner dans leur famille.

B. M. : – Qui les récupère effectivement ?

Dr Petrovici : – Parfois mais pas souvent. C'est le résultat de l'ancienne politique nataliste de Ceausescu qui faisait obligation aux femmes d'engendrer au moins cinq enfants, sans que leur situation matérielle leur permette d'assumer les besoins de ces enfants. L'éducation sanitaire, le planning familial qui a été institué dans tous les pays développés a fait que les familles ont un nombre d'enfants compatible avec leur situation économique. Chez nous la contrainte exercée à l'encontre des femmes a fait qu'économiquement elles étaient dépassées. Et c'est une des raisons pour lesquelles les enfants sont plus souvent malades. La grossesse est mal suivie, les femmes se négligent, l'enfant vient au monde prématurément ou avec un handicap pondéral plus d'autres handicaps. Sa mère est mal nourrie, présente une carence en fer, une carence en vitamines ; elle transmet ces carences à l'enfant qui vient au monde avec ces handicaps, avec une résistance diminuée.

B. M. : – Quand vous dites que vous tenez lieu de famille pour ces enfants, vous le croyez vraiment ?

Dr Petrovici : – Vous voudriez certainement que je parle de pratique, mais cela serait un peu trop long. En bref, je dirai ce que je voudrais, ce que j'essaye de faire. Moi je suis prêt pour des changements. J'ai étudié pour savoir quoi faire avec les enfants. Mon opinion est que, malgré l'effort consenti par tout le personnel, nous faisons trop peu pour ces enfants. Nous nous heurtons à des grandes difficultés matérielles. Actuellement nous sommes dans une situation de transition et nos prétentions doivent se limiter strictement à nos possibilités. Nous avons très peu de personnel par rapport au nombre d'enfants. Le personnel a été réduit de moitié mais le nombre d'enfants est resté le même. En dehors de cet aspect, il y a le problème économique. Un budget est alloué pour la médication et l'alimentation de l'enfant. Nous voudrions bien utiliser certains médicaments que nous connaissons pour avoir consulté des prospectus mais nous n'avons pas l'argent pour les acheter. Notre marge de manœuvre est plus que restreinte. Je n'exagère pas, c'est la réalité. Pour ce qui est du personnel, nous n'avons pas un encadrement spécialisé parce qu'à ce jour personne ne s'est intéressé à ce problème. Ça commence seulement maintenant. En dehors du personnel spécialisé, éducateurs, etc., il faudrait des jouets spéciaux, des espaces de jeux, des espaces verts, toute une série de choses que l'on pourrait créer, mais il faudrait pour cela un personnel bien plus nombreux. Avec les six assistantes et les quatre infirmières que j'ai dans la salle, pour assurer trois équipes par vingt-quatre heures, on ne peut pas travailler. Pas même en temps de guerre !

B. M. : – Vous n'avez pas espoir que cela change ?

Dr Petrovici : – Il y a quatre ans, au début de la révolution, j'avais des espérances plus grandes qu'à ce jour, mais j'en garde encore. J'espère que quelqu'un finira par comprendre. Que les téléspectateurs français comprennent c'est bien mais moi je serai surtout heureux si un dirigeant responsable de mon pays, quelqu'un qui a le pouvoir de corriger les choses comprenait. Les aides palliatives qui arrivent de l'étranger, comme les camions avec du lait en poudre, des jouets, de l'habillement, sont les bienvenues. Mais moi je ne trouve pas cela très normal. J'ai un gouvernement, un budget, un ministère, c'est d'eux que j'attends plus. Beaucoup plus. C'est un petit paradoxe. Mais quand même pour l'avenir, j'ai de grandes espérances. Dans un avenir plus ou moins lointain, ces problèmes seront dépassés. Pratiquement, cette catégorie d'enfants n'existera plus. L'objet de notre activité disparaîtra avec le redressement économique, le rétablissement du planning familial et l'augmentation du pouvoir d'achat individuel. Cette section disparaîtra et ce sera une très bonne chose. Mais, en attendant, nous continuerons à faire notre devoir en soignant ces enfants comme nous pouvons.

Durant l'interview, le Dr Petrovici sue comme un bœuf. Dans son effort pour dire publiquement, peut-être pour la première fois, ce qu'il pense vraiment, il est presque touchant. Pas presque d'ailleurs, il est vraiment touchant. Pour finir de me convaincre de sa bonne foi, pour que je prenne bien la mesure de la situation dans laquelle il se débat (mollement ou pas, c'est toute la question. Mais il est clair que ce n'est pas un foudre de guerre), il me dit avec un sourire vouloir me montrer quelque chose. On sort.

L'hôpital, dont la façade très laide n'en est pas franchement une, s'appuie presque à l'arrière contre une palissade en béton. Entre la palissade et l'arrière du bâtiment il ne doit pas y avoir plus d'un mètre, à peine un passage. Souriant maintenant franchement, Petrovici me suggère de me faufiler pour voir l'arrière du bâtiment. Je m'exécute et me colle contre la palissade pour avoir un peu de recul. Intrigué, je découvre une belle entrée en marbre envahie par les mauvaises herbes avec trois marches et une grande porte vitrée à deux battants aussi imposante qu'inutile et d'ailleurs condamnée. Ravi de voir ma tête le docteur hilare me fournit l'explication : l'entrepreneur s'est trompé, il a mal lu le plan de l'architecte et il a construit l'hôpital à l'envers. Ce que je viens de voir était initialement la façade et on accède donc à l'hôpital par ce qui aurait dû être l'entrée de service !

Plus tard, quand l'équipe de tournage m'aura rejoint, on reviendra filmer les « dystrophiques ». Le jour du tournage, l'ambiance est différente, on arrive au moment des « soins ». Il y a quelques adultes dans les salles. On alimente les « fèves », les bébés emmaillotés jusqu'au cou, sans les prendre dans les bras, sans les sortir du lit. Pas le temps. Les auxiliaires restent debout à côté du berceau, le biberon à bout de bras dans la bouche du bébé. Elles se parlent et ne regardent pas le bébé qu'elles gavent. On dirait des pompistes dans une station-service en train de remplir un réservoir. Quand cela ne va pas assez vite, elles calent le biberon avec un oreiller et elles laissent le bébé se débrouiller tout seul.

Quand je raconterai à Françoise les biberons calés dans la bouche des bébés elle n'aura pas l'air surprise. Elle me dira que cela se pratique couramment dans les pouponnières françaises, la nuit. Elle ajoutera, en me regardant bien en face avec un petit sourire à la fois malicieux et triste : « Je ne jurerais pas que l'on n'en fait pas autant chez nous à Avignon. » J'enregistre le message : la nature humaine est imparfaite. Françoise est bien placée pour le savoir, il n'est d'autre solution que de faire avec. Dont acte.

Dernière image que nous emporterons des « dystrophiques », un soin infirmier. Une scène qui dure montre en main une minute et demie. Ce que l'on appelle un plan-séquence dans notre jargon. N'oublions pas que la vocation première de ce service, dixit le Dr Petrovici, est médicale. Il s'agit de requinquer des enfants jugés plus faibles que la moyenne. Une infirmière fait une piqûre dans le crâne d'un bébé emmailloté tenu par une auxiliaire. Il paraît que ce n'est pas douloureux du tout, n'empêche que le bébé hurle. L'infirmière retire l'aiguille, presse un coton et s'en va tandis que l'auxiliaire berce dix secondes le bébé de haut en bas pour qu'il se calme. Elle se dirige alors vers son lit, elle l'y laisse tomber plus qu'elle ne le pose, va chercher un oreiller contre lequel elle le cale, remonte brutalement la grille du lit qui fait un bruit d'enfer et s'en va sans un mot. Un bref instant sidéré et silencieux le bébé, jusque-là plutôt attentif, réalise alors que c'est tout ce qu'il aura comme réconfort et qu'il est seul. En pure perte, il braille sa détresse.

Je pense à Bettelheim, sur lequel il est à la mode de cracher depuis son suicide, Bettelheim qui nous disait en substance, à Daniel Karlin et moi : « Un hôpital doit être un lieu où un enfant normal pourrait vivre. Parce que si un hôpital ne convient pas à un enfant normal, comment peut-on espérer qu'il convienne à un enfant malade ? »

Une chose est sûre, ce n'est pas en prononçant des condamnations sans appel contre tous ces gens qui s'en occupent si mal que l'on va aider efficacement les bébés qui gisent là. Il faut investir ces lieux, y travailler patiemment et en silence comme Handicap International l'a fait dans le leagan tout proche. Mais l'aide humanitaire a ses limites. Combien de temps encore Handicap va-t-il rester en Roumanie sachant que de nouveaux fronts, le Rwanda, la Bosnie, s'ouvrent ? Et si Handicap s'en va, avant d'avoir semé dans cet établissement les germes d'un changement irréversible, que vont devenir ces enfants ? Que deviennent les enfants des institutions roumaines dans lesquelles aucune organisation humanitaire n'a jamais mis les pieds ? Vont-ils pourrir dans un asile comme, il y a seulement vingt ans, pourrissaient chez nous dans divers établissements des enfants commodément classés débiles ?

Françoise est arrivée tôt le matin, un bouquet de fleurs

à la main, en compagnie de Monique Reynes et de Nicole Astay, une complice de toujours. Sur le perron du leagan, Rodica et Rosica sont là pour l'accueillir. Les femmes s'embrassent. Sans perdre de temps elles se dirigent vers une grande salle où les attendent du café et des gâteaux. Il faut se mettre bien d'accord sur le déroulement du séminaire de formation pour vraiment mettre à profit les quelques jours que Françoise doit passer à Botosani. Monique et Nicole préparent les cassettes vidéo sur lesquelles les groupes vont travailler. Certaines tournées à Avignon d'autres tournées par Didier à Botosani. Toutes montrent des séquences de soins et des interactions entre les nurses et les bébés. Dans le travail de formation qui se prépare, la vidéo va jouer un rôle primordial.

Déjà les premières nurses roumaines arrivent, timides, réservées, elles disent bonjour comme si elles avaient quitté Françoise la veille et elles s'asseyent. Divisées en deux groupes, elles vont assister chacune, pendant trois jours, à une session le matin et une autre l'après-midi. Il y a là les nurses du groupe expérimental mais aussi la plupart de celles du rez-de-chaussée. Les infirmières, très imprégnées de l'idéologie médicale et longtemps rétives à l'idée que le bébé est une personne, sont là aussi. Elles sont gagnées à la cause même si j'ai pu observer en les regardant travailler, qu'elles ne se défont de leurs certitudes que lentement.

Projection d'une séquence de quelques minutes montrant une interaction nurse/ bébé, suivie d'une séance d'écriture. Les nurses doivent décrire ce qu'elles ont vu, ce qu'elles ont observé. Que fait la nurse ? Que fait le bébé ? Troisième phase elles exposent, chacune à tour de rôle, ce qu'elles ont observé. Il s'agit d'une observation très fine dont ces femmes se révèlent parfaitement capables, prouvant à l'envi qu'elles connaissent déjà bien les bébés. Mais Françoise indéniablement les connaît mieux encore. Elle a plusieurs longueurs d'avance. Elle relaie ce qu'elle-même a appris en Hongrie et en France. Cette transmission qui crée un trait d'union entre ces femmes a quelque chose de très émouvant. On est très loin de Chicago et de ses jugements à l'emporte-pièce, on assiste à un échange d'égal à égal, de professionnels à professionnels, qui démontre en passant à quel point s'occuper d'un bébé est un travail hautement qualifié.

Monica par exemple donne un bain à Christina. Avec sa main en creux, elle recueille de l'eau qu'elle fait couler dans le dos du bébé. Puis elle s'arrête pour sécher le bébé. Trop tôt, lui fait remarquer Françoise, tu n'as pas prêté attention à ce geste de Christina qui avançait sa main à la rencontre de la tienne pour que tu lui montres comment faire comme toi, comment jouer avec l'eau. Le bébé adressait un signal que la nurse n'a pas vu. Un rendez-vous manqué, un de plus pour des bébés qui sont coutumiers du fait. La planète des bébés c'est un peu la planète des singes. Ils essaient de nous dire qu'ils sont humains mais on ne les entend pas. Alors ils s'énervent ou pire ils s'ennuient. Monica acquiesce, son intérêt est stimulé, gageons qu'à la prochaine occasion, elle va faire montre d'une plus grande vigilance.

Une chose me frappe : ce que Françoise est en train de pointer pour le plus grand profit des nurses roumaines, nombre de nurses françaises l'ignorent. Des nurses qui pensent savoir sur le bébé tout ce qu'il y a à savoir et qui seraient offusquées si on leur proposait de suivre une formation avec la psychologue et les nurses d'une autre pouponnière. Par le biais du film que je tourne, des images que je montre, par un effet de ricochet, elles vont être bien obligées d'écouter Françoise. Peut-être vont-elles alors, comme le souhaitait Geneviève, se mettre à observer plus attentivement le bébé et, pourquoi pas, amorcer leur propre révolution. L'illumination voilà tout le mal qu'on leur souhaite.

Pendant les quelques jours qu'elle va passer dans la pouponnière, pas une fois Françoise ne s'approchera des bébés. Elle a emmené avec elle un bébé en caoutchouc et quand elle discute avec les nurses la manière par exemple de prendre le bébé selon qu'il est sur le ventre ou sur le dos, elle illustre ses propos à l'aide de sa poupée. Ce faisant elle adresse aux nurses roumaines un message très clair. Elle n'est pas là pour travailler avec les bébés mais pour travailler avec celles qui s'en occupent. Elle les reconnaît en tant que professionnelles mais aussi en tant qu'êtres humains. Alors que la plupart des gens débarquent avec des cadeaux pour les bébés, Françoise et les nurses d'Avignon sont venues avec des cadeaux pour elles et pour leurs enfants.

Françoise Grégoire : – On avait dans la tête ces images que l'on a vues à la télévision française, ces images de bébés en très grande souffrance et les adultes qui s'en occupent éteints, indifférents, fatigués. On avait peur d'être englué dans le désespoir mais d'un autre côté c'était gratifiant, cette mission, alors on a bien réfléchi et l'on s'est dit que malgré notre envie de faire quelque chose tout de suite pour les bébés de l'orphelinat où nous allions aller, il fallait plutôt faire quelque chose avec les nurses. Commencer par s'occuper d'elles pour qu'elles puissent après s'occuper des bébés.

B. M. : – Comment cette idée vous est-elle venue ?

F. G. : – C'est un long cheminement mais c'est aussi l'expérience que quand on fait pour un bébé quelque chose de limité dans le temps, cela fait plaisir à l'adulte mais pas au bébé. C'est se faire plaisir à soi que d'apporter un jouet, des couches ou du lait, câliner le bébé un jour ou deux et repartir parce que lui il reste et il grandit. Et maintenant on sait tous qu'un bébé, pour grandir, ce dont il a besoin c'est de la personne qu'il rencontre et qu'il retrouve tous les jours, celle qui assure sa continuité. Donc ces expériences que d'autres ont faites qui ont déprimé le person-

nel, déprimé les institutions, de recevoir comme cela des camions de couches, de jouets ou de médicaments puis plus rien, nous ont fait prendre conscience de la nécessité de faire autre chose.

B. M. : – *Quoi concrètement ?*

F. G. : – *Dire à ces femmes qui avaient vu les images montrées à la télévision, qui avaient entendu ce que l'on disait d'elles et qui vivaient dans une très grande culpabilité que nous les respections en tant qu'êtres humains et que si en tant que professionnelles il y avait des choses qu'elles faisaient mal, qui faisaient mal aux enfants, nous allions y travailler ensemble. Et alors on est arrivé avec des cadeaux pour elles et pour leurs enfants. Parce que l'idée nous était venue que pour ces femmes, avoir parfois plus de choses à donner aux enfants de la pouponnière qu'à ses propres enfants, par exemple des bonbons, du chocolat, ou des oranges, c'était pas évident. Donc on leur a apporté des petites choses et ensuite, dans le travail, on leur a apporté une conception un peu nouvelle du bébé, c'est-à-dire qu'un bébé ça a des besoins différents de ceux d'un adulte, des choses que l'on sait depuis la nuit des temps mais qu'il faut retrouver dans le métier.*

B. M. : – *Que l'on a perdu ?*

F. G. : – *Oui, du fait d'un surinvestissement du modèle médical hygiéniste qui privilégie les soins médicaux et infirmiers au détriment de la relation et de la communication.*

B. M. : – *Ceci étant, ayant vu les images que nous avons tous vues, n'aviez-vous pas tendance comme tout le monde à être dans la réprobation vis-à-vis de ces femmes ?*

F. G. : – *Non, parce que cela fait longtemps que je travaille dans la pouponnière où je suis et ce sentiment d'être jugée, cette culpabilité, moi-même et le personnel que j'accompagne nous les avons éprouvés. Dans les années 70 on a beaucoup dit, en France, que les pouponnières étaient des endroits terribles pour les enfants, ce qui était vrai d'ailleurs, donc j'ai vécu cette expérience professionnelle de subir la réprobation et les jugements. Il y avait aussi cette habitude que j'avais prise de ne pas juger moi-même les parents en grande difficulté donc j'étais fin prête pour pouvoir sans aucune difficulté respecter ce personnel sans les juger. C'est vrai que c'est un mouvement humain de dire ces adultes sont horribles pour ces bébés, ce sont des monstres, des sorcières mais il faut savoir que leur comportement est aussi une conséquence de la trop grande souffrance de l'enfant. Quand on doit s'occuper de seize, dix-huit ou vingt enfants, face à cette terrible douleur de ne pas pouvoir répondre naturellement en accord avec notre humanité, ne pas pouvoir les prendre dans les bras, les câliner, les embrasser, la seule protection que l'on a c'est le retrait et l'indifférence.*

B. M. : – Quand on travaille dans une institution à ce point mortifère, est-ce que l'on a conscience de participer à une sorte de meurtre ?

F. G. : – Oui, oui.

B. M. : – Qu'est-ce que l'on fait à partir de là ?

F. G. : – On devient une machine. On se protège en étant mécanique, en se disant que cet endroit est un « ailleurs » et qu'on est obligé. Il y a d'autres moyens de protection comme par exemple choisir un enfant en particulier que l'on materne. On peut vivre comme ça mais profondément on sait ce que l'on fait.

B. M. : – Ce que vous dites m'évoque l'image d'un procès imaginaire auquel on se prépare avec comme système de défense : « J'ai fait ce qu'il fallait faire, j'ai obéi aux ordres, je ne suis pas responsable ! »

F. G. : – Oui, mais il y a deux choses dans l'histoire du procès. Personne n'est responsable de ce qu'il ne sait pas et ici il y a beaucoup de choses que le personnel ne sait pas. Il ne sait pas que le bébé est une personne, qu'il a une unité sensorielle, sensorimotrice, mentale, affective. Les femmes le savent instinctivement pour leurs enfants mais elles ne le savent pas intellectuellement, professionnellement pour les bébés de la pouponnière. De ce savoir qu'elles n'ont pas elles ne sont pas responsables. Mais le procès elles se le font tous les jours en luttant contre leurs émotions. Ces bébés qu'elles excluent, qui s'excluent eux-mêmes de la vie, elles le sentent, elles le savent et elles en souffrent. Elles s'en protègent par l'indifférence et la distanciation.

Le travail de Françoise consiste, en fait, à tendre à ces femmes une perche qui peut leur permettre d'échapper à ce cycle de souffrance et de culpabilité dans lequel elles sont enlisées. La plupart d'entre elles s'en saisissent. Des femmes pour qui l'on sent qu'il n'y aura plus de retour en arrière possible. Dorina par exemple, une jeune femme dont l'allure moderne tranche sur celle des autres qui toutes ont l'air de paysannes à l'ancienne. On la filme donnant un premier biberon à Fiorint, un bébé qui vient tout juste d'arriver du service des dystrophiques où il a passé de longs mois. Il est dans un sale état. Il est effrayé par le changement de ses habitudes, il geint en continuité. Dorina le berce, lui parle sans le quitter des yeux, attentive à se couler dans son rythme, ne lui présentant le biberon que très lentement quand elle le sent prêt à boire. Avec d'infinies précautions, elle tisse autour de lui cette enveloppe contenante qui lui a fait cruellement défaut comme chez tous les autres « dystrophiques ».

Je pense aussi à une infirmière dont j'ignore le prénom qui était habillée pauvrement mais qui avait un très beau visage qui la faisait ressembler à la Jeanne d'Arc du film de Dreyer. Avec beaucoup de précautions et encore quelques réticences, je la voyais s'approcher des bébés, prendre le temps de les observer, de leur parler. Je voyais ses gestes s'arrondir. Changement hautement symbolique : à la différence d'une autre infirmière qui continuait à entrer intempestivement dans les salles d'un air décidé et important, elle avait ôté sa blouse blanche. Et elle n'hésitait pas à coller la joue du bébé contre la sienne, un long moment après avoir fini un soin.

La formation se poursuit. On sent qu'il existe maintenant entre les dames d'Avignon et les nurses roumaines une vraie complicité. On rit beaucoup, on se livre plus. Une nouvelle séquence vidéo est projetée. Elle montre un bébé allongé sur le dos qui étend ses bras pour aller toucher ce qu'il y a sur sa gauche et sa droite qui n'est pas dans son champ visuel puis qui les ramène vers son corps pour jouer avec ses mains. Il les fait bouger et les regarde. Françoise commente l'image : « C'est vrai que quand Mircéa joue avec ses mains, c'est un travail de son âge... Cela veut dire qu'il organise ses deux mains dans son espace visuel quand il est à plat dos. Il fait cela juste avant d'être capable de prendre des jouets... pas plus gros que sa main... bien installé autour de sa tête... parce qu'avec sa main, il va faire ce que vous le voyez faire en ce moment. C'est ainsi qu'il commence à construire son espace...

« Pour cet âge-là aussi, il faut avoir aussi des chiffons, comme des foulards parce que ce qu'il fait avec sa main, il le fait ensuite avec les tissus (elle fait le geste de froisser son écharpe) donc pour les petits comme Mircéa mettre des tissus, des sortes de mouchoirs dans les berceaux parce que même s'il le met devant lui et que ça lui tombe dessus, cela ne lui fait pas mal, et il n'a pas peur... »

Françoise Grégoire ne prêche pas dans le désert. L'après-midi même les chiffons dont elle parlait font leur apparition dans les berceaux. Les nurses les agitent sous le nez des bébés qui semblent perplexes. Nous filmons l'un d'entre eux que je n'ai jamais vu manifester un intérêt pour quoi que ce soit. La nurse agite le chiffon devant lui, il ne réagit pas. De guerre lasse elle s'éloigne, la caméra reste sur le bébé. Au moment où nous allions nous aussi renoncer le bébé tend la main et s'empare du chiffon. On a l'impression d'un vieux mécanisme grippé qui se remet péniblement en route. La vie reprend ses droits et circule à nouveau.

Françoise Grégoire : – L'essentiel c'est de les rendre plus attentives à la personne du bébé et de les aider à s'organiser pour lui donner du temps. Le grand progrès ici, c'est qu'elle donne du temps au bébé.

B. M. : – C'est vrai qu'ailleurs on a vu d'autres nurses faire vite, vite, vite.

F. G. : – Oui, on a toutes fait cela. Notre corps a une mémoire et ces gestes sont des gestes qui sont bien ancrés en nous. Pour réapprendre à faire doucement ce que l'on a appris à faire vite, il faut que quelque chose d'autre se passe, il faut découvrir le plaisir d'entrer en relation avec un bébé. Il faut parvenir à ce qu'elles aient moins d'enfants en charge, qu'elles aient toujours les mêmes pour qu'une amitié se crée entre elles et ces bébés, qu'elles soient dans une conversation avec lui et que peu à peu le temps s'allonge. Mais c'est en marche ça, chaque fois que je reviens je vois qu'il y a du progrès de fait.

B. M. : – Quand vous venez en Roumanie qu'est-ce que vous avez le sentiment d'exporter ?

F. G. : – D'exporter ? Des informations et des connaissances dont on était privé dans ce pays mais surtout cette idée de redécouvrir le plaisir de vivre avec un bébé et de le faire vivre ; un plaisir réciproque. Ré-émouvoir les adultes à eux-mêmes et à ce qu'ils font. Et les ré-émouvoir, cela passe par les nourrir d'une certaine connaissance du bébé mais c'est aussi leur redonner confiance en eux. Ne pas nous approcher des bébés, mais dire à ces femmes qu'elles peuvent donner du plaisir à ces bébés, qu'elles sont bonnes pour ces bébés, qu'elles ont un rôle fondamental à jouer et qu'elles sont irremplaçables, que sans elles il y a des étapes du grandir qui seront perdues à tout jamais. Un bébé qui est privé de ses parents, s'il n'y a pas un adulte pour qui il est la chose la plus importante, tous les jours, cela peut être mortel pour lui.

B. M. : – Mais quand on voit la manière extrêmement subtile dont ces femmes analysent les images de la vidéo, on se dit qu'elles savent tout ça ?

F. G. : – Oui, tout à fait. Parce qu'elles ont toutes dans leur tête et dans leur cœur la mémoire de leurs enfants ou la mémoire de leur mère, comme transmise dans notre humanité mais c'était anesthésié pour se protéger de la souffrance.

Et les femmes roumaines qui abandonnent leurs enfants souffrent-elles ? On dit beaucoup que c'est Ceausescu en forçant les femmes à garder des enfants qu'elles n'avaient pas les moyens d'avoir qui est à l'origine de cette vague d'abandons. Les femmes se sentent-elles moins coupables dans la mesure où la responsabilité leur échappe ? Rien n'est moins sûr ! Nous sommes dans le jardin, il y a du soleil, tous les enfants sont dehors en compagnie de leurs nurses. Les bébés allongés sur des couvertures, les plus grands dans des manèges ou sur des balançoires. Arrive une femme d'allure très paysanne, le dos cassé, les jambes courtes et arquées, un fichu sur la tête et un énorme cabas dans chaque main. Elle pose ses sacs et en sort des choses vaguement comestibles que sans un mot elle distribue autour d'elle. Les enfants se précipitent comme une volée de moineaux que la femme nourrit en changeant de temps à autre de place quand elle voit des enfants qui n'osent pas venir vers elle.

Je demande à une nurse qui elle est. Elle me répond que c'est une mère dont la fille est placée et qui vient la voir tous les mois. Chaque fois elle vient avec ses grands sacs pleins de provisions. Elle vient de loin faire la seule chose qui soit en son pouvoir, accomplir sa tâche de mère nourricière une fois par mois. Mais même cela elle ne peut le faire qu'après avoir donné à manger à tous les autres enfants. Qui soulagera un jour la culpabilité de cette femme ? Qui lui parlera jamais du plaisir de la relation ? Ce pays comblera-t-il un jour son retard ? Au prix de combien d'enfants sacrifiés ?

Chapitre 11

La nidation culturelle

La seule fois où je revis Tony Lainé avant sa mort, pour ce qui devait être une première séance de travail et qui fut en fait la seule, il insista beaucoup pour qu'apparaisse dans ce projet auquel il avait accepté de collaborer, une notion nouvelle qui lui tenait à cœur, celle de « nidation culturelle ». C'est la première fois que je l'entendais mentionner ce concept et il n'eut guère le temps ce jour-là de m'en dire beaucoup plus, ce qui fait qu'encore aujourd'hui je m'interroge sur le sens exact qu'avait pour lui la juxtaposition de ces deux mots.

Reste quelques rares textes auxquels se référer. Voilà par exemple ce qu'il écrivait en préface d'un livre consacré à l'expérience des « Maisons ouvertes » de la région Rhône-Alpes inspirée de Françoise Dolto : « Nous avons vu se défaire les mailles des enveloppes de culture où se blottissaient les tout-petits quand ils pénètrent les continents du rêve et de la création. Les repères du voyage ont été emportés. Maisons, villages, tribus, familles, se sont fragmentés, architectures longuement préparées à former les abris du mythe, du conte, de l'imaginaire et trop fragiles pour résister aux nouvelles barbaries de l'efficace.

« Les hirondelles ont perdu leurs nids dans les étables et les bébés leur place dans la pensée du monde pour vivre leur impatience à jouer et à grandir. Dès lors, ils perdent la trace des sentiers intimes qui savaient si bien les conduire à la conquête du patrimoine culturel des hommes. Il nous reste pour assurer leur parcours à baliser de nouveaux chemins, à construire de nouveaux gîtes, découvrir d'autres accords et de nouveaux signaux. »

Pour Tony cet acte de « nidation culturelle » qui semble inscrire le bébé dans une enveloppe de culture, qui semble faire la différence entre un être « humain » et un enfant « sauvage », revêt une importance capitale, voire même vitale. Ce n'est certainement pas un hasard s'il préface un autre livre, celui de George Eisen consacré cette fois aux jeux des enfants dans les camps de concentration. Dans ce contexte extrême d'anéantissement total la « nidation culturelle » dont il parle sans la nommer à propos du jeu c'est bien ce qui fait rempart non pas à la perte de la vie mais à ce qui est peut-être plus essentiel encore que la vie : la perte de son humanité. Il écrit : « Il s'agissait de maintenir intacte la culture propre à l'enfant quand il éprouvait notamment le besoin de se blottir dans un espace qui soit le sien, qu'il puisse maîtriser et qui rende supportables la pression de ses conflits internes et celle de la terreur extérieure incessante. Jouer était également un acte de résistance. L'objectif d'extermination systématique d'un peuple relevait d'une loi assimilant presque les juifs à des êtres hors de l'humanité (...) Le sens de l'humanité était en voie d'altération. Etait-il tâche plus urgente que de résister à une telle entreprise ?

Dans quel autre espace retrouver les possibilités de vivre, de se nicher dans la sécurité d'un lieu que dans la rêverie qui vient si naturellement se solidariser avec les jeux des enfants. »

Avec René Diatkine et Marie Bonnafé, Tony Lainé est le fondateur d'une association qui s'appelle ACCES (Actions culturelles contre l'exclusion et la ségrégation). Sa pensée s'inscrit, je crois, dans tout un mouvement actuel imprégné de cette idée, somme toute fort simple, qu'un bébé « ne se nourrit pas que de lait » et qu'il a aussi besoin pour vivre d'être stimulé, de baigner en permanence dans le langage, la symbolique, les contes et légendes, la culture. Un mouvement formé de gens de terrain qui constatent justement qu'autour d'eux, dans un nombre sans cesse croissant de familles, les échanges s'appauvrissent, se réduisent au strict domaine de l'utilitaire ou même se tarissent et qui ressentent le besoin de réagir.

Des gens confrontés à de petits enfants dont les mères ne racontent plus d'histoires, n'inventent plus de jeux, ne chantent plus de comptines et qui se demandent soudain, question inédite, « si l'on peut vraiment grandir sans les contes » ? Des thérapeutes, des pédagogues, des travailleurs sociaux qui s'efforcent par leur action de desserrer l'étau, de réenclencher autour du bébé des interactions culturelles, de susciter chez les mères, chez les pères aussi (quand ils parviennent à les rencontrer) l'envie et la fierté de transmettre. Là encore, l'enjeu semble être, dans l'intérêt de l'enfant, d'aider ses parents à retrouver le chemin de leur humanité malmenée.

Parlant de cette parole « utilitaire » faite exclusivement d'ordres ou de menaces Tony Lainé lors de l'une de ses dernières interventions publiques déclarait : « Devons-nous continuer à élever nos enfants en prenant comme primat de l'éducation cette idéologie de l'utilitaire et de la rentabilité ? Devons-nous en faire des outils performants ?

« Nous nous trouvons en face de quelque chose qui s'apparente au massacre de la créativité chez les enfants et peut-être que les débats que nous avons, les batailles qui se livrent actuellement pour essayer de libérer des espaces de créativité sont des batailles révolutionnaires qui s'opposent au massacre de la créativité chez les enfants de notre société. Tout cela se situe dans un monde où tend à dominer la pensée opératoire, c'est-à-dire une pensée centrée sur la rationalité la plus stricte, sur l'évaluation, la programmation. C'est en quelque sorte la pensée de l'ordinateur.

« Nos enfants doivent-ils prendre modèle sur les ordinateurs ou bien devons-nous nous souvenir des images identificatoires d'un autre type qui leur permettent d'intégrer une dimension créative ?

« En effet la pensée du jeu, de la fantaisie, s'oppose à la pensée opératoire. Il s'agit aussi d'une revendication moderne. Je suis très sensible à ce que j'entends lorsque je parle avec des enfants qui réclament dans leur famille, à l'école et dans tous les espaces où ils rencontrent des adultes, un peu plus de fantaisie, un peu plus de poésie quotidienne, plus de rêverie.

« Il y a là des manques très lourds. Je me demande souvent si les difficultés que nous rencontrons dans le domaine de l'adolescence ne sont pas parfois le résultat de manques prolongés de cet ordre : manque de fantaisie, de poésie, de rêverie. »

On retrouve dans cette pensée ces notions d'enveloppes, de peau psychique chères aux Anglo-Saxons mais élargies à la dimension culturelle. Et sur le terrain, confrontés à ces situations où la « nidation » dont parlait Tony semble compromise certains, habitués à travailler dans le champ médico-social, ressentent maintenant presque comme prioritaire une intervention « culturelle » qui reste encore largement à penser.

Est-ce parce que, à tort ou à raison, je ne trouvais pas le fruit assez mûr, est-ce l'absence de Tony pour me guider dans la multitude des expériences qui sont tentées dans cette direction, toujours est-il que je n'ai pas trouvé en moi-même une manière pertinente d'en rendre compte. Qu'il s'agisse du travail certainement remarquable entrepris par des associations comme ACCES ou Eveil culturel et petite enfance, des spectacles créés par des acteurs spécialement pour les bébés ou des centres de protection maternelle et infantile qui ont aménagé, dans des camions itinérants affrétés pour faire du dépistage sanitaire dans des quartiers très défavorisés, un espace de rencontre entre les mères et les enfants autour du livre. Des livres dont la lecture amorcée avec une animatrice, avant ou après la consultation peut se poursuivre à la maison comme un moment de plaisir « gratuit » entre la mère et son enfant.

Sans pour autant renoncer à être fidèle à la pensée de Tony, j'avais un certain mal à prendre, dans l'expression « nidation culturelle », le terme culture dans son sens étroit. Aider la mère à élargir l'éventail de sa relation culturelle avec son bébé était certes une bonne chose. Aider les parents à s'affranchir de la pensée opératoire pour retrouver le chemin du conte, de la parole gratuite, du plaisir de l'échange, aussi. Mais la mère la plus fruste ne rêve-t-elle pas son bébé quand elle l'attend ? Et ce faisant ne l'inscrit-elle pas dans sa « culture » même si cette culture vue de l'extérieur a toutes les apparences d'une absence de culture ? Le premier acte de toute intervention relative à la « nidation culturelle » n'est-ce pas le respect et le soutien de ce que les parents produisent en ce sens, le respect des brindilles qu'ils cherchent autour d'eux et qu'ils apportent pour « nider » leur enfant ?

En amont d'un travail spécifique pour favoriser la « nidation culturelle », il me semblait y avoir la nécessaire reconnaissance du travail mystérieux fait par chaque parent, même le plus « inculte » pour préparer le nid de son enfant. Un travail toujours original qui peut prendre des formes inattendues et parfois déroutantes pour qui l'observe d'un regard extérieur et méfiant. Je pense à une mère, comédienne de son état, qui me disait avoir été incapable de parler à son deuxième bébé pendant plusieurs semaines parce qu'elle se rendait compte que les mots qu'elle prononçait étaient des mots qu'elle avait déjà utilisés pour le premier. Il lui avait fallu tout ce temps pour forger un nouveau vocabulaire et trouver des mots qui ne soient qu'au second. Qui pouvait soupçonner derrière ce mutisme certainement inquiétant un travail de nidification à l'œuvre qui passait par d'aussi subtiles préoccupations ?

Venant après la reconnaissance des « compétences » du nouveau-né, la reconnaissance des compétences des parents, l'expression d'une confiance quasi absolue en ces compétences paraissent être des préalables à toute relation ultérieure. On imagine assez mal une action visant à renforcer la « nidation culturelle » d'un petit enfant qui se ferait sans que les parents y soient étroitement associés. Et comment pourraient-ils s'y associer s'ils ont été disqualifiés par ailleurs, dès la naissance, voire même dès la grossesse ?

Avant que ne s'exerce la pression de cette pensée « opératoire » dont parlait Tony, il me semble que s'exerce la pression de la pensée « médicale » devant laquelle l'individu est singulièrement démuni. Comment faire pour que la médicalisation sans cesse croissante du temps de la naissance, médicalisation dont il faut bien prendre acte, n'interfère pas en le gênant gravement avec le travail essentiellement psychique de la nidification ? Y a-t-il incompatibilité absolue entre la pratique médicale autour de la procréation et le cheminement intérieur du désir ou peut-on imaginer une forme quelconque de réconciliation ?

A ces questions, qu'à dire vrai je ne me posais pas ainsi en la rencontrant, Françoise Molénat, pédopsychiatre à Montpellier, auteur d'un livre intitulé *Mères vulnérables* apporte, sans explicitement faire référence à la notion de nidation culturelle, des réponses qui me semblent être des réponses d'avenir.

Chapitre 12

Montpellier

Un pavillon sans étage au sein d'un grand complexe hospitalo-universitaire : le service de psychiatrie infanto-juvénile du Pr Aussilloux. De longs couloirs éclairés au néon, quelques portes derrière lesquelles on entend le son des consultations : des enfants qui jouent intensément en laissant échapper des bribes de phrases révélatrices de leurs préoccupations intimes, des psychologues attentives qui suivent le déroulement du jeu et qui parfois le relancent en posant une question ou en faisant un commentaire.

Sur une porte, au fond d'un couloir, l'inscription « Silence, Enregistrement ». Derrière la porte une mini régie vidéo, des magnétoscopes, un banc de montage, des téléviseurs. A droite sur une estrade, un cameraman entièrement vêtu de noir l'œil collé au viseur d'une caméra sur pied. La caméra filme, à travers une glace sans tain, deux femmes qui se font face dans la pièce voisine. Celle qui tourne le dos à la caméra ne dit quasiment rien, l'autre, celle qui parle en regardant la caméra sans la voir est enceinte. Bien entendu elle sait qu'elle est filmée, elle a donné son accord pour que son témoignage serve à des actions de formation mais, pour l'instant, elle a oublié le dispositif derrière le miroir. Elle raconte la naissance de son premier enfant par césarienne. Un enfant avec lequel elle a depuis toujours une relation difficile qui la fait souffrir.

Evelyne L. : – « Mon bébé était à côté de moi mais on ne me le donnait pas et je n'avais pas la force de le prendre. J'avais des baisses de tension dès que je me levais, je ne pouvais pas aller à la douche par exemple. Je suis allée à la douche le troisième jour je crois, mais en fauteuil roulant, on m'a douchée assise, je ne pouvais plus me lever, donc là, voyez-vous, dans la tête il se passe un tas de choses, et on ne l'exprime à personne. Parce que les sages-femmes n'ont pas le temps, il faut bien reconnaître qu'elles ont énormément de travail. Les puéricultrices c'est pas leur rôle, elles s'occupent du bébé et puisque la mère ne peut pas, elles s'en occupent vraiment... Elles nous oublient peut-être même un petit peu du coup, parce qu'elles prennent le bébé et qu'elles le prennent rien que pour elles finalement. C'est bien, parce que bon... il faut bien que quelqu'un s'en occupe, mais on oublie que la mère est à côté et qu'elle aurait peut-être envie de... Le chirurgien il passe sa visite, voir rapidement si tout va bien, mais mécaniquement en quelque sorte et en définitive il n'y a personne pour s'occuper de votre tête...

La femme qui l'écoute c'est Françoise Molénat.

Des images d'une salle de naissance. Une femme enceinte étendue sur un lit les cuisses ouvertes pour permettre à la sage-femme de juger la position du bébé qui s'engage dans le col. Autour d'elle des internes, des infirmières, des stagiaires. Quelqu'un lui dit : « On va le déclencher ! »... Des couloirs de maternité, une salle de soins pleine de nouveau-nés sur lesquels se penchent des mères maladroites qui osent à peine les toucher. Autour d'elles une nuée de puéricultrices papillonnent avec autorité :

– Je vais vous donner un petit truc. Vous enfilez les doigts jusqu'au bout de la manche, vous passez vos trois petits doigts à travers la manche et vous lui attrapez la main, là vous lui faites plus mal, toute sa main est dans vos doigts... et vous tirez la manche tout simplement, on ne lui a pas fait mal... et vous, vous êtes pas embêtée, c'était facile.

– On lui met un petit peu d'alcool... on nettoie bien... de haut en bas... là dans le creux du nombril. C'est ici que le cordon va se détacher complètement, ça va partir tout doucement, ça lui fait mal un petit peu parce que ça fait comme une cicatrice, et vous frottez un petit peu, vous enlevez tous les petits points...

Sur ces images, je fais ce commentaire : « Aujourd'hui, dans nos pays développés, l'essentiel des naissances se déroule dans un univers de plus en plus médicalisé. Les professionnels présents ont tous des gestes techniques à faire, des avis à émettre, des décisions à prendre... mais ils ignorent presque tout du pourquoi de ces émotions intenses, de ces sentiments complexes manifestés souvent par les femmes qu'ils côtoient. Les incompréhensions sont fréquentes, les ratés inévitables... Alors, depuis peu dans les grandes maternités, on voit apparaître des psys qui se donnent pour tâche d'être des agents de liaison, de se faire l'interprète des mères et des bébés auprès des professionnels...

« Pour qu'une plus grande concertation s'organise, pour que collectivement on comprenne mieux ce qui se passe dans la tête de ces mères, à qui chacun prodigue ces conseils... »

Françoise Molénat est l'une de ces psys. Depuis plus de

dix ans, elle tente d'unifier les efforts de tous les intervenants autour des mères et des bébés pour qu'ils s'organisent en un réseau efficace, protecteur et non perturbateur. En liaison avec les différentes équipes, obstétricale, réanimation néonatale, pédiatrique, puériculture, protection maternelle et infantile, elle intervient quand une grossesse semble poser problème ou quand une naissance s'annonce difficile alors que médicalement tout va bien. Des cas que l'on range sous l'étiquette de « grossesses à risque », au même titre que ceux pour lesquels on craint des complications obstétricales, parce que l'on redoute, en l'occurrence, des complications psychologiques. Un travail d'avant-garde, sans doute le travail innovant des dix prochaines années dans les maternités.

Comme les autres psys qui travaillent dans un contexte hospitalier, en liaison avec les personnels, Françoise Molénat a dû gagner sa place, faire la preuve de son utilité et de son efficacité. Si les psys font peur aux gens en général ils font encore plus peur aux soignants qui font tout pour éviter d'avoir à faire à eux. En résolvant des énigmes psychologiques, en aidant des mères à « accoucher » de leur problème avant l'accouchement proprement dit, en accompagnant pas à pas certaines grossesses à risque, Françoise Molénat en de nombreuses occasions est parvenue à désamorcer des situations qui faisaient redouter le pire ; à les retourner même facilitant ainsi le travail des équipes. Peu à peu la confiance s'est installée et avec elle l'intérêt, la curiosité pour ce que cette approche révèle.

Cette expérience Françoise Molénat en a rendu compte une première fois dans un film diffusé par la télévision qui s'intitulait : *La mère aussi est une personne* puis, quelques années plus tard, dans son livre, *Mères vulnérables*. C'est en cela que réside l'originalité de son travail, elle ne se contente pas de résoudre les cas en gardant pour elle la clef du mystère, elle propose aux mères d'enregistrer leur témoignage et de le faire entendre dans des stages ou des sessions de formation. Pour que chacun se familiarise avec la dimension psychique présente dans toute grossesse et s'habitue à faire confiance aux mères, même et surtout quand les apparences sont contre elles. A Montpellier, le pli est en train de se prendre.

Je pense à une femme filmée par Françoise qui avait réussi à beaucoup inquiéter le personnel de la maternité. Alors que sa grossesse ne posait en principe aucun problème, elle présentait toute une série de symptômes bizarres, manifestait une angoisse massive et n'arrêtait pas de poser une foule de questions sur tout d'une manière obsessionnelle qui laissait présager de grosses difficultés ; ce pour quoi, se sentant dépassé, le gynécologue qui s'était beaucoup occupé d'elle dans un premier temps, l'avait dirigée sur la consultation de Françoise. Je ne me souviens plus des détails, je crois qu'en liaison avec les psys, l'équipe de la maternité avait fait un superbe travail de prise en charge collective qui avait duré six mois, mais de l'audition des rencontres de cette femme avec la thérapeute il ressortait que très vite sa curiosité n'avait plus rien eu d'alarmant. Au finale, elle donnait l'image d'une femme très perfectionniste qui tenait absolument à être à la hauteur de l'événement, à en maîtriser le déroulement et qui s'angoissait de voir que, comme l'on esquivait ses questions, elle n'y parvenait pas. Elle me faisait penser à un metteur en scène de théâtre soucieux du moindre détail qui veut savoir de quelle étoffe sont faits les rideaux du décor, si tous les accessoires sont en place et quels projecteurs s'allument au moment de telle réplique.

Quand son désir fut reconnu par la thérapeute et qu'elle sentit que ses demandes étaient accueillies sans méfiance préconçue, elle se calma. Durant la consultation on la voyait littéralement reprendre pied dans sa grossesse à mesure que celle-ci recommençait à se dérouler comme elle l'avait rêvée. Françoise me raconta même que la veille de son accouchement le bébé se présentait mal et que l'on pensait devoir lui faire une césarienne. Par un étrange *retournement* de situation, la future maman affichait maintenant un calme olympien alors que l'équipe s'affolait un peu. Dans la nuit, elle parla à son bébé, elle lui dit qu'elle était désormais prête à l'accueillir, que tout était en place et qu'il pouvait descendre. Le matin, le bébé s'était *retourné* et la maman accouchait normalement sans aucun problème.

Pour Françoise il ne faut surtout pas voir là une sorte de miracle. Elle insiste même beaucoup sur le fait qu'il s'agit moins d'une réussite des psys que d'une conséquence directe de la mise en place de ce réseau de professionnels autour de la future mère. C'est l'existence de ce réseau que cette femme a senti qui est selon elle la cause essentielle de la résorption de son angoisse.

Ces témoignages, qu'elle utilise lors de sessions de formation ou qu'elle montre aux équipes concernées, Françoise Molénat en a recueilli plus de trois cents. Autant d'outils dont elle se sert pour convaincre des professionnels, habitués à tirer à hue et à dia, à travailler chacun dans leur coin, indépendamment les uns des autres, d'unifier leurs compétences diverses pour les mettre au service de chaque couple mère-bébé. Un couple remis à sa vraie place, c'est-à-dire au centre de toutes les pratiques, traité spécifiquement en fonction de ses besoins, de son désir et de son histoire propre.

Françoise Molénat : – Nous avons pris l'habitude de demander aux mères leur témoignage, à partir du moment où nous avons pu les rencontrer dans des moments de vie, c'est-à-dire quand on a pu les aborder non par leurs difficultés, mais par leurs potentialités. C'est exceptionnel pour nous psychiatres de pouvoir rencontrer des parents en train de construire quelque chose, construire un enfant, construire un avenir. Donc de les rencontrer non par le biais d'une défaillance qui les aurait amenés à consulter mais, au contraire, à l'occasion d'un moment de dynamique où certes il pouvait y avoir de la souffrance mais surtout une dynamique de vie qui permettait de constater leurs ressources et de les leur faire constater aussi. A partir de ce moment-là j'ai pris l'habitude, et puis toute mon équipe à la suite, de demander aux parents de nous aider à transmettre ce qu'ils vivaient, parce qu'ils le disaient d'une manière tellement juste que nous étions chaque fois départis de notre position de savoir. C'est-à-dire que c'est eux qui nous disaient ce dont ils avaient besoin.

B. M. : – Mais qu'est-ce qui vous a déterminés à passer du stade de quelque chose qui était une consultation à quelque chose d'autre qui était une invitation à témoigner? La consultation étant un moment traditionnellement intime, le témoignage étant plus ouvert sur l'extérieur...

F. M. : – C'est ce mot de témoignage qui est la clé de tout. Grâce à cette possibilité qui nous était offerte d'aller à la maternité ou dans les services de pédiatrie, travailler avec les sages-femmes, les obstétriciens, les auxiliaires de puériculture, nous pouvions rencontrer des parents et nous étions nous-mêmes témoins, très émus d'être là dans leur intimité, témoins de quelque chose qui nous dépassait, c'est-à-dire qui ne relevait pas de notre technique. Même si ces rencontres nous apprenaient beaucoup sur ce qui aide un enfant à se construire, mais aussi ce qui peut entraver son développement. Nous étions moins en situation de thérapie qu'en situation de recherche et donc le mouvement de demander à des parents de témoigner eux-mêmes s'est fait tout naturellement. D'ailleurs quand je rencontre des parents à la demande des équipes, je tiens toujours à introduire cette dimension de recherche collective : nous cherchons ensemble de quoi votre enfant a besoin, de quoi vous avez besoin pour aider votre enfant, et de quoi nous avons tous besoin, nous les professionnels, pour aider votre enfant à développer ses potentialités et personne ne peut nous le dire mieux que vous.

B. M. : – En présentant ces témoignages à d'autres professionnels qui par pudeur ou par tradition n'ont pas l'habitude de s'adresser à ces femmes pour leur demander ce qu'elles ressentent ou ce qu'elles vivent, qu'est-ce que vous espérez faire bouger dans les pratiques ou les mentalités ?

F. M. : – C'est une révélation permanente, je vais peut-être utiliser un mot fort, mais c'est un éblouissement. C'est-à-dire quand des parents ont la possibilité de parler d'eux, particulièrement quand ils ont été bousculés par la vie, par une naissance difficile ou une grossesse difficile, quand ils peuvent dire ce qu'ils vivent malgré la douleur de la situation et comment cette douleur les amène à trouver en eux quelque chose de neuf qu'eux-mêmes ne connaissaient pas, nous avons une sensation d'éblouissement. C'est-à-dire la sensation d'être face à cette vérité humaine profonde, immuable, vieille comme l'humanité probablement, que ces parents redécouvrent dans un regard et une écoute et que nous-mêmes nous redécouvrons à leur écoute. Et c'est cette impression de révélation que nous communiquons aux professionnels par le biais de l'enregistrement vidéo. Quand nous faisons entendre un témoignage à des professionnels qui quelquefois ont connu cette femme-là, ou ce père-là ils sont bouleversés parce qu'ils ne reconnaissent pas la mère ou le père, ils disent « mais jamais on n'aurait imaginé qu'elle puisse parler comme ça, qu'elle dise ça, qu'elle ait vécu ça... »

B. M. : – Qu'elle ait ça dans la tête...

F. M. : – Voilà. Donc il y a cet effet de révélation mutuelle. C'est-à-dire qu'il n'y en a plus un qui sait plus que l'autre, ce qui dans le domaine médical est profondément bousculant, voire subversif. Traditionnellement, nous sommes en position, toute notre formation nous y a préparés, d'apporter des réponses. Alors quand des médecins ou des sages-femmes entendent une femme dire ce sur quoi elle s'est appuyée pour traverser un moment difficile, les ressources qu'elle a trouvées en elle-même, chez son compagnon, chez son enfant, chez les professionnels, hop ! c'est un changement de place, un renversement de situation, c'est-à-dire que cette mère-là, ou ces parents-là nous enseignent.

B. M. : – Mais est-ce que ça paralyse les professionnels d'entendre ce type de témoignage ou est-ce que cela les motive pour aller plus loin dans la prise en compte de ce que c'est profondément une mère ou profondément un père, ou profondément un enfant ?

F. M. : – Là, il faut peut-être parler d'une certaine forme non pas de prudence mais de respect des professionnels. Comme il faut respecter les parents, c'est-à-dire ne pas mettre à nu n'importe quand, n'importe comment leurs émotions intérieures, il faut faire attention à respecter les professionnels et le risque ce serait d'aller soulever la culpabilité des professionnels et ce risque est majeur. Je crois qu'il y a des moments où les professionnels peuvent entendre les témoignages, mais je n'irais pas, par exemple, montrer un témoignage de mère qui a été écorchée par une équipe si je sais que cette équipe est en grande difficulté, si elle n'est pas en état de se remettre en question, je ne le ferais pas. Nous dans notre position de thérapeute à la fois de cet enfant, de ces parents, et puis aussi de cette équipe qui est nécessaire à cet enfant et à ces parents, nous essayons d'être vigilants, de ne pas soulever des défenses, de ne pas appuyer sur la culpabilité. Parce que, quand j'ai commencé à travailler à la maternité, ils ne me l'ont pas dit tout de suite les médecins et les sages-femmes, c'est des années après quand la confiance s'est installée qu'ils m'ont dit combien ils craignaient notre regard et combien ils se sentaient maladroits, en insécurité eux-mêmes, face à la mort, au handicap, à la naissance avec son émotion, et combien ils avaient peur du regard du psy, du psychiatre, de la psychologue, ce regard qui pique, hein, qui viendrait appuyer sur ce qui est difficile. Donc c'est un mouvement d'aller-retour mais je n'ai jamais vu de médecins, de sages-femmes ou de puéricultrices choqués d'entendre des parents. J'ai toujours assisté à un mouvement intérieur, un bouleversement, au sens presque physique du terme. Tout d'un coup, on change de place, on se décentre, les regards basculent et il y a quelque chose de vrai qui survient, non pas que l'attitude précédente était fausse mais c'était coincé, gêné, et tout d'un coup les mots des parents remettent chacun à sa place.

Evelyne L. est revenue à la consultation montrer son troisième bébé qui vient de naître comme les précédents par césarienne. Mais cette césarienne-là, à cause du travail qui a pu être fait sur le vécu de ses grossesses précédentes, à cause de la mobilisation des professionnels autour d'elle, elle l'a très bien ressentie. Au niveau émotionnel, elle en parle comme si elle avait vécu une naissance naturelle. C'est donc une femme épanouie, fière de montrer son bébé, qui s'est installée dans la salle d'attente et qui reçoit les hommages des visiteurs venus le contempler. En face d'elle, une autre femme est assise. Elle se force à sourire mais plus tard elle se cachera pour pleurer. Elle ne supporte pas la vue du bébé d'Evelyne. Valérie G. vient témoigner de la perte récente de son propre enfant.

Valérie G. : – Au septième mois de ma grossesse, on m'a fait une échographie et on a découvert qu'il y avait une malformation... on nous a annoncé qu'il y aurait une petite opération à faire à la naissance... et pour moi, c'était déjà quelque chose de difficile : me dire, mon petit bébé va devoir subir une opération chirurgicale. Et puis, dix jours après, lors du contrôle de l'échographie, on a vu que cela avait beaucoup évolué, que c'était sûrement beaucoup plus grave que ça, et on nous a demandé de faire des tests avec mon mari, pour savoir ce que ça pouvait être, faire une prise de sang pour savoir si ce n'était pas la mucoviscidose. Très vite, en moins d'une semaine, on a découvert qu'on était porteur du germe, que le bébé serait certainement atteint de cette maladie. On nous a appris trois jours après qu'il était effectivement atteint donc, l'intervention c'était finalement plus rien du tout, mais on nous a dit qu'il serait très malade si on décidait de le garder, et donc on nous a demandé tout de suite de prendre une décision, le garder ou arrêter la grossesse. Pour moi c'était vraiment tuer une vie en soi et à notre âge, on est quand même jeunes mon mari et moi, on ne pouvait pas nous demander un choix plus difficile, c'était cruel en fait. A la limite on aurait préféré que quelqu'un prenne la décision pour nous tout en sachant que c'était à nous de la prendre et à personne d'autre. On savait que la décision que l'on prendrait pouvait choquer certaines personnes parce que c'est quand même tuer, tuer une vie... Prendre cette décision ça a été la première souffrance très forte de ma vie, en fait parce qu'on l'avait beaucoup désiré cet enfant, on avait mis du temps à l'avoir. Donc ça a été très dur de prendre cette décision, mais, pour lui plus que pour nous, on a décidé de ne pas le garder et donc à sept mois et demi d'accoucher... de ne pas le garder et donc de le perdre... et c'est vrai que l'on nous avait dit que compte tenu des circonstances il fallait que nous soyons très entourés. On avait été très préparés à la perte de cet enfant et on nous avait bien dit qu'à la maternité tout serait mis en œuvre pour que psychologiquement et physiquement je ne souffre pas. Par conséquent moi je m'étais préparée à ne pas souffrir ; à le perdre mais surtout à ne pas souffrir. Donc je suis rentrée le jeudi soir à l'hôpital et le vendredi matin on a... on a...

F. M. : – Oui, arrêté la vie...

Valérie G. : – Oui arrêté la vie du bébé. A partir de ce moment-là j'ai attendu que l'accouchement se prépare. On a provoqué l'accouchement et cela a duré trois jours. Trois jours que j'ai trouvés vraiment très longs. C'est-à-dire que moi je savais qu'il ne vivait plus donc je n'avais qu'une envie c'était qu'il sorte pour que ce soit terminé, pas garder ce bébé mort en moi, je trouvais ça assez terrible. Et c'est vrai que pendant ces trois jours j'étais très entourée et l'on faisait en sorte que je ne souffre pas. On venait voir si j'allais bien, dès que j'avais des contractions trop fortes on arrêtait les douleurs mais c'était long j'en pouvais plus. Alors quand le travail s'est vraiment fait, j'étais soulagée de pouvoir enfin accoucher et là encore on m'a dit surtout ne vous inquiétez pas, vous ne souffrirez pas. Je me suis donc retrouvée le matin à neuf heures en salle d'accouchement, on s'est retrouvé avec mon mari tout seuls, pendant trois heures, à attendre que le travail se fasse et ça j'ai trouvé que c'était très dur. En plus, on m'avait préparée à ne pas souffrir, et physiquement là, j'ai souffert, j'avais des contractions et quand le travail a été avancé on m'a dit, maintenant il faut accoucher, donc j'ai accouché normalement, vraiment dans la souffrance alors que je n'étais pas préparée à cela, je ne savais pas ce que c'était. Pour le premier j'avais eu une péridurale, donc je n'avais pas souffert... L'accouchement s'est terminé et de nouveau on s'est retrouvé tout seuls. Quand j'ai accouché on nous a montré le bébé, on l'a pris avec mon mari, puis on s'est retrouvé trois heures comme ça à attendre... attendre qu'on me monte dans ma chambre. Cela a été de nouveau trois heures de souffrance... parce qu'on se sentait vraiment abandonné.

F. M. : – Mais vous ne leur avez pas dit aux sages-femmes que vous vous étiez sentie un peu abandonnée ?

Valérie G. : – Si je leur ai dit. Mais elles m'ont répondu une chose qui m'a beaucoup choquée même si je peux comprendre qu'elles n'avaient pas que moi dont s'occuper, elles m'ont dit qu'après l'accouchement « je n'étais plus une priorité » !... Cette phrase m'a vraiment choquée. Je suis sortie de l'hôpital avec une certaine colère contre la manière dont ça s'était passé mais en définitive je ne regrette pas toutes ces étapes, de choix à faire, de souffrances pour l'accouchement, parce que cet enfant je l'ai perdu mais pour lui j'ai vécu quelque chose qui a été pour moi unique, que je n'avais pas vécu avant avec la péridurale. J'ai vraiment senti ce rejet, je l'ai vraiment senti sortir de moi (elle tousse très fort) et c'était important pour moi de vivre ça pour lui parce que maintenant je ne peux plus rien pour lui mais j'ai vécu cette chose unique, douloureuse mais importante...

F. M. : – Très forte! Vous avez accompagné cet enfant.

Valérie G. : – Très forte oui, il m'en restera quelque chose.

F. M. : – Quand vous parlez des souffrances de l'accouchement, cela veut dire que vous n'avez pas eu de péridurale?

Valérie G. : – C'est-à-dire que pour le premier j'avais eu une péridurale et ça s'était très bien passé, mais là j'avais envie de vivre un petit peu autre chose et j'avais demandé à ne pas en avoir mais ils m'avaient répondu que vu les circonstances il valait mieux que je ne souffre pas physiquement. Donc j'ai eu une péridurale qui malheureusement (petit rire ravi) n'a pas marché donc j'ai eu toutes les souffrances des contractions et de l'accouchement que je ne connaissais pas. Je sais que j'ai énormément souffert, je m'entends encore souffrir mais ça a été vite oublié parce que physiquement j'étais pas meurtrie, j'étais pas déchirée, c'était passé. Trois heures après c'était oublié et j'étais heureuse d'avoir vécu l'expulsion. Pour moi c'était quelque chose de magnifique que je ne connaissais pas. J'avais attendu cet accouchement pendant trois jours et là l'expulsion ça a été beau. C'est beau pour n'importe quelle grossesse et peut-être qu'à la limite pour le troisième j'essaierai de revivre ça. Parce que l'on oublie tellement vite la souffrance que ça vaut la peine mais plus encore pour une grossesse comme celle-là où, vu les circonstances, on sent vraiment, on sent la fin. La fin de la souffrance, la fin d'une histoire.

F. M. : – C'est votre histoire avec cet enfant! Vous l'avez nommé?

Valérie G. : – Oui, il s'appelle Nicolas. On l'a nommé et donc on l'a déclaré. Et il y a encore quelque chose qui m'a choquée quand on a été à la mairie pour déclarer sa mort, on nous a demandé si on voulait l'inscrire sur le livret de famille parce que la plupart des gens ne veulent pas qu'il apparaisse comme premier ou deuxième enfant, ils font comme s'il n'avait jamais existé. La plupart du temps aussi ils choisissent l'incinération. On nous a expliqué que s'il était incinéré on n'aurait pas de cendres parce qu'il était trop petit donc que l'on nous remettrait une urne symbolique... Un symbole, pas un enfant. Et puis on nous a dit : « si jamais vous choisissez l'enterrement alors n'y allez pas ! » Et je me suis dit que c'était vraiment comme si on rejetait cette vie.

F. M. : – On vous a dit cela ?

Valérie G. : – Ah oui et d'ailleurs effectivement la plupart du temps les gens n'assistent pas à l'enterrement. Là nous, Nicolas est enterré dans un carré d'enfants. Il y a une centaine de petites tombes mais il n'y en a que quatre ou cinq qui ont des noms, sinon c'est des petits monticules de terre à l'abandon et ça m'a choquée de me dire que l'on rejetait ces bébés comme si l'on en avait honte ou comme s'il fallait oublier à tout prix. Nous l'enterrement a été douloureux mais moi je suis contente de retourner sur sa tombe, de savoir qu'il est là, que l'on a fait tout ça, que c'est fini... ça me fait de la peine tous ces enfants... un fœtus je peux comprendre, mais tous ces enfants mort-nés, ils ont existé pour nous, ils ne sont pas juste un symbole.

De Annie Gauvain-Picquart, la première « avocate » des bébés dont j'ai parlé, en passant par Sophie Marinopoulos, Sylvie Babin et Françoise Grégoire, jusqu'à Françoise Molénat dont l'expérience conclura ce livre comme elle concluait la série télévisée *Le bébé est un combat,* il y a un mouvement dont je n'étais pas conscient en commençant cette enquête. Un mouvement qui nous éloigne du corps du bébé en cercles concentriques pour s'intéresser d'abord à sa mère puis enfin au réseau des professionnels qui l'entourent.

« Peut-on soigner un bébé sans le voir » ? se demandait une psychanalyste française présente à Chicago. Oui, en harmonisant, en soignant ses « enveloppes ». Le mouvement est général. Thos Berry Brazelton, le pédiatre texan installé à Boston qui fit découvrir le bébé à des générations de parents puis de téléspectateurs américains ne voit presque plus de bébés mais cherche à œuvrer au niveau politique à la mise en place d'une politique de la petite enfance tragiquement inexistante aux Etats-Unis. Maurice Titran, le pédiatre de Roubaix dont j'avais suivi les consultations à l'époque du *Bébé est une personne* et qui passait alors l'essentiel de son temps à mettre en évidence les compétences du bébé s'est lui aussi éloigné du corps du bébé.

Dix ans plus tard ses nouvelles consultations ne sont presque plus filmables tant elles sont dépouillées et peu « spectaculaires ». Un peu à la manière des peintres d'estampes japonaises dont les dessins s'épurent à mesure que leur maîtrise du trait grandit. Aujourd'hui Maurice Titran consacre très peu de temps à l'examen du bébé qu'il semble juger d'un seul coup d'œil, il consacre l'essentiel de son énergie aux parents et même, au-delà des parents, à la vie associative et culturelle de leur ville. Rejoignant en cela le concept de « nidation culturelle » cher à Tony Lainé.

Dans ce contexte, la spécificité et la « modernité » du travail de Françoise Molénat résident dans cet effort considérable qu'elle fournit pour retourner la médicalisation de la naissance, qui apparaît à beaucoup comme un handicap mais dont elle prend acte positivement, afin d'en faire une arme aux services des parents et de leurs enfants. Si Françoise, en bonne psy, se contentait de résoudre les uns à la suite des autres les « cas » que les différents professionnels lui soumettent, elle ne ferait que prendre sa place, en tant que spécialiste, dans la chaîne déjà longue de tous les spécialistes qui se penchent sur un berceau. Les autres professionnels pourraient continuer tranquillement à exercer leur métier comme ils l'exercent aujourd'hui, en privilégiant leur technique; plus tranquillement même sachant qu'ils disposent avec la psy d'un filet efficace si ça se complique.

Mais en retournant à l'envoyeur, par le biais de la vidéo, les « cas » qu'on lui soumet après les avoir éclairés et « décodés », Françoise Molénat interpelle l'ensemble des professionnels, les force à questionner leurs pratiques et transforme l'exercice solitaire de son métier en une découverte d'une responsabilité collective. Elle tente d'irriguer le champ du « social » incarné par les soignants avec cette dimension de « l'intime » qui se révèle dans le récit des parents. Une dimension qui commence à fasciner les nouvelles générations de soignants alors qu'elle continue à indisposer les anciennes.

Françoise Molénat : – Je crois que les parents ont beaucoup plus besoin de leur bébé qu'autrefois, leur bébé en tant que personne, c'est pourquoi la découverte ou la redécouverte des compétences du bébé, de sa capacité à communiquer, à s'attacher très rapidement a été d'une aide considérable pour les parents. C'est-à-dire que le bébé aide ses parents à devenir compétents. Le bébé fait sa mère, *l'expression a été utilisée par certains psychanalystes. Certes, il a les compétences pour mais parfois il n'y suffit pas et là ses parents ont besoin, pour découvrir leurs propres compétences qui sont parfois très enfouies et dont ils doutent, que des tiers les regardent comme des parents compétents. Ces tiers, ce sont les professionnels. A une époque où les parents sont de plus en plus isolés, où les familles monoparentales se multiplient, c'est la chance de cette naissance médicalisée, que l'on a quelquefois critiquée dans ses excès, que des parents parce qu'ils attendent un enfant rencontrent des professionnels qui s'intéressent à eux et qui leur reconnaissent une valeur. Pour un certain nombre de parents c'est une expérience souvent nouvelle et parfois capitale de découvrir que parce qu'ils souffrent, qu'ils attendent, qu'ils espèrent, qu'ils imaginent des professionnels sont là à leur écoute. Voir que leurs compétences leur sont révélées non seulement par leur bébé mais par des tiers, par tout un réseau autour d'eux, à condition que ce réseau s'y prête, que ce réseau croie aux compétences des parents. Et si les professionnels ne se sentent pas eux-mêmes assez compétents pour encourager les parents, les compétences parentales peuvent très bien ne pas s'exprimer. On est là dans quelque chose qui circule : le bébé est une personne, les parents sont aussi des personnes à respecter et les professionnels enfin sont des personnes dont il faut respecter les compétences. S'ils ne se sentent pas en sécurité ils vont avoir du mal à donner de la sécurité aux parents qui auront à leur tour du mal à donner de la sécurité à leurs enfants. Les professionnels ont envie de s'engager relationnellement avec les familles mais ils n'osent pas, ils croient ne pas savoir, ils croient que c'est les psys qui savent. Alors que, comme on a découvert que les parents savaient en eux-mêmes beaucoup plus que ce que l'on imaginait, le travail des dix ans à venir va consister à montrer que les professionnels aussi savent...*

B M. : – A vous entendre on dirait que faire le nid d'un enfant est un travail collectif, chacun amenant des brindilles, pas tout le nid mais des brindilles ?

F. M. : – C'est une belle image, l'image du nid. On a beaucoup parlé de l'enfant imaginaire... L'imaginaire cela fait partie du nid. Si les parents ne se projettent pas dans un avenir chargé de toutes leurs rêveries, de tout ce qu'ils sont, leur bébé ne va pas pouvoir se nicher ou se « nider ». Et on pourrait dire la même chose des professionnels vis-à-vis des parents. Si les professionnels n'ont pas la capacité d'imaginer un avenir pour une famille, un avenir pour des parents, ces parents auront du mal à faire leur nid de parents et à faire le nid de leur enfant. C'est une image qui exprime bien une idée d'emboîtement, de cercles concentriques, de contenants et de contenu...

B. M. : – D'enveloppes ?

F. M. : – Oui ces mots que l'on utilise de plus en plus. On a vraiment l'impression que la naissance matérialisée par les techniques, par une organisation peut constituer ce nid très concret qui, s'il n'est que concret peut empêcher la tâche de l'imaginaire de se poursuivre. Mais s'il s'accompagne d'une empathie minimale qui permet que les émotions circulent naturellement, humainement, ce nid devient un espace de rêve pour l'enfant et ses parents. Et de même que l'enfant est d'abord chair dans le ventre de sa mère, il va progressivement se nourrir de ce qu'il va sentir, des émotions, des vibrations de sa mère, de son père. Et l'équipe médicale peut tout à fait apporter ces brindilles dont vous parliez, c'est-à-dire introduire très précocement, dès le suivi de la grossesse, cette espèce d'épaisseur dans la relation humaine qui fait que les parents vont... je dirais s'assouplir. Les mères disent très bien comment leur corps se détend d'un seul coup quand elles peuvent partager ce qu'elles vivent.

B M. : – Attendre d'eux qu'ils se glissent dans ce jeu d'enveloppes, n'est-ce pas beaucoup attendre de vos confrères ?

F. M. : – Je crois que le professionnel doit savoir et apprendre ce qu'il n'a pas appris dans la formation qu'il a reçue : que l'être humain qu'il a en face de lui forme un tout. Et que déjà, quand il touche le corps d'une femme, surtout une femme dans cette situation d'attente d'un enfant, il touche à bien autre chose que de la chair. C'est important qu'il en soit conscient. Une femme qui se sent traitée comme un corps, si elle a suffisamment de sécurité intérieure elle se dira : « Je m'en fiche, j'ai pas besoin d'eux ! » Mais si c'est une femme dont les émotions n'ont jamais été prises en compte ou ont été bafouées tout au long de sa vie qui est traitée comme cela, comment pourra-t-elle ensuite respecter les émotions de son enfant, être attentive aux petits signes d'éveil ? Où va-t-elle puiser la force de ne pas le traiter simplement comme un tube digestif ?

Pour les besoins du film, il me fallait suivre plus particulièrement une ou deux « histoires », c'est-à-dire non seulement pouvoir disposer, avec l'accord des personnes, de la vidéo de leurs consultations mais aussi pouvoir les rencontrer personnellement. C'est là que je pus mesurer la qualité de la relation, la complicité que Françoise et son équipe avaient avec la plupart des personnes qu'elle avait aidées, qu'elle suivait, et dont elle avait enregistré le témoignage. Pratiquement toutes acceptèrent l'idée de voir leurs propos diffusés à l'antenne et de me rencontrer. J'avais en fait l'embarras du choix !

Cette acceptation collective était aussi le résultat du « regard » de Françoise Molénat, le signe qu'elle n'avait pas placé la rencontre avec les parents, si douloureuse qu'elle ait pu être, sous le signe de la pathologie et encore moins de la psychiatrie. Françoise avait posé sur toutes ces femmes enceintes, sur tous ces parents en souffrance, ce que Tony Lainé appelait un « regard désaliénant ». Un regard qui n'expulsait pas ce qui était vécu et raconté dans « l'ailleurs » de la folie, hors du champ étroit de notre normalité mais, au contraire, incluait ce témoignage dans le tronc commun de notre humanité qu'il venait enrichir et fortifier. C'est, je pense, à cette dimension de « reconnaissance » que les parents étaient le plus sensibles.

Sans me donner, dans un premier temps, la moindre précision sur sa biographie, Françoise me proposa d'écouter le témoignage de Christine E. enregistré quelques semaines plus tôt alors qu'elle était sur le point d'accoucher. Cela me convenait parfaitement et dès les premiers mots qu'elle prononça, je fus captivé. Peu m'importait de savoir, en l'écoutant, qui était Christine E. Ce qui me paraissait essentiel c'était de faire entendre son témoignage tel quel. Elle n'était sûrement pas la seule à ressentir ou à avoir ressenti les émotions iconoclastes qu'elle décrivait ; nombre de femmes devaient pouvoir s'identifier à elle.

Christine E. : – J'ai une de ces peurs dites donc !

Françoise Molénat : – Vous avez très peur ?

Christine E. : – Ah oui, très peur. J'ai vraiment envie que ça vienne vite, parce que franchement je voudrais qu'elle sorte. J'ai trop chaud, enfin c'est pas que pour ça, il y a aussi que je me sens handicapée, je ne peux pas me baisser... parce que il y a un petit squelette quand même à l'intérieur, je vous assure ses os ils me rentrent dedans quand je me baisse.

F. M. : – Vous les sentez !

Christine E. : – Ah, oui, oui... je les sens, ça me gêne, ça me fait mal... Surtout l'estomac là... Ça me fait très mal. Puis j'ai envie d'être libre, de respirer, j'ai l'impression d'étouffer comme ça. Quand j'entendais les autres femmes me dire que c'était bien, ben dites donc, je sais pas ce qu'elles trouvent de bien à être enceinte. Avoir un gosse oui, mais être habitée comme ça, ça fait bizarre...

F. M. : – Ça vous fait bizarre !

Christine E. : – Oui, oui... Je sais que je réagis pas comme les autres gens mais...

F. M. : – Eh dites, vous réagissez comme vous êtes ! Il n'y a pas de normes hein !

Christine E. : – Quand j'en parle, j'en parle pas à tout le monde, mais le peu de gens à qui j'en parle ils me disent que je suis pas normale ! Bon ben je suis pas normale mais moi j'aime pas me sentir comme ça.

F. M. : – C'est un peu étranger ?

Christine E. : – Tout à fait c'est étranger... De toute façon je l'ai jamais vue, à l'échographie mais tant que je la connaîtrais pas c'est un étranger pour moi. J'ai l'impression que...c'est vachement profond ce que je pense...j'ai l'impression que... c'est un corps étranger... mais c'est comme si on abusait de moi, je ne sais pas comment dire, comme si presque c'était un parasite qui me bouffe mes substances... surtout quand je suis fatiguée... C'est un peu dur de penser ça.

F. M. : – C'est surtout quand vous êtes fatiguée ?

Christine E. : – Oui, je suis crevée, le moindre effort que je fais, je le sens passer et après je culpabilise...

F. M. : – Par rapport à ?

Christine E. : – Aux gens qui m'entourent. J'ai l'impression que je fais chier le monde quoi ! Je me sens seule avec ça n'importe comment...

F. M. : – Ah ! c'est ça, vous pouvez pas partager ?

Christine E. : – Oui et ça fait un moment que ça dure. Les femmes enceintes ça passe toujours pour des emmerdeuses, y'a pas de mystère. J'ai vu autour de moi même avant d'être enceinte quand je surprends certains regards dans la rue ou le bus c'est incroyable ! Des regards de femmes. Et je vous assure c'est pas de la parano, c'est dans les yeux, c'est méchant, ça fait drôle. En plus je suis sensible à l'extérieur, écorchée vive, déjà que je le suis d'ordinaire, alors là ! Souvent j'ai des grandes envies de pleurer... (elle pleure).

F. M. : – C'est-à-dire que vous auriez peut-être besoin, je dis ce qui me traverse, qu'on vous porte un peu aussi comme vous portez cet enfant. Comme si quelque chose de sécurisant avait manqué...

Christine E. : – Oui, ça ressort ça !

F. M. : – Et cet enfant...

Christine E. : – Faut que j'apprenne à lui donner ce que j'ai jamais reçu !

F. M. : – Voilà. Comment porter un enfant quand on ne s'est pas senti soi-même porté ?

Christine E. : – Oui, c'est vrai que je réclame plus de tendresse et d'attention qu'avant et malheureusement c'est tout le contraire qui se passe.

F. M. : – Au moment de faire une place à cet enfant vous auriez besoin d'être accueillie et là ça coince...

Christine E. : – Oui, j'ai même peur d'aller à l'hôpital à cause de ça. J'ai peur des infirmières, j'ai peur de m'engueuler... C'est-à-dire j'ai peur qu'elles ne soient pas patientes. Parce que si c'est que moi, je ferais tout pour pas les emmerder... mais à la moindre réflexion, je vais exploser, et ça me fait peur ça, je veux pas m'engueuler, je suis malade après...

F. M. : – Vous auriez envie qu'on leur dise quoi, aux sages-femmes qui sont là justement, qu'est-ce que vous aimeriez qu'elles fassent...

Christine E. : – De la douceur surtout...

F. M. : – Voilà, de la douceur, vous avez besoin qu'on vous accueille quoi...

Christine E. : – Voilà, pas d'agressivité, pas de réflexion méchante surtout dans mon cas, avec les problèmes que j'ai eus... pas de méchanceté... j'en ai marre de la méchanceté... Pas me foutre comme une mère à part quoi... pas me mettre de côté...

F. M. : – Vous avez peur de ça ?

Christine E. : – Oui, oui...

F. M. : – Et pourquoi ? Pourquoi, on vous mettrait de côté ?

Christine E. : – Je ne sais pas...

F. M. : – Qu'est-ce qui vous fait penser ça ?

Christine E. : – Parce que je me sens peut-être de côté... Je ne me suis jamais sentie comme tout le monde et c'est rarement à mon avantage... J'en ai marre d'être moi, quoi !

Christine E., un peu comme Nadia rencontrée à Avignon, avait derrière elle une longue histoire d'abandons et de mauvais traitements. Françoise ne m'en confia jamais plus que le strict minimum et de mon côté il ne me sembla pas utile d'en savoir beaucoup plus. La sensation que j'eus c'est que Christine, enfant, avait été un peu le souffre-douleur de sa famille et qu'à partir de là sa vie n'avait été qu'une succession d'expériences décevantes à la recherche d'un équilibre introuvable. En Avignon, elle avait rencontré l'âme sœur en la personne de Claude, un homme que sa trajectoire personnelle avait conduit à se marginaliser toujours plus jusqu'au moment où sa route avait croisé celle de Christine. Ils n'avaient de travail ni l'un ni l'autre.

Dès que Christine s'était retrouvée enceinte, sa situation sociale, son passé, son discours sur l'enfant à naître, tout se liguait pour faire de sa grossesse le prototype de la « grossesse à risque ». L'équipe obstétricale pleine de sollicitude mais inquiète pour cette future maman, la dirigea vers Françoise Molénat. Mais entretemps, les services sociaux que Christine avait elle-même appelés à l'aide, dysfonctionnèrent tant et si bien qu'une atmosphère de suspicion s'installa autour de Christine et de l'avenir de son bébé. A ce propos j'écrivis ce commentaire : « Dans les derniers temps de sa grossesse, on imagine aisément ce que le comportement de Christine a pu avoir d'inquiétant aux yeux des professionnels.

« On imagine aussi ce que son passé d'enfant maltraitée, ballottée de foyer en foyer, le fait que Claude et elle n'avaient quasiment rien pour vivre, a pu ajouter au trouble de certains.

« Alors, dans ces conditions, sans la médiation patiente de femmes comme Françoise Molénat, un dérapage peut à tout moment se produire... Quelqu'un qui juge l'enfant en danger, un signalement malencontreux, une ordonnance judiciaire de placement... La mécanique à broyer les histoires d'amour a très vite fait de se mettre en marche. »

Mais la jeune femme était à cent lieues de s'en douter, toute occupée à faire le ménage dans sa tête pour préparer le « nid » de son enfant, comme son entretien devait le révéler. L'ennui c'est que personne, à l'exception de Françoise n'était apte à s'en rendre compte, personne n'était préparé à interpréter positivement le comportement de Christine. Sans le savoir, cette femme qui avait tant besoin de soutien et d'amitié se retrouvait subitement environnée de blouses blanches et de travailleurs sociaux qui constituaient autant de menaces potentielles pour son avenir et celui de son enfant. En France, combien d'équipes déraillent sur le chemin de l'accompagnement ? Combien de Christine n'ont pas la chance de croiser sur leur route une Françoise Molénat ?

B. M. : – L'impression que l'on a en écoutant le témoignage que ces femmes vous livrent, toutes ces confidences, c'est qu'à des titres divers elles ont dû souvent faire peur aux équipes, par leurs attitudes, par leurs paroles, et que cela a dû générer pas mal de malentendus...

Françoise Molénat : – Ce que vit une femme pendant sa grossesse ou au moment de l'accouchement ou après, c'est-à-dire au moment où elle est dans une maternité, ne peut pas se dire en mots d'emblée, il y a beaucoup trop d'émotions. Donc la femme va montrer quelque chose d'elle. Les soignants en face vont percevoir quelque chose qui n'est pas toujours en rapport avec ce que cette femme vit. Ce n'est pas toujours facile de décoder, d'autant qu'il y a beaucoup d'angoisse, beaucoup de sentiment d'incompétence, beaucoup d'insécurité, tout ce qui fait que cette femme va montrer d'elle tout ce qui souffre. Une femme qui a une histoire douloureuse, qui s'est sentie dévalorisée, qui a des difficultés sociales, qui n'a jamais été très aimée, qui ne s'est jamais beaucoup aimée, qu'est-ce qu'elle va venir montrer à la maternité ? Cette image-là. Cette face d'elle qui ne va pas aider ceux qui sont en face à venir vers elle. Alors qu'elle aurait besoin justement qu'on aille la rencontrer, qu'on aille la chercher, elle va montrer toute cette dimension de rejet ; et ça c'est à l'origine d'énormes malentendus. C'est-à-dire que les professionnels sont mis en situation de répéter l'histoire de cette femme au lieu de l'aider à retrouver sa confiance en elle. Au lieu de la regarder autrement, ils vont la regarder comme elle a toujours été regardée parce que c'est cette face d'elle que la femme leur a montrée.

B. M. : – Cela peut avoir des conséquences néfastes pour l'avenir de la relation mère-enfant ?

F. M. : – Très néfastes. Une qualité de regards, de mots, peut faire basculer une relation dans ces moments-là. Et plus une femme est sensible, on parle de femmes mais on pourrait en dire autant des futurs pères ou des pères, plus ils sont vulnérables, plus ils sont en quête de comment on va les regarder consciemment ou inconsciemment. Tout ça passe autant par une qualité d'accueil, une manière d'être, tout ce qui nous échappe en fait, que par des explications ou des discours. Tout cet irrationnel, cette spontanéité qui est si difficile à retrouver pour les professionnels. Ils ont appris à savoir répondre, à savoir quoi faire, à conseiller mais être eux-mêmes, retrouver cette espèce de sens de l'autre, se rapprocher de quelqu'un qui souffre, tout ce qui fait appel à notre émotivité c'est très difficile...

B. M. : – C'est ce que je voulais dire quand je vous demandais si ces femmes font peur aux équipes.

F. M. : – Oui, oui, ça fait très peur... parce que encore une fois ce qui se montre n'a rien à voir avec la réalité du bébé qui va arriver et... ce qui remonte là, ce que les professionnels voient c'est des émotions qui sont souvent très très violentes... et c'est vrai que ça fait peur. Cela fait peur et tout d'un coup on se dit mais cette mère elle ne va pas être capable... Alors que justement, cette mère est en train, d'une manière un peu difficile, de se réapproprier ce passé qui resurgit, et avec l'aide de tiers qui vont pouvoir justement, parce qu'ils sont à l'extérieur, l'aider à comprendre, elle va pouvoir à la fois se le réapproprier, puis le ranger autrement, le réorganiser dans la tête. On ne se débarrasse pas de son passé, on en a même besoin pour construire l'avenir, mais le passé a besoin d'être réorganisé quand les fondations ont été mauvaises, et donc c'est tout ça qui va exploser pendant la grossesse, et plus le passé est douloureux, plus l'explosion est grande...

B. M. : – C'est précisément au moment où on la perçoit comme incapable qu'elle est en train de fonder sa capacité ?

F. M. : – Exactement. Et le grand danger c'est que les professionnels privilégient le négatif au moment où cette femme pose précisément la question « est-ce que je suis capable de » ? S'ils privilégient le positif ils vont permettre que tout ce qui est du registre de l'incapacité ne disparaisse pas mais reprenne sa place.

Retour sur la consultation.

Françoise Molénat : – Le fait de penser que vous allez être maman, qu'il va y avoir ce petit bonhomme ou cette petite fille, pour l'instant ce n'est pas une aide ?

Christine E. : – En vérité je m'en rends pas vraiment compte. Même dans la tête ça suit pas...

F. M. : – C'est elle peut-être qui va vous aider, qui va vous montrer le chemin... Mais pour l'instant elle est là sans y être.

Christine E. : – C'est-à-dire comme je ne connais pas ce sentiment des autres femmes, ça m'a jamais trop attendrie quoi, pour moi c'est étranger. Je fais attention, enfin pas vraiment, parce que sinon je ferais moins de conneries, mais je veux dire je fais attention qu'on me tape pas dessus, qu'on ne me bouscule pas, je protège, mais il y a pas les ficelles mère-fille... y a pas ça...

F. M. : – Oui, elles ne sont pas encore là !

Christine E. : – Je sais pertinemment que je ne serai pas violente, c'est pas le problème ça, c'est comment je vais faire pour éduquer un être différent de moi ? Comment je vais faire ? Parce que je suis sûre que si ça marche pas, je vais culpabiliser à fond.

F. M. : – Mais qu'est-ce qui pourrait ne pas marcher ?

Christine E. : – Si par exemple je mettais au monde une gosse matérialiste, vénale, odieuse, je pourrais pas m'entendre avec elle c'est sûr.

F. M. : – Une enfant qui ne serait pas née de vous alors ?

Christine E. : – On sait jamais ! je vois ma mère et ma sœur, je suis complètement étrangère à ces deux filles et pourtant on est du même sang...

F. M. : – C'est ça qui vous inquiète le plus, comment elle va être ? Qui elle va vous rappeler ?

Christine E. : – Ah ! c'est exactement ça ! Surtout pas ma mère ou ma sœur ! j'ai même l'impression qu'elle va être plus forte que moi et qu'elle va me faire revivre ce que ma mère et ma sœur m'ont fait vivre... surtout du fait que ce soit une fille en plus...

C'est pour ça que je voulais un garçon, parce que je veux pas qu'elle me fasse revivre ce que ma mère m'a fait vivre ou ma sœur... La seule chose que je pense de ma mère en ce moment c'est les coups qu'elle me mettait. Elle serait là je lui sauterais dessus. Je lui en ai jamais autant voulu. Mais j'ai fait un progrès : je peux me dire que c'était une mauvaise femme avant je préférais me dire que j'étais une mauvaise gosse... Mais pourquoi ils s'acharnaient tous sur moi ? Je voudrais prendre tout ce putain de passé et le broyer, plus jamais en entendre parler et malheureusement j'existe en fonction de ce passé. Mais j'essaye quand même de réagir...

F. M. : – Oui, il pèse très lourd en ce moment ! En particulier en ce moment et justement c'est peut-être tout ce travail-là que vous êtes en train de faire, à la fois le laisser remonter pour peut-être que vous puissiez le mettre à une autre place.

Christine E. : – Voilà ! C'est-à-dire que je ne veux pas faire comme j'ai toujours fait, tourner le dos à mes souffrances et me faire souffrir encore plus doucement, plus sournoisement. Non, il faut que je fasse face, que je trouve des réponses et puis que j'enlève cette crasse qui est sur moi... comme une crasse, une boue, et que j'arrête de me dire que je suis ce que j'ai vécu. Il faut que je me trouve d'autres racines. Mais lesquelles ? Je ne sais pas, on verra...

Christine accoucha finalement d'une petite fille qu'elle prénomma Johanna. Grâce à la médiation de Françoise, le personnel s'organisa en réseau autour d'elle pour la soutenir. Christine resta beaucoup plus longtemps que prévu dans les murs de la maternité d'autant qu'il fut établi que la petite fille était sujette à des convulsions sérieuses. Quand finalement Christine quitta la maternité avec Johanna pour rentrer chez elle, le bébé avait toute une liste de médicaments à prendre et nécessitait un suivi médical. Quant à la maman qui recherchait un soutien chaleureux, sous prétexte d'être suivie à domicile, elle était en fait entourée, à la notable exception d'une travailleuse familiale, par des personnes qui la surveillaient discrètement, la soumettant au régime de la longue corde mais guettant le moindre faux pas. Françoise dut même, une semaine après le retour à la maison et alors que la famille commençait à perdre pied, faire réhospitaliser tout le monde en catastrophe pour couper court aux menaces qui se précisaient.

Christine était rentrée chez elle depuis quelques semaines quand Françoise, avec son accord, me proposa de la rencontrer. Elle s'était fait une fête de nous accueillir dans sa maison. Elle était maquillée, fraîche, pimpante, très différente de la femme négligée et fatiguée dont nous connaissions l'image par les bandes vidéo. Claude lui était un homme silencieux, mais amical et souriant, en apparence très calme, qui semblait assurer à merveille son rôle de père : contenant tranquillement, sans dissimuler son émotion, l'exubérance de sa compagne toute à sa tâche de mère. Quand je les vis pour la première fois, ils se penchaient tous les deux sur Johanna qui dormait dans les bras de Christine.

– C'est tout frais dans sa mémoire, je t'assure, mon petit cœur qui bat, c'est tout frais dans sa mémoire, les glouglous de mon ventre. Elle est bien comme ça... Et quand elle est bien, je suis bien... C'est tout, qu'est-ce que tu veux de plus hein? Tu lèves les yeux, il y a un peu de verdure, un peu de soleil, un coin de ciel bleu... maman, je crois que j'ai envie de dormir alors si tu veux bien aller me coucher... je crois que je vais la coucher... regarde-moi ça... ce gros hamster... tu l'as vu, ce gros hamster... c'est marrant de la voir dormir ça me soulage, ça me donne envie de dormir, je t'assure ça m'apaise...

Claude l'écoutait sans rien dire, souriant, ému, en caressant les doigts du bébé. Christine alla coucher Johanna, montant l'escalier comme si elle portait le saint-sacrement, continuant à parler à son bébé endormi, lui expliquant le moindre de ses gestes. La chambre du bébé était propre même si l'ameublement était sommaire. J'eus droit à la visite de l'appartement qui était composé d'une autre chambre à l'étage, meublée de façon tout aussi spartiate, d'une salle en bas avec un coin cuisine, d'une cour intérieure de la taille d'une pièce et d'une petite salle d'eau.

Christine m'expliqua que tout ce qui se trouvait dans la maison provenait soit du Secours populaire soit de la récupération dans les poubelles. Elle se disait très satisfaite de son installation et Claude la regardait visiblement en admiration devant elle. Ces deux-là n'avaient pas un sou mais ils étaient tout bonnement heureux et cela faisait plaisir à voir.

Christine E. : – Si je n'avais pas eu toutes ces femmes autour de moi, Mme Barbier qui m'a dirigée sur Françoise Molénat qui a compris tout de suite que j'avais des petits problèmes de « psy en grossesse », c'est-à-dire que tout ce qui était refoulé, tout ce qui était bien ancré dans mon moi profond, a resurgi à un moment... C'est-à-dire en fait au moment où je gonflais de plus en plus, et moralement, je n'étais pas liée avec l'embryon. J'étais enceinte, je le voyais, mais c'était tout. Comment dire, matériellement ça se voyait mais dans ma tête néant. Et j'ai même dit à Claude, le jour où j'accoucherai oui, je prendrai conscience que j'ai un enfant et c'est vrai qu'une fois qu'on me l'a posée sur le ventre, j'en ai eu conscience, mais avant cela on m'a guidée...

B. M. : – Et donc, s'il y avait pas eu ce...

Christine E. : – Cette chaîne ? Le Dr Molénat et tout ça ? Point de suspension... je ne sais pas ce qui se serait passé, point de suspension, c'est tout. Maintenant je ne peux pas imaginer ni le mal, ni ce qu'on a envie que je dise, le suicide, etc., mais elles étaient là et le résultat est là aussi... Et elles sont encore là de toute façon.

B. M. : – Est-ce que vous avez eu peur à un moment donné, qu'ils vous enlèvent votre fille ?

Christine E. : – Jamais ça ne m'est passé par la tête ! Ça t'est passé par la tête toi, Claude, qu'on puisse me l'enlever ?

Claude : – Non ! Ils pourraient pas n'importe comment ! Moi, on me la retirera jamais !

B. M. : – Mais il y a pensé Claude !

Christine E. : – Tu y as pensé à cause de moi ?

Claude : – Non, pas à cause de toi, à cause de beaucoup de choses. Il y a beaucoup de situations où ça aurait pu... dans la vie où ça se passe... problème d'argent... problème...

B. M. : – Il connaît la vie, Claude !

Christine E. : – Mais moi aussi je connais la vie, mais je n'ai jamais pensé qu'on pourrait m'enlever Johanna. Vous vous rendez compte ? C'est au point qu'elle ne m'appartient pas... elle appartient à la terre, à l'univers, mais c'est ma fille !

Claude : – Cricri, je pensais pas que ça se passait... je pensais à si ça se passe... Comme j'ai répondu à sa question, personne ne me la prendra.

Christine E. : – Evidemment...

Claude : – Jamais personne...

Christine E. – Evidemment que non !

B. M. : – Peut-être même qu'il serait devenu violent !

Claude : – Ah ben oui, quand même ! Ah, ça c'est sûr !

Christine E. : – Attention hein, faut pas toucher à Johanna, faut pas toucher à Claude, jamais !

La réaction de Christine m'avait pris totalement à contre-pied. J'étais loin, très loin de m'imaginer qu'elle n'avait jamais senti le danger qui la menaçait, mais c'était pourtant le cas. Ma question l'avait bouleversée et j'étais en rage contre moi de l'avoir posée. Claude était embarrassé, j'avais tout lieu d'être fier de moi ! Pour une gaffe cela en était une belle! Confus, je prévins Françoise qu'elle aurait sans doute à gérer l'angoisse que j'avais déclenchée chez Christine. Elle resta très calme comme quelqu'un qui en a vu d'autres et eut l'élégance de ne pas m'accabler de reproches. Son souci de ne pas mettre en danger le sentiment de compétence d'autrui incluait visiblement les réalisateurs de télévision!

En fait cette gaffe eut des conséquences plutôt positives. Christine subitement en alerte commença à regarder autour d'elle en se posant des questions. Il y avait notamment une puéricultrice qui venait régulièrement voir Johanna avec qui le courant ne passait pas. Christine se sentait observée et jugée. Sous prétexte de l'aider de ses conseils cette femme critiquait sans cesse ce que Christine faisait avec sa fille. A la suite de mon intervention maladroite, Christine comprit que cette femme n'était pas une alliée, qu'elle représentait plus une menace qu'un soutien et elle la pria de ne plus revenir en lui disant qu'elle se sentait maintenant capable de se débrouiller seule. D'autre part elle prit aussi ses distances d'avec les médecins et leurs ordonnances un peu trop longues quand elle réussit à se persuader qu'elle était le seul médicament dont sa fille avait vraiment besoin. Petit à petit les convulsions s'espacèrent et disparurent à mesure que Christine découvrait ses ressources et qu'augmentait sa confiance en elle-même.

Quant à moi, au moment de quitter cette famille sur une dernière image de Christine assise donnant le biberon à Johanna avec derrière elle la dominant et la protégeant, Claude debout, attentif, je pensais une nouvelle fois à la manière tragique dont cette histoire aurait pu finir. Je pensais à tous ces gens dont la vocation est d'aider ceux d'entre nous qui sont le plus en difficulté, que nous payons pour le faire et qui se retrouvent, qui plus est jaloux de leurs prérogatives et sûrs de leur bon droit, en situation de leur enfoncer la tête sous l'eau. Comment est-ce possible ? Je me pose la question à chaque fois. Un jour peut-être, quelqu'un qui connait bien les arcanes du travail social se résoudra à écrire sur le sujet une sorte de pendant de *La mort est mon métier* de Robert Merle. On comprendra peut-être alors, à l'issue de quel cheminement plus ou moins conscient ou obligé des gens bien ordinaires deviennent ce que Jean-Paul Sartre appelait des « salauds ». Quoi qu'il en soit, en refermant la porte du « nid » de Christine, Claude et Johanna j'eus soudain envie d'écrire dessus : « Ici gens heureux, on est prié de s'essuyer la tête avant d'entrer ! »

Même s'ils sont loin d'être particulièrement vulnérables, sur le plan social ou psychologique, même s'ils ne courent aucunement le risque de se voir enlever leurs enfants, un certain nombre de couples refusent pourtant de se laisser embringuer dans l'aventure de la naissance médicalisée. Ils lui préfèrent une autre aventure, celle de l'accouchement à domicile seuls ou sous la conduite d'une sage-femme libérale. La question du travail en réseau et de l'organisation des compétences des professionnels ils s'en fichent, le combat de Françoise Molénat ne les concerne pas. Ils sont, en France, un millier de couples chaque année à mener un combat frontal contre le pouvoir médical, à refuser de concéder à quiconque la moindre de leurs prérogatives de futurs parents.

Je ne voulais pas clore *Le bébé est un combat* sans qu'une occasion de se faire entendre soit donnée à l'un de ses couples. Mais je voulais que leur expérience fasse réfléchir, qu'elle ne paraisse pas soixante-huitarde, écologiste ou exotique. Certes leur expérience n'est pas accessible à la grande majorité d'entre nous. Elle suppose une capacité intellectuelle et mentale à se maintenir en dehors des sentiers battus, la volonté et le courage de transgresser des règles acceptées ou plutôt subies par tous, au nom de la sécurité ; une audace qui n'est pas donnée à tout le monde. Mais ce n'est pas parce que cette expérience nous est *inaccessible* qu'elle nous est *étrangère,* bien au contraire.

J'aurais tendance à la comparer à l'expérience de ces hommes-araignées qui escaladent les montagnes à mains nues. Je sais bien quand je regarde Patrick Edlinger grimper que je serais incapable d'en faire autant mais néanmoins c'est un homme comme moi qui grimpe. Ce qu'il fait, il le fait en notre nom à tous. Quelque chose de ce que fait son corps s'inscrit dans mon propre corps. Comme si ses cellules communiquaient avec les miennes. Je voulais que cette expérience de la naissance nous apparaisse également plus comme un *possible* que comme un *ailleurs.*

Je fis la connaissance d'un couple qui avait choisi de fuir les sirènes de la sécurité médicale et les usines à accoucher pour aller donner naissance à leur enfant au bord de l'océan Indien. Le dernier mois de la grossesse, ils l'avaient passé en Inde dans un petit village de pêcheurs près de Goa. Comme les femmes du village s'inquiétaient qu'ils n'aillent pas à l'hôpital, l'homme se déclara docteur et tout rentra dans l'ordre. Le mot magique ayant été prononcé, on leur ficha une paix royale, les laissant faire ce que bon leur semblait. La jeune femme assistée de son mari accoucha de nuit dans la mer, habitée par la sensation féerique qu'autour d'elle des dauphins montaient la garde pour la protéger des requins. Si poétique qu'elle soit, cette histoire n'était pas vraiment identificatoire et puis ce n'était qu'un récit sans images. Il m'en fallait une autre.

Je pris alors contact avec un couple de Russes, émules de Igor Tcharkowsky, que j'avais entrevu à Moscou en 1989. Je savais qu'ils résidaient maintenant en France et qu'à la demande de la Fédération française de shintaido, un art martial, ils accompagnaient la naissance de certains bébés sur les rivages corses. Je savais qu'ils détenaient aussi beaucoup de documents filmés de toutes leurs expériences. Katia et Volodia Bagriansky, c'est leur nom, se déclarèrent ravis de collaborer avec moi et ils m'ouvrirent leurs archives.

La plupart des images qu'ils me montrèrent avaient déjà été présentées à la télévision. Elles dataient de l'époque où Katia et Volodia suivaient l'enseignement de Igor Tcharkowsky, le premier à avoir osé emmener des femmes accoucher dans la mer en pleine période de glaciation soviétique et qui plus est sans être médecin. On voyait dans ces documents filmés au bord de la mer Noire des femmes enceintes se préparant à accoucher et d'autres qui avaient accouché nageant sous l'eau avec leur bébé de quelques jours. On voyait aussi Katia mettre au monde son deuxième enfant dans une eau qui ne devait pas être très chaude.

Ces images ne me convenaient pas pour plusieurs raisons. D'abord elles m'obligeaient à expliquer dans le détail la philosophie de Tcharkowsky, ce qui m'entraînait un peu loin, d'autre part elles étaient une fois de plus « exotiques », évoquant beaucoup trop à mon goût les paradis perdus et le retour à la nature. Je n'avais pas envie de me battre sur ce terrain. Par contre je savais, ce qui n'était pas pour me déplaire, que ces images provoquaient immanquablement le courroux du corps médical dont les représentants, au nom de la sacro-sainte sécurité dont ils détiennent les clefs, s'insurgeaient contre ces parents accusés d'être au mieux des irresponsables au pire des criminels en puissance. Je trouvais que tous ces médecins qui venaient, pétris de certitudes, nous faire en rangs serrés leur numéro d'indignation à la télévision, ne manquaient pas de toupet. Ils oubliaient simplement que si des parents se résolvaient à prendre le risque d'accoucher ainsi c'était essentiellement à cause de ce que eux ou leurs semblables étaient en train de faire de la Naissance !

C'est alors que Katia et Volodia me montrèrent des images inédites, celles de la naissance de Vassili, leur troisième enfant. Des images qui me parurent d'emblée fascinantes et que je pris la décision de montrer à un large public. Ces images n'avaient rien d'exotique ni de poétique de prime abord, ce pour quoi elles me parurent bien plus fortes que toutes celles que j'avais vues. Pas de jolis crépuscules sur des vagues venant mourir sur la grève, pas de corps jeunes et bronzés méditant au soleil dans un artistique contre-jour. Des images prosaïques, qu'un observateur superficiel aurait pu trouver laides, d'une femme accouchant à Moscou dans sa baignoire entourée de son mari, de ses enfants, d'un couple d'amis et de leurs enfants.

La première chose qui me frappa, ce fut ce décalage entre la solennité de l'événement et la banalité du décor : cette baignoire avec un carrelage verdâtre autour remplie d'une eau pas très limpide. Ce dernier détail n'étonnera pas ceux qui ont voyagé en U.R.S.S. : ils savent qu'elle l'est rarement et qu'en plus elle sent mauvais ! La deuxième, ce fut la présence des enfants autour de Katia, quatre ou cinq têtes blondes qui se bousculaient devant la caméra pour voir. Dont Eya, une petite fille de cinq ans, la deuxième enfant de Katia et Volodia, celle qui était née dans l'eau de la mer Noire. Installée carrément dans la baignoire entre les jambes de sa mère elle semblait attendre fort tranquillement la venue du bébé. Plus actrice que spectatrice.

La troisième chose qui m'impressionna, ce fut la manière dont l'accouchement se déroula. Le calme de Katia et Volodia, la manière incroyablement sûre dont Katia « contenait » un événement qu'avec elle on sentait sur des rails, et puis l'absence remarquable de toute présence médicale ou paramédicale qui conférait à la scène quelque chose d'à la fois profondément simple et d'intensément subversif. L'expulsion se passa très vite. Katia, à genoux dans la baignoire écarta elle-même son sexe pour permettre à l'enfant de sortir sans la déchirer. Le bébé se catapulta dans l'eau entouré d'un nuage de sang et Volodia le cueillit dans ses mains jointes. Le bébé flottait apparemment inanimé, le cordon autour du cou, ce que les enfants remarquèrent les premiers. Volodia, sans s'affoler, dégagea le cou du bébé et le posa contre le sein de Katia. Puis rapidement, il remplit une bassine d'eau froide qu'il renversa sur le bébé mais celui-ci avait déjà poussé son premier cri et Katia obéissant aux injonctions de Volodia s'installa plus confortablement dans la baignoire pour lui donner un sein qu'il trouva presque instantanément. Dans la baignoire, aux premières loges, la petite fille n'avait pas bougé. L'eau autour d'elle s'était teintée de rouge mais cela ne la dérangeait visiblement pas, ni personne d'autre d'ailleurs.

Ensuite vint un autre moment fort, celui de la « délivrance » : l'expulsion du placenta. Volodia le recueillit dans une bassine et vida le trop-plein de sang dans le lavabo pour l'examiner à loisir. C'était vraiment impressionnant de voir cet homme faire avec beaucoup d'autorité des gestes, confisqués aujourd'hui par la science médicale et que nous ne savons plus faire depuis longtemps. Tandis que Volodia quittait la salle de bains portant Vassili enroulé dans une serviette, son amie le suivant avec la bassine contenant le placenta, Katia, fraîche comme une rose, vidait la baignoire et se mettait debout pour se doucher avec délectation. Je me souviens m'être dit : « Voilà une femme a pris son bain maintenant elle se rince et la terre compte un enfant de plus. Le spectacle auquel je suis convié n'a rien à voir avec un quelconque retour à la nature, c'est le spectacle de la nature même. C'est cela la nature, le reste, ce qu'aujourd'hui on nous impose de vivre, est peut-être plus sûr, encore que cela se discute, mais c'est une gigantesque construction technologico-idéologique. »

Pour finir, trois heures plus tard Volodia, toujours lui, séparait Vassili de son placenta en coupant le cordon ombilical. Son ami notait l'heure. Dans la tradition, l'heure de la naissance n'est pas celle de l'expulsion du bébé mais celle de la coupure du cordon.

Pour introduire cette séquence j'écrivis ce commentaire : « Depuis la conception jusqu'à la naissance et même au-delà, la médecine est omniprésente. Elle dicte les comportements, formule ses exigences, énonce, notamment en matière de sécurité, des lois qui prennent très vite des allures de tabous.

« Cette médecine qui règne en maître, considère ainsi comme un affront inexplicable, le fait que certains veuillent donner naissance à leurs enfants sans avoir rien à faire avec elle. Pourtant, certains couples choisissent quand même de braver cet interdit. Parce qu'ils refusent de voir la responsabilité médicale se substituer à la leur...

« Un refus qui émane souvent des pères quand, présents dans le couple, ils peuvent faire entendre leur voix...

« Katia et Volodia sont russes. Ils ont quatre enfants. Le premier, ils l'ont eu dans une maternité soviétique... Un accouchement réussi pour les médecins, un cauchemar pour eux. Alors, le deuxième est né loin des rivages bien balisés de la médecine occidentale, au bord de la mer Noire... Pour leur troisième, Vassili, ils étaient seuls, avec leurs amis et leurs enfants, chez eux à Moscou, c'était en 1989... »

Katia : – C'était pas possible de faire l'accouchement comme nous l'avons fait sans une confiance très profonde entre moi et Volodia. Parce que j'avais confiance en lui comme j'ai confiance en moi-même. Cela aussi c'était très important d'avoir confiance en moi-même. Et pendant cet accouchement-là, je peux dire que c'était ma nature profonde, la nature féminine qui était révélée. C'était grâce à ça que l'accouchement était si beau, si harmonieux...

B. M. : – Pourquoi avez-vous filmé vos accouchements? Pour vous ou pour les autres?

Katia : – Une naissance c'est une expérience très très intime... Mais tout de suite, on a réalisé l'importance de la médiatisation de cette expérience pour les gens. Pas pour leur dire « faites comme nous », mais pour leur dire que ça existe et que c'est possible.

B. M. : – Justement, est-ce que c'est à la portée de n'importe qui de faire ce que vous avez fait?

Volodia : – Non. Bien sûr que non. C'est pas possible pour n'importe qui. Potentiellement, chaque femme est capable d'accoucher normalement, naturellement chez elle, mais potentiellement seulement. Sinon ça demande une préparation psychologique particulière, une préparation physique aussi. Et surtout une attitude disons morale qui consiste à prendre la responsabilité de soi dans toutes les dimensions de l'existence.

B. M. : – Est-ce que vous avez eu conscience en accomplissant ces gestes d'être en contravention avec toutes les règles de ce que la médecine appelle la sécurité? Est-ce que vous êtes conscients que ces images vont être fatalement vécues comme une sorte de déclaration de guerre par les médecins?

Volodia : – On peut considérer peut-être cette expérience comme une déclaration de guerre, et certains médecins peuvent interpréter notre expérience comme cela, mais pas tout le monde et même pas tous les médecins. Ce qu'il y a de sûr si vous voulez c'est que, dans les conditions de l'Union soviétique, c'était une déclaration de guerre ouverte à cette médecine disons totalitaire qu'était la médecine soviétique...

B. M. : – Qui est une caricature de la nôtre?

Volodia : – C'est tout à fait ça!

B. M. : – Puisque quand même déclaration de guerre il y a, quelles sont vos revendications? Qu'est-ce que vous essayez de dire à la médecine?

Volodia : – Que notre santé, notre vie, et nos enfants

n'appartiennent pas au système médical, qu'ils nous appartiennent avant tout et que c'est aux parents de décider qu'est-ce qu'on peut, qu'est-ce qu'on doit faire avec nos enfants et avec nous-mêmes.

B. M. : – Mais les médecins vous répondront que là vous prenez une décision qui engage y compris la vie de l'enfant... parce que quelque part vous risquez la vie de l'enfant en accouchant de cette manière.

Volodia : – C'est notre vie, c'est notre enfant, et c'est à nous d'assumer la responsabilité de tous les actes de notre vie et de la relation avec nos enfants. Quant à la question de la sécurité elle n'est pas aussi simple que vous l'exprimez, parce que la sécurité qui vient de l'extérieur et qui est assurée par la médecine c'est un côté de la sécurité, mais il y a une autre sécurité à côté qui doit être procurée par les parents et s'ils n'y arrivent pas c'est très mauvais pour les bébés aussi...

Cette sécurité intérieure dont parle Vladimir Bagriansky (Volodia est le diminutif russe de Vladimir), ce n'est pas dans le cas de sa famille un vain mot. Au moment où j'écris ces lignes, Katia, Volodia et leurs quatre enfants sont dans une situation excessivement précaire. Depuis 1989, date de leur arrivée en France, ils ne sont jamais parvenus à régulariser leur situation vis-à-vis des autorités administratives et, dans le contexte actuel, ils ne sont pas à l'abri d'une reconduite à la frontière. Comme leurs papiers ne sont pas en règle, ils n'ont pas le droit de travailler et pour couronner le tout ils sont menacés d'être expulsés avant l'hiver du logement que leur avait fait obtenir la Fédération française de shintaido. Dans leur situation, s'ils sont effectivement expulsés malgré le soutien de leur municipalité, il leur sera quasiment impossible de retrouver un logement.

Pourtant pour les avoir fréquentés un peu, je dois dire

que j'ai rarement vu des enfants pour lesquels il y avait moins de souci à se faire que pour les leurs. En dépit de leurs difficultés, Katia et Volodia assurent à leurs quatre enfants une sécurité intérieure que beaucoup des nôtres pourraient leur envier. Contre vents et marées ces parents-là préservent des valeurs qu'ils transmettent intactes à leurs enfants. Des valeurs dont la défense a commencé, sous l'impulsion de Volodia, dès la conception de leur premier enfant. Quand on parle de « nidation culturelle », voilà des enfants solidement « nidés » dans la culture familiale. Voilà des parents tenaces qui, après la naissance médicalisée de leur premier enfant vécue comme une confiscation cauchemardesque, n'ont plus jamais permis à quiconque de venir perturber l'exercice de leurs compétences parentales.

Finalement entre l'expérience contestataire et revendicative des Bagriansky et le travail de Françoise Molénat, il me semblait y avoir une certaine convergence. La pédopsychiatre de Montpellier n'essayait-elle pas avec persévérance, en sollicitant le concours et l'adhésion des professionnels, de faire que la naissance médicalisée soit la chance des couples et non leur malheur ? De mettre les compétences indéniables des professionnels au service des besoins intimes des couples ? C'est pourquoi, dans le film j'ai choisi de présenter le document sur la naissance de Vassili après la petite « nouvelle » écrite sur Christine, Claude et Johanna.

La naissance de Vassili soulevait aussi la question du rôle et de la place du père, de l'accueil qu'on lui réserve dans les grandes maternités, de l'écoute qu'on lui accorde et de celle qu'il faudrait se résoudre à lui accorder. Volodia me disait que lors de la naissance de leur premier enfant en U.R.S.S., non seulement il n'avait pas pu assister à l'accouchement, mais de plus il n'avait pas de « droit de visite ». Alors Volodia se plantait devant le mur de l'hôpital, Katia s'asseyait sur le rebord de la fenêtre à barreaux de sa chambre et ils passaient des heures à échanger des messages comme le font les taulards avec leur famille.

En février 94, à Bordeaux, lors du 2e colloque de l'A.D.D.A.P.P. * consacré au thème du père, une psychanalyste, Anne Aubert-Godard faisait remarquer comme significatif que : « Appeler *maternité* les lieux destinés à accueillir les parturientes et les naissances constitue le fait de maternité comme donnée centrale, mais absorbe et masque le fait de paternité qui lui est nécessairement corollaire. » Prenant la mesure d'un manque à penser que nous ressentons tous elle ajoutait : « Concernant la paternité, on se trouve face à un vide de mots publics accompagné d'un vide de rituels énoncés comme tels et concernant des tâches à accomplir et des interdits à respecter qui feraient de l'homme s'y conformant un père au regard des autres et de lui-même. Le père n'est pas guidé sur un parcours du devenir père et la femme devenant mère, devenue mère, n'a pas non plus d'autre cadre que le modèle intériorisé de son propre père pour mesurer ses attentes et ses exigences à l'endroit d'un père pour son enfant. »

Alors après la séquence consacrée aux Bagriansky, il me parut logique de raconter une dernière histoire, celle d'un couple suivi par Rosemarie Toubin, une proche collaboratrice de Françoise Molénat. Une histoire qui se déroule dans le cadre d'un service de réanimation néonatale et qui nous offre l'occasion d'esquisser le portrait d'un père ébranlé par le parcours médical de sa petite fille, une grande prématurée que les médecins ont quasiment ramenée d'outre-tombe. Un père dont le vécu de la naissance, fait d'une inévitable soumission à l'ordre médical, doublée d'un mélange de gratitude et d'admiration pour la personne des médecins, est dangereusement à l'opposé de celui de Volodia pour la nais-

* A.D.D.A.P.P. : Association pour le développement et la diffusion d'approches psychorelationnelles de la périnatalité.

sance de Vassili. Mais aussi un père « accueilli », inclus dans le travail de « réparation » accompli par Rosemarie Toubin, en liaison avec une équipe de « Néo-nat », paraît-il très coopérante. Dans le film, pour faire le lien entre les deux séquences, je fis ce commentaire : « Dans les années à venir, ce sera tout à l'honneur de la médecine hospitalière, cette médecine de pointe, fière de ses outils que d'accepter de réfléchir à ces questions (celles posées par les Bagriansky), y compris et même surtout quand la légitimité de son intervention pourra paraître indiscutable.

« A quoi bon, en effet, inventer comme elle le fait journellement une race d'enfants survivants si leurs parents écrasés par cet étalage de toute-puissance médicale, se sentent soudain impotents et n'ont plus la force de les prendre dans leurs bras ?

« A Montpellier, en invitant les autres professionnels à se mettre à l'écoute des parents dont elle enregistre le témoignage, Françoise Molénat essaie de contribuer à ce qu'une rencontre de qualité ait lieu entre ces soignants qui font des miracles pour sauver des enfants et ces parents qui, à leur manière, font tout pour se préparer à les accueillir...

« Comme Jean-Marc et Marie-Odile, dont la fille Eugénie revient de très très loin. Des parents en état de choc, une mère hébétée et sans réaction que l'on dirige vers Françoise Molénat parce que son comportement constitue une énigme... »

La fin de la grossesse de Marie-Odile vire en effet au cauchemar. Un peu avant la fin du sixième mois, elle se met soudain à enfler atteinte d'une toxémie qui prend la forme d'un œdème généralisé. Déjà en état de choc elle ne s'en rend même pas compte. L'équipe fait intervenir le service du Dr Molénat et elle rencontre une première fois Rosemarie Toubin qui rassure toute l'équipe. La décision est prise de faire une césarienne pour tenter de sauver le bébé, une fille qui est transportée en réanimation plus morte que vive. A un autre étage la maman est, elle aussi, clouée sur son lit dans un état critique. Jean-Marc fait l'aller-retour entre la chambre de sa femme et le service de réanimation où Eugénie disparaît sous une forêt de tuyaux. Elle va y passer plus de deux mois.

Jean-Marc est seul à Montpellier : sa femme originaire de la Réunion n'a pas ses parents avec elle. Quant à ses parents à lui, une famille de mineurs du Nord, ils prennent en Guyane les premières vacances de leur vie et Jean-Marc se refuse à les leur gâcher en leur disant ce qui se passe. Les médecins sont très pessimistes au sujet de la survie d'Eugénie et ils le laissent entendre à Jean-Marc d'abord mais aussi à Marie-Odile qui semble ne rien comprendre et qui se comporte comme un zombi au point que l'on craint pour sa santé mentale.

Marie-Odile : – Moi, j'étais en train de vivre un moment fort dur, et puis j'étais là, j'acceptais tout. Le docteur Rousseau lorsqu'il venait me dire voilà on va faire ça, on va faire ça, moi j'étais là, oui, oui, oui...

Françoise Molénat : – Vous n'aviez plus de réaction quoi...

Marie-Odile : – Non, non... c'est pas ça...

Jean-Marc : – Je crois que la dernière semaine, si elle perdait l'enfant, ça passait bien en fait...

Marie-Odile : – Oui, ça passait bien...

F. M. : – Vous aviez renoncé à ce bébé ? C'est ça ?

Marie-Odile : – Pratiquement oui ! Enfin, renoncé ! parce qu'il le fallait bien.

Jean-Marc : – Moi je l'avais un peu préparé aussi.

F. M. : – Vous l'aviez un peu préparé...

Jean-Marc : – Bon, je l'avais un peu préparé pour moi, je l'avais un peu préparé pour elle, tout doucement. Enfin pour moi, parce que moi, c'était déjà une catastrophe... Pour elle c'était peut-être pas encore à ce niveau-là... Moi je me voyais avec tous les problèmes... carrément les problèmes d'un décès. De toute façon, le soir j'étais seul, avec des questions aussi bêtes que « si elle décède qu'est-ce qu'on en fait de cet enfant, où est-ce qu'elle va aller » ? Donc, il fallait que moi, à ma façon, je la prépare tout doucement.

F. M. : – Oui, vous aussi vous viviez quelque chose de dur et il fallait que vous protégiez votre femme en même temps...

Jean-Marc : – Il y a des moments où j'étais obligé de lui inventer des trucs pas possibles, tout ce qui me passait par la tête. Alors que je n'y connaissais rien du tout aux problèmes médicaux, je racontais des trucs pas possibles pour la rassurer... En réa, j'ai toujours voulu savoir ce qu'elle avait, au fur et à mesure, ce qu'on lui donnait comme traitement, ce que ça voulait dire tachycardie, bradycardie, désaturation parce que bon quand on est là, tous les appareils se ressemblent, tout se met à sonner donc qu'on nous explique à quoi ça sert... pourquoi ça sonne... qu'est-ce que tout ça veut dire quoi...

F. M. : – Vous vouliez participer vraiment à toute la marche du service autour d'Eugénie...

Jean-Marc : – Oui, pour que ça devienne un peu moins inquiétant...

Le rêve de Françoise Molénat, ce serait que les soignants deviennent extrêmement attentifs aux besoins des parents. Qu'ils se concertent et s'organisent autour d'eux en un réseau plus efficace, susceptible de les aider sans jamais leur nuire. Qu'il se constitue une sorte de système de poupées russes dont le fond serait le bébé avec autour de lui, ses parents et autour de ses parents, l'ensemble des professionnels. Mais ce rêve, pour prendre corps, passe en premier lieu par la reconnaissance du père dans son rôle d'intermédiaire qui consiste à former un premier cercle protecteur autour de la mère et de l'enfant. Un père, vécu par beaucoup comme un gêneur et qui trop souvent dans son désir de soutenir la mère, cherche une place qu'on oublie sinon de lui laisser, du moins de l'aider à aménager.

B. M. : – Est-ce que l'on ne sait pas beaucoup plus de chose sur les femmes qui vont être mère que sur les hommes qui vont être père ?

Françoise Molénat : – Oui, parce que la femme qui vient demander à la maternité d'accoucher, elle est objet de soins, elle valide la place du médecin et de la sage-femme, on s'occupe de son corps. On fait naître un enfant, et ce faisant, on peut entendre autre chose, mais on a cette sécurité-là, qu'on a une tâche avec des techniques. Le père ? On n'a pas ce même intermédiaire, donc entrer en relation avec le père, oui, mais autour de quoi ? C'est beaucoup moins confortable et peut-être est-ce une des raisons pour lesquelles on a tendance à prendre la place du père, justement...

B. M. : – Pourtant quand on écoute les témoignages, on se dit que ça serait excessivement important de ne pas les évincer même si c'est difficile !

F. M. : – C'est très important ! C'est très important parce qu'il est là, parce que tout nous montre qu'un enfant dont le père a pu prendre sa place a beaucoup plus de chances de s'en sortir plus tard, et que la mère, même si elle a des difficultés quelquefois à s'appuyer sur son compagnon, pour des raisons qui lui appartiennent, va sortir grandie, de pouvoir justement ouvrir cette relation...

B. M. : – Il y a beaucoup d'hommes qui, à la naissance de l'enfant ou autour de la naissance de l'enfant, fuient ou dérapent dans leurs comportements. Est-ce que ce ne sont pas, dans une certaine mesure, des hommes qui ont été mal accompagnés ?

F. M. : – Des hommes qui ont eu du mal à trouver leur place, qui auraient eu besoin d'être aidés, qui ont peut-être été empêchés, on connaît des tas d'histoires comme ça, des pères qui se sont sentis mis de côté. Des pères qui se sont beaucoup occupés de l'enfant hospitalisé, qui ont pris une place de messager, qui ont soutenu leur compagne, qui ont été proches des équipes et puis quand la mère reprend sa place de mère à la maison ils ne savent plus où est leur place. Alors on peut dire qu'ils ont été mal accompagnés mais on peut dire aussi que l'on a à apprendre à les accompagner. Il faut être beaucoup plus attentif et là encore leur demander à eux : « Qu'est-ce qu'on peut faire ? Qu'est-ce que vous aimeriez qu'on fasse ? Est-ce que vous avez besoin de nous ? Enfin quoi qu'il en soit on est là. » Dire on est là c'est leur dire vous êtes là pour nous. Ces mots très simples que les professionnels ont tellement de mal à trouver.

Dans son souci d'organiser, autour du bébé et de sa mère, un réseau le plus efficace possible, Françoise Molénat ne pouvait pas ne pas être réceptive au père et à sa problématique. Et, de fait, elle l'accueille, il existe naturellement dans sa stratégie. Claude n'est pas tenu à l'écart du travail de réseau qui s'organise pour soutenir Christine. Quant à Jean-Marc, il n'est pas cantonné dans un rôle de soutien automatique et figé de la *dyade* formée par Marie-Odile et Eugénie, il est *présentifié* par la qualité d'écoute de Françoise et de Rosemarie. Dans la consultation c'est sur l'enveloppe psychique d'une *triade* qui se révèle que les deux thérapeutes acceptent de travailler. Une triade dans laquelle Jean-Marc existe pleinement avec ses émotions bien à lui.

Jean-Marc : – Le plus difficile c'est une fois qu'on l'a vue... moi, j'ai attendu à la sortie de la salle d'opérations, j'ai suivi les deux infirmiers avec la couveuse qui couraient dans les couloirs jusqu'à l'ascenseur, je suis monté dans l'ascenseur avec eux jusqu'à l'entrée en « réa ». Cela a pris deux minutes, mais le fait de l'avoir vue deux minutes, je me suis dit c'est pas possible, il ne faut pas qu'il lui arrive quelque chose...

Françoise Molénat : – C'était votre fille quoi !

Jean-Marc : – Oui, oui, c'était fini, je l'avais vue et il fallait pas qu'elle meure...

Marie-Odile : – Moi c'est quand on me l'a mise contre moi, je me suis dit ça y est, c'est bon, elle va vivre... les médecins ils vont sauver ma fille...

Jean-Marc : – Et moi, je ne supportais pas de la voir pleurer à l'hôpital... parce que je dis toujours faut être positif, faut être positif. Pour moi l'enfant il a besoin de sa mère, alors faut pas qu'elle soit négative, elle a déjà eu tellement de difficultés à se bagarrer, cette petite, que si sa mère lâche tout, elle va lâcher aussi...

Quand, filmés à travers le miroir sans tain par François Seganti, le cameraman tout en noir, Jean-Marc et Marie-Odile récapitulaient leurs émotions face à Françoise Molénat, Eugénie était encore en réanimation. Il y eut même une rechute qui nécessita son retour aux soins intensifs et que ses parents vécurent presque plus mal que son premier séjour. Mais, après plus de deux longs mois, les parents se retrouvèrent enfin chez eux avec Eugénie. C'était quelques jours avant notre arrivée.

Mais déjà, un peu avant leur retour à la maison, le combat avait changé d'âme et les positions commencèrent à s'inverser. Marie-Odile qui semblait le maillon fragile du couple et dont l'attitude passive déroutait tant les soignants reprit peu à peu du poil de la bête jusqu'à se montrer parfaitement capable de s'occuper d'Eugénie. Dans le même temps, Jean-Marc qui avait pris avec autorité les choses en main durant toute l'hospitalisation et qui s'était beaucoup investi dans la relation avec les soignants, dans la compréhension du courage médical et du fonctionnement des machines, sembla soudain se décomposer à mesure que son rôle s'effilochait et que disparaissaient ses points de repère.

Alors qu'il avouait avoir tiqué quand on avait proposé à Marie-Odile de rencontrer une psy, c'est lui maintenant qui demandait à rencontrer Rosemarie Toubin pour parler de ses difficultés. Celles qui consistaient notamment à avoir avec Eugénie une relation « démédicalisée ».

Jean-Marc : – Bon, la petite va rentrer à la maison mais après tout ce que l'on a vécu à l'hôpital, on a peur de la coupure...

Rosemarie Toubin : – Vous avez peur de la coupure ?

Jean-Marc : – Oh oui !

Rosemarie Toubin : – Ben, on va s'arranger pour qu'il n'y en ait pas. Il y a des puéricultrices qui peuvent passer dans la journée si besoin est. Parce que c'est vrai que c'est pas pareil de sortir avec un bébé qui a eu tout ce parcours...

Jean-Marc : – J'en suis arrivé à des trucs, je ne sais pas si c'est stupide ou pas, mais jusqu'au point d'aller voir une boutique qui se trouve à Peyrolles et qui loue du matériel médical, pour savoir comment on pouvait louer une petite bouteille d'oxygène avec un inhalateur parce que quand elle fait ses crises de désaturation, elle a besoin d'oxygène pour repartir...

R. T. : – Oui, tout ça, ce sont des images qui sont encore très très présentes et que la possibilité du retour à la maison ravive...

Jean-Marc : – C'est-à-dire qu'il n'y a plus la sécurité de l'hôpital, la sécurité des gens qui sont ici en « réa », que l'on connaît, qui s'en occupent depuis le début, on se retrouve tout seul, livré à soi-même...

De la même manière que Françoise m'avait permis de rencontrer Christine et Claude chez eux, Rosemarie Toubin organisa une rencontre avec Marie-Odile et Jean-Marc qui me reçurent très amicalement. Je pus ainsi découvrir cette fameuse Eugènie dont j'avais beaucoup entendu parler sans jamais la voir. Elle se portait comme un charme et était comme n'importe quel autre bébé l'objet de toutes les attentions de ses parents. C'était étrange pour moi de les rencontrer « en vrai ». D'habitude quand je fais la connaissance des personnes que je vais filmer, je ne sais quasiment rien d'eux. Là, en ayant écouté des heures de consultation, je les connaissais d'emblée mieux que la plupart de leurs amis ! Ils étaient exactement comme l'audition des bandes vidéo laissaient prévoir qu'ils seraient.

Jean-Marc : – Moi, j'arrive pas encore à m'imaginer qu'elle est là. La période d'hôpital c'était long, c'était trop long. Bon, je la vois quand je rentre, mais je n'arrive pas à imaginer qu'elle est là, c'est encore difficile...

B. M. : – Pour vous, c'est encore difficile. Et pour vous, Marie-Odile ?

Marie-Odile : – Oh pour moi non, plus du tout ! Maintenant, je suis en train de vivre vraiment avec la petite la relation d'une mère avec son bébé. C'est-à-dire que je vis vingt-quatre heures sur vingt-quatre pour elle... Et je me rends compte que je suis maman, que la petite est là. Ce que j'ai vécu, je le laisse à l'arrière, je vais de l'avant et en fait, je suis bien, très bien...

B. M. : – Ça se voit !

Jean-Marc était responsable pour toute la région de la vente d'un de ces journaux que les SDF nous proposent dans la rue pour s'assurer une couverture sociale et un minimum de subsistance. Son travail le mettait en relation avec des hommes dont beaucoup se retrouvaient dans la rue parce que leur expérience de la paternité avait été un échec et les avait déstabilisés. En présence du désarroi visible de Jean-Marc, de ce regard un peu perdu qu'il posait sur sa fille, sans rien savoir de son histoire personnelle mais en pensant à ces hommes qu'il fréquentait quotidiennement, il me vint une image...

B. M. : – Quand je vous écoutais, je me disais, je ne sais pas si j'ai raison : Jean-Marc, il se sent comme un papa qui avait un emploi, il avait un emploi quand sa fille était à l'hôpital et puis tout d'un coup il a perdu son emploi !

Jean-Marc : – Oui, oui, tout à fait. C'est vrai qu'en arrivant ici à la maison, bon ben je perds un peu ce que je faisais avant, c'est-à-dire tout ce suivi, ces discussions avec les médecins, ici tout ça s'est perdu, la petite elle est repartie complètement avec la maman...

B. M. : – Et est-ce que vous êtes en train de retrouver un autre emploi ?

Jean-Marc : – Pas encore, pas encore... c'est encore un peu tôt ! Ça va mieux qu'à sa sortie, mais c'est pas encore ça... Le moindre bruit... il y a deux jours, j'étais sur la route, j'ai croisé des pompiers avec des gyrophares qui venaient dans cette direction, il a fallu que je m'arrête et que je téléphone. J'ai pas demandé des nouvelles de la petite, j'ai demandé des trucs tout bêtes, juste pour savoir si c'est pas chez nous qu'ils venaient... ça c'est resté ! Je pense que moi, ça va être un peu plus long que Marie-Odile pour reprendre une vie normale...

Etait-ce parce que le tournage s'achevait, était-ce parce que je ressentais tout l'intérêt de cette mission que Françoise s'était donné pour tâche d'accomplir, était-ce simplement parce que nous étions devenus amis et que j'avais beaucoup d'estime pour elle, toujours est-il que je ne pus m'empêcher pour finir de lui poser la question de confiance, celle par laquelle je voulais vérifier que je ne faisais pas fausse route depuis le début de mon enquête. Sa réponse improvisée me parut si belle, si juste et si réconfortante aussi, qu'en l'entendant je sus qu'elle conclurait cette enquête.

B. M. : – Quand on dit que le bébé est un combat, cela a un sens pour vous ?

Françoise Molénat : – On ne peut pas dire mieux... c'est très exactement ce que je ressens. Pourtant notre métier nous attribue une forme de neutralité, on n'est pas supposé mélanger nos émotions avec celles des parents et des autres professionnels. Mais c'est vrai que j'ai le sentiment d'être dans un moment de combat où les énergies doivent se rassembler. Parce qu'on sait maintenant que le bébé a des compétences, on sait que ces compétences peuvent être très vite détruites, parce qu'il ne faut pas grand-chose, dans ces moments extrêmement sensibles. On sait aussi que les parents ont des compétences, et on sait que les compétences des parents peuvent être très vite détruites dans ces moments-là parce que les parents sont également très sensibles au regard qu'on porte sur eux et que l'on peut casser des parentalités qui s'installent, chez des parents vulnérables. Donc c'est un combat de vigilance, c'est le combat de la prévention, c'est empêcher qu'il y ait une bataille, c'est un combat à l'envers... C'est-à-dire mettre toutes les énergies ensemble, pour qu'elles aillent dans le sens de la vie, et pas dans le sens de la destruction.

Dire que le bébé est une personne, reconnaître l'importance de la relation mère-enfant, se poser la question de l'identité paternelle et du rôle du père et pour finir celle de la place des professionnels, s'éloigner peu à peu du corps du bébé pour prendre sa place dans ce système de poupées russes que la stratégie de Françoise Molénat met en lumière ce n'est rien d'autre en définitive que se battre, dans un mouvement qui va du particulier au général, de l'intime au social, pour affirmer la prééminence de l'inconscient, pour affirmer au centre de la roue de la vie la présence de ce moyeu que constitue la vie psychique. Un bébé nous confronte avant tout à l'inconscient, le sien, le nôtre, celui des autres. En 1995, j'ai l'impression qu'en ce qui concerne la petite enfance, le mouvement pour la prise en compte fédératrice de l'inconscient est en marche, la notion de besoins « réels » devient centrale s'agissant des bébés et infléchit les pratiques; « le bébé est un combat ».

Mais ce qui me fascine, un peu douloureusement, c'est de voir que ce que l'on est en train de très lentement comprendre à propos des bébés, on s'empresse de l'oublier, quasiment dès l'école maternelle, à propos de l'enfant ! Dès que l'enfant n'est plus un bébé, on se désintéresse du fonctionnement de son inconscient et chacun reprend ses billes. L'inconscient, on le redécouvre contraint forcé au moment de la fameuse « crise » de l'adolescence pour l'oublier cette fois-ci définitivement à propos de l'adulte. Et pourtant l'on sait bien, comme le disait Françoise Dolto, que de la naissance à la mort, derrière ce corps qui se dégrade, le « sujet désirant » est là intact, inchangé. Quelle bataille pour que l'on en tienne compte !

Je me souviens de cette ombre de tristesse qui est passée sur ma famille quand notre fille a atteint l'âge fatidique de quinze ans et trois mois. Cette nostalgie qui nous a étreints quand elle a réalisé et nous avec que désormais quand elle aurait un bobo, elle n'irait plus à l'hôpital aux urgences pédiatriques mais chez les adultes et qu'elle y irait seule ! Ce que nous regrettions déjà ce n'était pas tant les couleurs pastel sur les murs et les nounours dans la salle d'attente, bien qu'il y ait là les signes manifestes d'un certain état d'esprit, ce n'était pas seulement nos parties de rigolade familiale (on avait la chance que les bobos ne soient pas très graves) c'était aussi ce que le fait d'avoir à faire à la dyade mère-fille ou père-fille, voire à la triade père-mère-fille insufflait de tolérance, d'ouverture, de fraternité et de solidarité, de générosité, de qualité d'écoute dans le comportement des médecins et des soignants. Pour m'avoir à son tour accompagné aux urgences, ma fille savait ce qui l'attendait à son prochain bobo : une rupture si brutale qu'elle pressentait qu'aucun adulte ne serait jamais assez adulte pour bien la vivre. Etre un individu seul, c'est-à-dire *a priori* personne face à une machine. Elle découvrait d'un seul coup, la non-communication, la fermeture symptomatique des visages et des blouses blanches (halte-là l'amour ne passera pas par nous), l'indifférence et les rapports de force. Elle découvrait, consternée, ces misérables guichets par lesquels la société passe la tête pour s'adresser à nous les usagers de la Santé, les citoyens.

Si l'on pense que la société, ses institutions et ses représentants doivent être au service de l'individu et non l'inverse, si l'on aspire à plus de liberté, plus de justice et de paix sociale, plus de démocratie, alors il faut, me semble-t-il, que la présence et l'importance de l'inconscient, que la place et le rôle de la vie psychique soient enfin reconnus et pris en compte. Qu'est-ce que la Justice et le code pénal, qu'est-ce que l'école et les conseils de classe, qu'est-ce que l'hôpital et le « Vidal », qu'est-ce que la télévision et les journaux du « vingt heures » savent de l'inconscient ? Absolument rien ! Travailleurs sociaux, magistrats, policiers, enseignants, médecins, journalistes, individuellement nous savons tous qui est Freud. Nous sommes même souvent très curieux de tout ce que la psychanalyse peut nous laisser entrevoir de l'âme humaine, nous sentons bien derrière tout ce que nous disons et faisons la présence de l'inconscient. Mais les institutions pour lesquelles nous travaillons, elles n'en savent rien et édictent leurs lois indépendamment de sa loi.

En tant que parents, il nous appartient d'être attentifs à l'inconscient de nos enfants. Ce qui ne veut surtout pas dire, tout le monde est bien d'accord là-dessus, vouloir le décrypter et encore moins le contrôler. Cela veut dire prolonger avec l'enfant mais aussi, une fois que le pli est pris, avec l'adolescent puis l'adulte, ce à quoi la rencontre avec le bébé nous invite : la découverte émerveillée des compétences de l'autre même s'il ne pèse que le centième de notre poids ; le respect du travail de cet inconscient qui se constitue sous nos yeux ; le soutien discret et l'accompagnement pas à pas d'une activité psychique à l'œuvre qui pourtant nous échappe même si nous y sommes impliqués.

Il faut faire confiance à l'inconscient de nos enfants et le défendre au besoin contre la méfiance des autres. Pour cela il faut accepter avec sympathie d'en reconnaître les manifestations même et surtout quand elles nous bousculent. Je pense à ces parents de Longwy que j'avais vus prêts à tous descendre dans la rue parce que les classes de leurs enfants n'étaient pas chauffées. C'était en 1980 quand, avec Marcel Trillat, j'animais *Lorraine Cœur d'acier,* la radio des sidérurgistes en lutte.

C'était émouvant, bien sûr, cette mobilisation parce que leurs enfants risquaient d'avoir froid mais je ne pouvais m'empêcher de songer à toutes ces agressions moins évidentes bien plus graves, bien plus fondamentales, venant d'eux, venant de l'école, que leurs enfants subissaient journellement sans qu'ils lèvent le petit doigt. Nombre de ces parents avaient été, compte tenu de leur milieu social et de qui étaient leurs propres parents, littéralement cassés par l'école et la plupart de leurs enfants se retrouvaient en situation d'échec scolaire, perturbés psychologiquement, menacés d'être laminés à leur tour. Mais ces parents acceptaient tacitement que leurs enfants subissent les violences intrafamiliales et institutionnelles qu'eux-mêmes avaient subies.

Contre ce « froid »-là, probablement se sentaient-ils désarmés, alors ils courbaient l'échine comme ils avaient appris à le faire, gardaient le silence quand ils ne se retournaient pas carrément contre leurs enfants. Seuls les enfants qui s'en sortaient plutôt bien à l'école et les enfants de militants conscients avaient des parents présents dans l'école, à la moindre difficulté. Les autres, ceux qui avaient les plus sérieux problèmes, ceux qui étaient le plus en danger, ceux qui auraient eu le plus besoin de soutien, on ne voyait jamais leurs parents à l'école. Ils avaient bien trop honte, se sentant coupables ils se terraient chez eux.

Moi, je rêvais de parents même maltraitants, même à l'origine de la détresse psychologique de leurs enfants et de la plupart de leurs problèmes, même lobotomisés par l'école, qui se seraient soudain redressés et qui seraient descendus dans la rue pour dire que ce n'était pas à leurs enfants de payer les pots cassés, que c'était à l'école de s'adapter à leurs enfants et non l'inverse et qu'ils refusaient que leurs enfants connaissent cette exclusion et cette mutilation dont ils avaient été victimes. Et j'en rêve encore !

Par ailleurs, Françoise Molénat avait dit une chose : « Je crois que les parents ont beaucoup plus besoin de leur bébé qu'autrefois, leur bébé en tant que personne », qui m'était restée dans l'oreille. Lors de sa conférence au deuxième colloque déjà cité de l'A.D.D.A.P.P. sur la paternité, Christine Castelain-Meunier, sociologue et chercheur au C.N.R.S. ne disait pas autre chose quand elle notait que l'apparition de l'émotion au sein de la famille moderne a correspondu à l'émergence d'une « demande à l'égard de l'enfant en termes de bonheur. C'est-à-dire que l'enfant apportait du bonheur aux adultes ». Dois-je ajouter, pour expliciter encore l'idée du combat, que ce bonheur se mérite et qu'il se gagne de haute lutte ?

Réfléchissant à la question du père, Christine Castelain-Meunier au cours de sa conférence développe une autre idée qui me semble aujourd'hui fondamentale et qui tourne aussi autour d'une sorte de définition de ce combat que j'ai essayé de cerner tout au long de ce livre. Parlant de ces pères en colère, déboussolés parce que leur femme ou leur compagne est partie avec leurs enfants sous le bras et qui se regroupent en association, elle note d'abord : « Ce qui m'a beaucoup frappée c'est qu'en fait ces hommes-là téléphonaient d'abord à l'Association pour retrouver leur identité. Comme si, à l'heure actuelle, au moment où il y a une recherche d'affirmation et de modèles du côté des femmes, il y en avait une aussi du côté des hommes. Comme si soudain les hommes définissaient leur identité à travers leur paternité. C'est quelque chose de très curieux parce qu'autrefois c'étaient les femmes qui définissaient leur identité à travers leur rôle de mère. Tout cela pour dire que l'on est dans une société où tout est très flou et où la question de l'affirmation des identités devient un enjeu considérable. »

Comparant la situation de la famille actuelle à celle de la famille traditionnelle où les rôles étaient d'emblée distribués, figés mais distribués, par la tradition, par la loi, Christine Castelain-Meunier conclut mieux que je ne saurais le faire en disant : « A l'heure actuelle, le passage du conjugal au parental est beaucoup plus délicat qu'on ne le pense. La société actuelle n'accompagne absolument pas ce passage alors que bien évidemment elle devrait l'accompagner d'une manière ou d'une autre. Pourquoi ? Parce que la paternité ne peut plus s'appuyer sur un rôle défini, parce que l'on ne sait plus comment exercer le rôle du père. C'est-à-dire qu'à l'heure actuelle, c'est cela qui est à la fois très angoissant mais fabuleux, *les individus doivent construire leur rôle à partir de leur engagement, de leur personnalité, de leur sensibilité, de leur capacité à s'affirmer, à se définir, à s'exprimer* et c'est là que ça devient un travail gigantesque et angoissant. C'est vrai que ce qui nous caractérise, nous parents de la société contemporaine, c'est l'angoisse que l'on peut avoir dans l'exercice de cette parentalité. Et cette angoisse, en ce qui concerne le père, elle s'explique par le fait qu'il doit construire son rôle je dirais, *de l'intérieur*, à partir de lui, à partir de ce qu'il a reçu, à partir de son histoire, à partir des rapports avec ses propres parents, *il doit construire cela de l'intérieur.* »

Autrement dit en un mot comme en cent, chers patients lecteurs, chers parents ou futurs parents, A VOUS DE JUGER, A VOUS DE JOUER ! Tant mieux si ce livre vous y aide un peu.

Moulin de l'Estrat, Bourgogne,
Mai-juillet 95

Table des matières

Cet ouvrage a été réalisé par la
SOCIÉTÉ NOUVELLE FIRMIN-DIDOT
Mesnil-sur-l'Estrée
en octobre 1995

Imprimé en France
Dépôt légal : octobre 1995
N° d'impression : 32058